城市轨道交通车辆构造

主　编◎李广军　倪志江
副主编◎王汝佳　王　宇
　　　　王志坚　李玉怡

西南交通大学出版社
·成都·

内容简介

本书是城市轨道交通本科专业规划教材,共分为6章,介绍了城市轨道交通车辆的基本原理和构造,内容主要包括城市轨道交通车辆发展概况、车体、转向架与制动装置、车辆连接装置、城轨车辆动力学基础和城轨车辆课程设计等,并给出城市轨道车辆零部件课程设计的典型案例。

本书可作为高等院校本科城市轨道交通、车辆工程、载运工具与运用工程、机械工程、机械电子工程、工程机械及其他相关专业的教材,也可作为各类院校专科层次相关专业的教材,可供从事城市轨道交通车辆课程设计和实训的师生参考。

图书在版编目(CIP)数据

城市轨道交通车辆构造 / 李广军,倪志江主编. —成都:西南交通大学出版社,2021.1
ISBN 978-7-5643-7799-1

Ⅰ.①城… Ⅱ.①李… ②倪… Ⅲ.①城市铁路-铁路车辆-车体结构-高等职业教育-教材 Ⅳ.①U270.3

中国版本图书馆 CIP 数据核字(2020)第 210508 号

Chengshi Guidao Jiaotong Cheliang Gouzao
城市轨道交通车辆构造

主　编 / 李广军　倪志江	责任编辑 / 刘　昕
	封面设计 / 何东琳设计工作室

西南交通大学出版社出版发行
(四川省成都市金牛区二环路北一段111号西南交通大学创新大厦21楼　610031)
发行部电话:028-87600564　028-87600533
网址:http://www.xnjdcbs.com
印刷:成都蜀雅印务有限公司

成品尺寸　185 mm×260 mm
印张　14.25　字数　354千
版次　2021年1月第1版　印次　2021年1月第1次

书号　ISBN 978-7-5643-7799-1
定价　48.00元

图书如有印装质量问题　本社负责退换
版权所有　盗版必究　举报电话:028-87600562

前　言

中国城市轨道交通的快速发展，对专业技术人才的需求越来越大，国内很多非铁路行业的高校都陆续开办了城市轨道交通学院及相关本科专业，培养急需的城市轨道交通专业技术人才。但是关于城市轨道交通车辆构造方面的本科教材相对较少，特别缺乏典型的车辆工程课程设计案例。为了满足上述需求，在江苏理工学院汽车与交通工程学院、常州大学机械与轨道交通学院领导和同事们的支持下，专业教师联合编写了《城市轨道交通车辆构造》一书。

本书主要适用于城市轨道交通相关专业，是一本实用性很强的专业课教材，重点介绍城市轨道交通车辆构造的基本原理和结构、车辆动力学基础以及轨道车辆零部件课程设计过程的典型案例。每章后面都有思考题，在附录中提供了关于轨道不平顺数值模拟仿真程序资料，以便于在教学和学习中参考。

通过本书的学习，学生应具备掌握城市轨道交通车辆基本构造以及能够进行车辆零部件设计的能力，具体要求为

（1）熟练掌握城市轨道交通车辆的基本组成和构造；熟悉掌握车辆主要部件的工作原理。

（2）熟悉城市轨道交通车辆零部件机械设计的步骤和方法；熟练掌握车辆零部件的软件绘制过程。

（3）熟悉城市轨道交通车辆动力学的基础知识；熟悉车辆动力学相关的软件数值仿真方法。

李广军、倪志江负责全书的组织、统稿和修订。李广军编写第1章；倪志江负责编写第3章和第4章；王志坚和倪志江联合编写第2章，李广军和李玉怡联合编写第5章，李广军、王汝佳和王宇联合编写第6章。

江苏理工学院贝绍轶教授对本书大纲及全书进行了审定，并对本书的编写提出了诸多宝贵意见。本书的编写也得到了江苏理工学院汽车与交通工程学院、常州大学机械与轨道交通学院全体同仁的大力支持与帮助，在此表示衷心的感谢。

由于编者水平有限，加之时间仓促，书中难免有疏漏之处，恳请读者批评指正。

编　者

2020年6月

目 录

1 城市轨道交通车辆基础知识 1
　1.1 城市轨道交通发展概况 1
　1.2 城布轨道交通车辆基础知识 5
　1.3 小　结 17
　复习思考题 17

2 车体车门 19
　2.1 车　体 19
　2.2 车　门 24
　2.3 小　结 30
　复习思考题 30

3 转向架与制动装置 31
　3.1 概　述 31
　3.2 构　架 36
　3.3 轮对轴箱装置 38
　3.4 弹簧装置及减振器 49
　3.5 牵引连接装置 69
　3.6 传动装置 71
　3.7 基础制动装置 76
　3.8 地铁及轻轨车辆转向架 82
　3.9 小　结 98
　复习思考题 99

4 车辆连接装置 100
　4.1 车钩缓冲装置简介 100
　4.2 车　钩 101
　4.3 缓冲装置 112
　4.4 附属装置 117
　4.5 贯通道及渡板 119
　4.6 小　结 122

复习思考题 ……………………………………………………………………… 122

5　城轨车辆动力学基础 ………………………………………………………… 123
　5.1　车辆动力学概述 ………………………………………………………… 123
　5.2　城轨车辆的振动形式 …………………………………………………… 125
　5.3　引起城轨车辆振动的原因 ……………………………………………… 126
　5.4　车辆运行评定及其评估标准 …………………………………………… 133
　5.5　车辆通过曲线时的舒适性和磨耗性能 ………………………………… 138
　5.6　轮对的蛇行运动 ………………………………………………………… 142
　5.7　列车运行时的空气流 …………………………………………………… 149
　5.8　小　结 …………………………………………………………………… 154
　　复习思考题 ……………………………………………………………………… 155

6　城轨车辆课程设计 …………………………………………………………… 156
　6.1　有限元简介 ……………………………………………………………… 156
　6.2　车辆车轴课程设计 ……………………………………………………… 157
　6.3　车辆制动盘课程设计 …………………………………………………… 169
　6.4　抗侧滚扭杆课程设计 …………………………………………………… 189
　6.5　车辆转向架构架课程设计 ……………………………………………… 202
　6.6　小　结 …………………………………………………………………… 215

附录 1　基于频域功率谱的轨道不平顺数值模拟程序 ……………………… 216

附录 2　平稳性指标程序 ………………………………………………………… 218

附录 3　抗侧滚扭杆柔性系数 S 公式中参数含义 …………………………… 220

参考文献 …………………………………………………………………………… 221

1 城市轨道交通车辆基础知识

近年来，随着我国城市化进程的不断加快，作为城市公共交通重要组成部分的轨道交通系统正逐渐走进人们的生活。根据中国城市轨道交通协会数据，截至 2019 年 12 月 31 日，中国内地已开通城轨交通线路长度共计 6 730.27 km。其中，地铁 5 187.02 km，轻轨 255.40 km，单轨 98.50 km，市域快轨 715.61 km，现代有轨电车 405.64 km，磁浮交通 57.90 km，自动旅客捷运系统（Automated People Mover systems，APM）10.20 km。

在城市轨道交通系统中，车辆是各专业技术成果的综合载体，也是城市轨道交通系统中最关键的机电设备，其选型和技术参数不仅是界定线路技术标准的基础，也是确定系统运营管理模式和维修方式的基本条件，而且还是系统设备选型和确定设备规模的重要依据。本章将介绍城市轨道交通车辆的发展历程，包括世界车辆的发展史与我国城市轨道交通车辆的现状，并阐述按照不同标准划分的车辆、编组、标识、组成、特点、主要技术参数以及车辆限界等概念。

1.1 城市轨道交通发展概况

1.1.1 城市轨道交通车辆发展简史

随着经济发展和城市现代化进程的加快，世界各国都面临同样的问题：城市人口迅猛增长、地域不断扩大，原有的城市地面交通无法满足市民日益增长的出行需求，而城市轨道交通在 100 多年来成为了这一矛盾的有效解决手段。

1825 年英国开通第一条铁路，立刻获得了世界列强的青睐，竞相修建。1840—1913 年是世界铁路发展的"黄金时代"，由于铁路机车制造已相当完善，轨道结构也不断改进定型，各国修建铁路的热情日益高涨，铁路发展速度明显加快。1840 年，铁路营业里程 8 000 km，到 1913 年已达 110 万 km。如图 1-1 所示为我国采用电力机车牵引的铁路列车。

世界上第一条城市地下铁路诞生于 1863 年的伦敦，蒸汽机车作为动力装置，但很快被内燃机车取代，1890 年世界上出现了电动机车后，地铁才正式步入了它的黄金时代。最初地铁车辆的车厢是木制的，后来改为钢制的，以减少发生火灾造成的危险。1953 年开通的加拿大多伦多的地下铁路，车厢开始改良为铝制，有效地减少了维修成本和重量（质量）。

在国外，城市轨道车辆产业已有 100 多年的发展历史。目前国际上城市轨道交通装备整车供应商主要分布在欧洲、北美和日本，它们分别采用不同设计和制造标准。

图 1-1　铁路列车

欧洲和北美轨道交通装备整车供应商主要有 3 家：西门子公司（德国）、阿尔斯通公司（法国）（见图 1-2）以及庞巴迪公司（加拿大），占据世界轨道交通装备整车市场份额的 90% 以上。近年来日本日立公司也开始陆续进入轨道交通装备整车供应商行列。

图 1-2　阿尔斯通车辆

国际上轨道交通装备零部件供应商主要有法国的法维莱公司（生产屏蔽门、列车空调和制动系统）、德国的克诺尔公司（生产制动系统）和德国的康尼泰克公司（生产空气弹簧）。

根据所采用电气牵引系统的不同，国际上将城市轨道客车的发展划分为 3 个阶段：20 世纪 50 年代以前，采用直流调速牵引系统的凸轮调阻车；20 世纪 50—70 年代，采用直流调速牵引系统的斩波调压车；20 世纪 70 年代至今，采用交流调速牵引系统的调频调压车。

1.1.2 我国城市轨道车辆发展史

中国的城市轨道车辆产业是伴随着我国城市轨道交通的建设而逐渐发展起来的，目前在其制造工艺上较国际水平尚有一定的差距。我国的城市轨道车辆目前大部分以地铁和轻轨车辆为主，从最早期的北京地铁发展至今，大致经历了这样几个阶段：北京 DK 型地铁车辆的时代、外资独资的时代、中外合资和自主开发的时代。

1. 北京地铁车辆的 DK 型时代

我国现代城市轨道交通是以 20 世纪 60 年代北京地下铁道建设为开端。1967 年由原铁道部长春客车厂试制完成了 1 列 2 辆编组的 DK1 型凸轮变阻调速北京地下铁道电动客车。1969 年长春客车厂在 DK1 型的基础上进行改进，批量生产了 DK2 型北京地下铁道电动客车，同年 10 月 1 日北京站至苹果园站完成了试运营并通车。DK 是长春客车厂生产的客车代号，从 DK1 出厂到 2007 年为北京环线地铁生产的 DKZ16 下线，经历了 40 年的风雨。

2. 外资独资的时代

因为我国城市轨道交通车辆制造业整体水平比较落后，所以上海等城市在地铁筹建初期整体引进国外技术，比如上海地铁一号线 DC01 车辆，采用西门子公司技术。1989 年 5 月，中德双方正式签署了 4.6 亿马克的地铁专项贷款协议书，1990 年 3 月 7 日国务院正式同意，上海地下铁道工程（新龙华站至上海新客站，即今锦江乐园至上海火车站）开工兴建。经过地铁工程建设者不懈的努力，1993 年 5 月 28 日，上海地铁第一条线路——1 号线南段（徐家汇—锦江乐园）建成通车。1995 年 4 月 10 日，上海轨道交通 1 号线全线（上海火车站站—锦江乐园站）建成通车。这个时期核心技术都是从国外引进，知识产权完全掌握在国外公司手中，给我国车辆制造业的发展造成了极大障碍。同时受车型等客观因素限制，车辆在维修时能够选择的零件种类有限，导致维修费用也十分昂贵。

3. 中外合资和自主开发并存的时代

随着对城市轨道交通车辆不断的探索，我国工程师的理解逐步加深。为了克服知识产权等一系列对车辆产业的障碍，我国正在努力自主开发并研制国产车辆。我国城市轨道交通装备制造企业目前主要集中在原南车和北车两大集团公司（现在合并为中车集团公司），车辆制造主要包括中外合资和自主开发两种形式。

（1）中外合资。

城市轨道交通装备中外合作制造的主要方式为国外轨道交通装备企业提供若干核心技术（如牵引控制单元、制动单元、辅助控制单元、空气弹簧二系悬挂等关键核心部件），国内企业进行相关车体、转向架等研发和系统集成。

目前和国外轨道交通装备企业进行合资生产轨道车辆的企业有长春轨道客车股份有限公司，隶属于原北车集团，与庞巴迪公司合作，供天津地铁 1 号线、西安地铁、广州地铁 2 号、3 号线，上海地铁 9 号线部分车辆等；南京浦镇车辆有限公司，隶属于原南车集团，与阿尔斯通公司合作，提供了上海地铁 3 号线车辆（见图 1-3）、11 号线的 A 型车辆及南京地铁 1 号线车辆等。

图 1-3 上海地铁新型车辆

（2）自主开发。

中车株洲电力机车有限公司是前中国南车股份有限公司旗下龙头企业，地处南方工业重镇和交通枢纽湖南省株洲市，公司前身为株洲电力机车厂，始建于1936年，是中国轨道电力牵引装备主要研制生产基地和城轨交通设备国产化定点企业，享有"中国电力机车之都"的美誉，也是国内唯一的电力机车整车出口企业。近年来，在国内市场上，该公司负责了上海地铁1号线的直改交、上海地铁11号线、深圳地铁1号线（续建）车辆（见图1-4）等项目；在国际市场上，该公司也正进行向土耳其地铁、马来西亚动车和印度地铁整车出口的生产项目。

图 1-4 深圳地铁 1 号线国产车辆

中车青岛四方机车车辆股份有限公司（四方车辆有限公司）位于中国重要的经济中心

城市和沿海开放城市——青岛，始建于 1900 年，前身是青岛四方机车车辆工厂，是中国南车股份有限公司下属的全资一级子公司，近年来为北京地铁八通线、沈阳地铁、成都地铁 1 号线（见图 1-5）以及广州地铁 1、5、6 号线提供了车辆。

图 1-5　成都地铁 1 号线车辆

目前我国城市轨道交通车辆制造业整体水平比较落后，并且厂家较多且行业缺乏统一标准，因此存在维修工艺复杂、成本高、各子系统之间的接口问题非常复杂等问题。现有地铁城市的轨道车辆基本上都由上述国内外供应厂商提供，其中以上海地铁的车型为最多（20 余种），几乎覆盖了上述提及的所有供应商。国内建设地铁的城市为响应国家轨道交通装备国产化率达到 70%以上的中长期发展目标以及出于节约资金、售后服务方便等考虑，目前轨道交通装备采购基本上倾向中外合资及拥有自主开发能力的装备制造企业。

1.2　城市轨道交通车辆基础知识

1.2.1　城市轨道交通车辆类型

城市轨道交通车辆的供应商较多，导致各个拥有地铁的城市其车辆规格各异。同时，城市轨道交通车辆形式的划分也没有一个十分严格的标准，本书的划分方法主要依据《城市轨道交通工程项目建设标准》（建标 104—2008）及《地铁车辆通用技术条件》（GB7928—2003）。

（1）根据城市轨道交通系统类型对车辆类型进行划分。

根据城市轨道交通的形式，目前车辆大致可以划分为地铁车辆、轻轨车辆、独轨车辆等，分别如图 1-6~图 1-9 所示。这几种车辆的主要技术指标和特征如表 1-1 所示。

表 1-1　各种城市轨道交通车辆的主要技术特征和规格

运能类型	Ⅰ级	Ⅱ级	Ⅲ级	Ⅳ级	Ⅴ级
系统类型	高运量	大运量地铁	中运量轻轨、独轨	次中运量轻轨、独轨	低运量轻轨
适用车辆类型	A型车	B型车和Lb型车	C-Ⅰ、C-Ⅲ型车和Lb型车	C-Ⅱ型车	现代有轨电车
最大客运量/单向小时人次	4.5万~7.5万	3.0万~5.5万	1.0万~3.0万	0.8万~2.5万	0.6万~1.0万
线路形态	隧道为主	隧道为主	地面或高架	地面为主	地面
路用情况	专用	专用	专用	隔离或少量混用	混用为主
站台高低	高	高	高	低（高）	低
车辆宽度/m	3.0	2.8	2.6（C型车）2.8（Lb型车）	2.6	2.6
车辆定员/（站6人/m²）	310	240	217	220	104~202
最大轴重/t	16	14	11（C型车）13（Lb型车）	10	9
最大运行速度/（km/h）	80~100	80~100	80（C型车）90（Lb型车）	70	45~60
平均运行速度/（km/h）	34~40	32~40	30~40	25~35	15~25
轨距/mm	1 435	1 435	1 435	1 435	1 435
额定电压/V	DC 1 500	DC 750	DC 1 500/DC 750	DC 750（600）	DC 750（600）
受电方式	架空线	第三轨	架空线/第三轨	架空线	架空线

注：① 广州3号线A型车设计最高时速为120 km/h，上海11号线北段车辆设计最高时速为108 km/h。

② 广州地铁4、5号线直线电机车辆采用DC 1 500 V第三轨供电方式。

③ A、B、C型车为旋转电机车辆系列，Lb型车为直线电机车辆系列。

（2）根据车体宽度进行划分。

轨道交通列车的长度可以通过车辆编组数量来变化，不同车型车辆的高度也基本接近（一般依据人体的站立高度来设计），因此这不是划分不同车型的参考标准。只有车辆的宽度最具有参考性，不同的宽度满足不同的运能需要，而且宽度一旦成型就无法再改变，因此车辆宽度才是区分不同车型的唯一标准，如表1-1所示。根据车辆宽度，车辆类型地铁车辆一般可分为3种类型，即A车、B车、C车。所谓A车为拖车，自身无动力，依靠有动力的车辆推动或拖动，一端设有驾驶室。所谓B车为动力车，其转向架上装有牵引电动机，无驾驶室，车顶上装有受电弓。所谓C车为动力车，其转向架上装有牵引电动机，无驾驶室，车底下装有一组空气压缩机组。

图 1-6 地铁车辆

图 1-7 轻轨车辆

图 1-8 独轨车辆（跨座式）

图 1-9 独轨车辆（悬挂式）

（3）按车钩形式地铁车辆分类。

车钩一般也有3种形式，即全自动车钩、半自动车钩和半永久车钩。

全自动车钩：电气部分和机械部分的连接及分离都为自动的，其表示符号为"—"。半自动车钩：机械部分的连接及分离都为自动的，而电气部分的连接及分离都为人工的，其表示符号为"="。半永久车钩：电气部分和机械部分的连接及分离都为人工的，其表示符号为"※"。

（4）按车辆的牵引控制系统划分，分为直流、交流变压、变频车辆等。

（5）按车体材料划分，分为不锈钢车、铝合金车和耐候钢车辆等。

（6）按受电方式划分，分为受电弓车、第三轨受流器车及受电弓加受流器车辆等。

（7）按电压等级划分，分为直流1 500 V和直流750 V两种类型。

1.2.2 城市轨道交通车辆编组方法及标识

由于城市轨道交通车辆是运载乘客的工具，应满足乘客对乘车舒适、准时的要求，所以要在综合考虑各项因素后对车辆整体进行科学的编组。而标识是指对车辆及其设备进行标记或编号。为了车辆运用和检修等情况下管理和识别的方便，必须对车辆进行标识。但是，由于城轨车辆仅运行在各城市相对固定的线路上，目前我国没有统一的车辆标识规定，因而用户和制造商一般都参照国外成熟的做法，车辆的标识方法也比较类似。

1. 编组方法

按照预期的目的，将各独立的车辆连接起来，成为一个运行体，就称为车辆编组。车辆编组一般应考虑线路坡度、运营密度、站间距离、舒适度、安全可靠性、工程投资、客流大小等因素。例如，必须满足单向高峰小时断面客流量的需要；兼顾信号系统设备所能达到的行车密度（或行车间隔），即系统设计能力；既满足高峰时的客流要求，又能提高平时的车辆满载率，实现节能和降低运营成本；考虑编组对初、近、远期客流变化的适应能力；结合运行交路的设计，选择车辆编组，实现经济、合理、高效。

为了编组运营的需要，一般地铁列车由不同类型的车辆通过两个相对的同型号车钩相连而成车组。车为固定搭配，若再与A车相连则称为一个单元，比如动、拖混编采用"四动加两拖"或"六动加两拖"的连接方式。例如，上海地铁列车根据客流预测，设计成开通时为六节编组成一列车，其中B车和C车在远期客流量增加后，则增至八节车编组为一列车。六节编组的列车其编组形式为"—A=B※C=B※C=A—"；而八节编组的列车其编组形式为："—A=B※C=B※C=B※C=A—"。

2. 编 号

由于世界城市轨道交通车辆编号的方法各不相同，这里只介绍上海申通地铁集团有限公司制定的车辆编号方法，并不具有代表性和通用性。如图1-10所示为上海地铁1号线早期6节编组车辆的编号方法。"01"代表上海轨道交通1号线，"175"是序列号，"1"代表A车。除此之外，转向架与轴也有相应的编号。

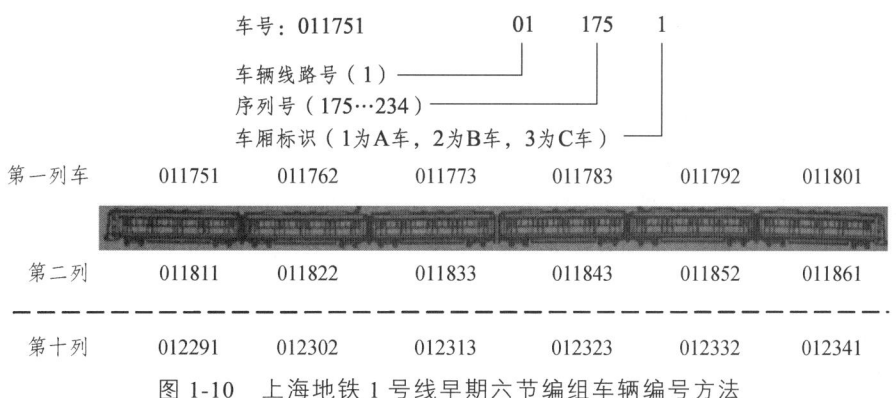

图 1-10　上海地铁 1 号线早期六节编组车辆编号方法

3. 标　识

车辆标识定义采用 DIN2500 的德国工业标准，下面以上海地铁某线路车辆为例。

（1）车辆车端的定义。

车端：每节车厢都有 2 个车端，分别定义为 1 位端和 2 位端。每节车厢的 1 位端按如下定义：乘客站在任何一节车厢内，面朝本单元列车的司机室方向，则该乘客的前方车端为该车厢的 1 位端，而另一端就是 2 位端，如图 1-11（a）所示。

（2）车辆、列车车侧的定义。

车辆车侧：人立于车辆的 2 位端，面向 1 位端，则人的右侧就称为该车辆的右侧，人的左侧也称为该车辆的左侧，如图 1-11（b）所示。

列车的车侧的定义：与车辆的车侧定义是不同，列车的车侧的定义是以驾驶员坐在列车的驾驶端座位上驾驶列车的方位来定义的，此时驾驶员的右侧即为列车的右侧，驾驶员的左侧即为列车的左侧。换句话说，是按列车的行驶的方向来定义的，这与公路上汽车按行驶方向定义左右侧是相同的，如图 1-11（c）所示。

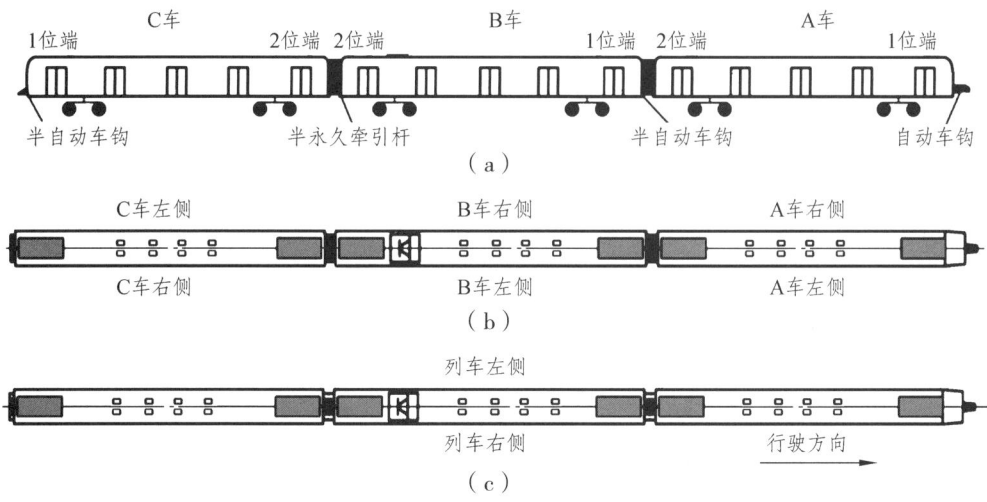

图 1-11　车辆的车端定义

（3）转向架和轴的编号。每辆车的转向架都分为转向架 1 和转向架 2。转向架 1 在车辆的 1 位端，转向架 2 在车辆的 2 位端。每辆车的 4 根轴从 1 位端开始至 2 位端，依次连续编号轴1至轴4。

（4）车门和门页的编号。

门页的编号：自1位端到2位端，沿着每辆车的左侧为由小到大的连续奇数，即1、3、5、7、9、11、…、17、19；右侧为由小到大的连续偶数，即2、4、6、8、10、12、…、18、20。车门的编号则由该车门页的号码合并：自1位端到2位端，左侧车门的编号为1/3、5/7、9/11、…、17/19，而右侧车门的编号为2/4、6/8、10/12、…、18/20，如图1-12所示。

（5）座椅编号。

由于车辆的生产厂家采用不同的技术以及设计方式，且此前没有明确的标准，导致城市轨道交通车辆的座椅分布及编号都不尽相同，例如上海轨道交通9号线采用庞巴迪公司生产的车辆，每节车有8×6个座椅纵向排列在车辆内部的两侧，每6个座椅采用一个编号来进行车辆装配及维修。自1位端到2位端，这些座椅的编号是按照左侧奇数、右侧偶数的形式1号到8号进行排列的，如图1-13所示。

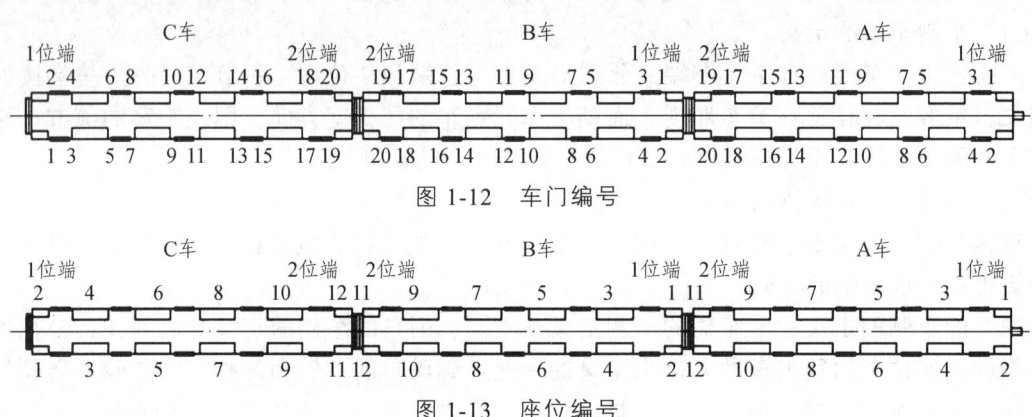

图1-12 车门编号

图1-13 座位编号

（6）空调单元编号。

每辆车的车顶安装有两个空调单元。位于1位端的空调单元称作空调单元Ⅰ，位于2位端的空调单元称作空调单元Ⅱ。

（7）其他编号与标记。

车窗、扶手、立柱、吊环、照明灯、指示灯、扬声器等设备也采用同样的编号方法。而车辆的重量（质量）、顶车位置、应急设备位置等必须用相关符号或文字在规定位置做出明确的标记。

1.2.3 城市轨道交通车辆特点及组成

（1）城市轨道车辆特点。

城市轨道车辆是技术含量较高的机电设备，也是城市轨道交通工程中最关键的设备。其技术参数不仅是界定线路技术标准的基础，同时也是确定系统运营管理模式和维修方式的基本条件，而且还是系统设备选型和确定设备规模的重要依据。各城市的城市轨道交通车辆结构和性能不尽相同，但是它们都尽可能地结合城市各自的特点，以满足城市交通容量大、安全、快速、舒适、美观、节能和环保的要求，并具有先进性、可靠性和实用性。

（2）城市轨道车辆组成。

城市轨道车辆基本由车体、车门、车辆连接装置、车辆走行装置、制动系统、牵引系统、辅助设备（包括辅助电源、通风和空调设备、照明设备）和列车控制系统等组成。

1.2.4　城市轨道交通车辆技术参数

车辆技术参数是概括地介绍车辆技术规格的某些指标，是从总体上表征车辆性能及结构的一些参数，一般可分为性能参数与主要尺寸两大类。

1. 车辆性能参数

（1）自重、载重。

车辆自重是指车辆本身的全部质量；车辆载重是指车辆允许的正常最大装载质量。

（2）构造速度。

构造速度是指车辆基于按照安全及结构强度的考虑，设计时所允许的车辆最高行驶速度。车辆的实际运行速度一般不允许超过构造速度。

（3）轴重。

轴重是每根车轴允许负担的最大总质量，它包括轮对自身的质量。

（4）最小曲线半径。

最小曲线半径是指车辆在站场或厂、段内调车时所能安全通过的最小曲线半径。当车辆在此曲线区段上行驶时不得出现脱轨、倾覆等危及行车安全的事故，也不允许转向架与车体底架或车下其他悬挂物相碰。车辆通过曲线最小半径的大小与车辆的运行速度有关。

（5）速度。

速度参数包括最大启动速度、平均启动加速度和最大制动减速度。

（6）冲击率。

冲击率由于工况改变引起的列车中各车辆所受到的纵向冲击。在城轨车辆中，主要用于说明车辆本身电气及制动控制系统所应达到的冲动限制，用加速度变化率来衡量。

（7）列车平稳性指标。

车辆平稳性是评定旅客舒适程度的主要依据，反映了车辆振动对人体感受的影响，因此评定列车平稳性的方法主要以人的感觉疲劳程度为依据，通常以平稳性指标表示。

（8）座椅数及每平方米地板面积站立人数。

此参数与列车大小尺寸相关，也与设计的服务水平相关。

（9）每延米轨道载重。

它是车辆设计中与桥梁、线路强度密切相关的一个指标，同时又是能否充分利用站线长度，提高运输能力的一个指标，其数值是车辆总质量与车辆全长之比。城市轨道车辆该参数按设计任务书规定。

2. 车辆的主要尺寸

（1）车体的长、宽和高。

车体的长、宽和高又有车体外部和内部的区别。车体内部的长、宽和高必须满足乘客舒适乘坐的要求，而车体外部的长、宽和高应符合车辆限界的要求。车体外部（内部）长度是指车体两端墙板外（内）表面间的水平距离；车体外部（内部）宽度是指车体两侧墙板外（内）表面的水平距离；车体外部（内部）高度是指由地板下（上）平面至车顶中央部位外（内）表面间的垂直距离。

（2）车辆的长、宽和高。

车辆的长度是指车辆处于自由状态，车钩呈锁闭状态时，两端车钩连接面之间的距离；车辆的宽度是指车辆两侧的最外突出部之间的水平距离；车辆的高度是指空车时，车体上外表面至轨面的垂直距离。

（3）车辆最大宽度。

车体横断面上最宽部分的尺寸。

（4）车辆最大高度。

最大高度指车辆顶部最高点与钢轨顶面之间的距离。通常需说明与最高点相关的结构，如有无空调、受电弓的状态等。

（5）车辆定距（又称转向架中心距）。

同一车辆的两转向架回转中心之间的距离。

（6）固定轴距。

同一转向架的两车轴中心线之间的距离，如图1-14所示为车辆几个主要尺寸的关系示意图。

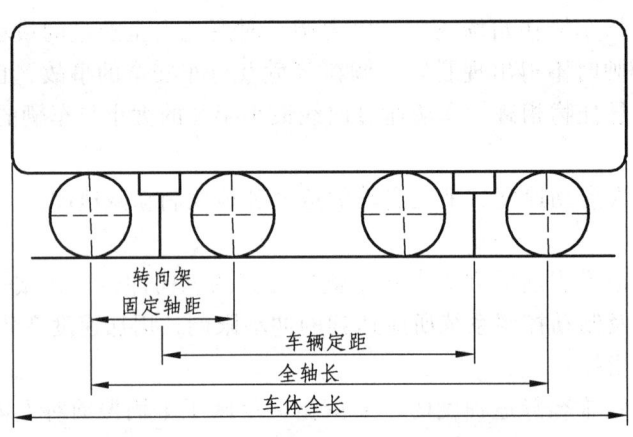

图1-14 车辆主要尺寸关系示意图

（7）车钩高。

车钩高是指车钩连接面中点至轨面的高度，取新造或修竣后空车的数值。列车中各车辆的车钩高基本一致，是保证车辆正确连挂、列车运行中正常传递牵引力以及不会发生脱钩事故所必备因素，不同车型车钩高有所差异。

（8）地板面高度。

车辆地板面与钢轨顶面之间的距离。地板面高度与车钩高一样，指新造或修竣后空车的数值。它受到两方面的制约，一是车辆本身某些结构高度的限制，如车钩高及转向架下心盘面的高度；另一方面又与站台高度的标准有关，规定车辆地板面应与站台高度相协调。不同车型地板面高度有所差异。

1.2.5 城市轨道交通车辆限界

车辆界限是指一个限制车辆横断面最大允许尺寸的轮廓图形,无论空车还是重车停在水平直线时,该车所有一切突出部分和悬挂部分,都应容纳在限界轮廓之内;而规定该限界的目的在于防止车辆在直线和曲线运行时,与各种建筑物及设备发生接触。这里重点介绍地铁限界和轻轨限界。

基准坐标系是与轨道线路的纵向中心线垂直的平面内的二维直角坐标,该坐标的第一坐标轴与两钢轨在名义位置且无磨耗时的顶面相切,第二坐标轴垂直于前者,并与左右两钢轨的名义位置等距离。如图1-15所示为地铁限界的示意图,从基准坐标系的原点开始,地铁限界由内而外主要包括车辆限界、设备限界、建筑限界以及间隙1和间隙2个部分。每种限界和间隙均在城市轨道交通系统中起着重要的作用。

地铁车辆限界是基准坐标系中的一个轮廓线,是车辆在正常运行状态下形成的最大动态包络线。在具有最不利公差及摩擦时(包括两次维修期间所发生的尺寸偏差)车辆在运动中处于最不利位置,涉及由各要素引起的车辆各部位的统计最大偏移均应容纳在轮廓内。地铁设备限界是基准坐标系中位于车辆限界外的一个轮廓线,是用以限制设备安装的控制线。除另有规定外,建筑物及地面固定设备的任一部分,即使涉及它们的刚性和柔性运动,均不得向内侵入此限界,接触轨限界属于设备限界的辅助限界。地铁建筑限界是基准坐标系中最外侧的一个轮廓线,是在设备限界基础上,考虑了设备和管线安装尺寸之后的最小有效断面。它规定了地下铁道隧道的形状、尺寸、位置,地下车站及站台位置及地面建筑物(包括接触网支柱、声屏障和站台屏障门等)的位置,涉及施工误差、测量误差及结构永久变形在内,任何永久性建筑物均不得向内侵入此限界。间隙1主要作为未计及因素的安全留量,按照界限制定时的某些规定偏移量也计入此间隙。间隙2应能安排各种固定设备如电缆线、消防水管等。

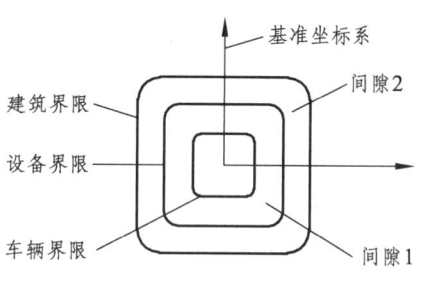

图1-15 地铁限界示意图

以前车辆限界计算采用国际联盟颁布的UIC 505国际标准。该标准是用于跨国界铁路运输的国际标准,其车辆限界计算是基于车辆基准轮廓线。在此基础上计算出动态包络线,再推算出设备限界。该标准中车辆限界计算考虑的因素较少,不能完全满足城市轨道交通发展要求。因而德国于1997年颁布了适用于城市轨道交通的Bostrab国家标准。该标准中车辆限界直接由车辆制造轮廓线计算得出,考虑了从轨枕到车辆顶部可能的全部偏移,在线路和车辆得到正常维修保养的前提下,无须考虑安全距离。德国Bostrab标准计算方法比UIC国际标准更适合城市轨道交通,更能适用于城市轨道交通车辆限界的确定。基于以上两种标准,确定了适合我国轨道交通建设和车辆实际运营情况的限界计算方法。

1. 车辆限界计算原则

（1）限界是确定行车轨道周围构筑物净空的大小，以及管线和设备安装相互位置的依据，是行业间共同遵守的技术规定，应经济、合理、安全可靠。

（2）限界应依据车辆的轮廓尺寸、技术参数、轨道特性、受电方式、施工方法和设备安装等综合因素进行分析计算确定。

（3）车辆限界的计算是以平直线上混凝土整体道床和碎石道床的线路为基本条件，根据隧道内及地面运行环境不同，分为隧道内和高架线（含地面线）车辆限界两种基本类型。

（4）曲线地段不同于上述两种情况，增加的附加因素是在设备限界内考虑加宽与加高。

（5）车辆限界的计算要素（偏移量），按其概率性质统一分为两大类，即随机因素和非随机因素。对于非随机因素按线性相加合成，而对随机因素按高斯概率分布采取均方值合成。将以上两大类相加形成车辆的动态偏移量。

（6）所有侧倾角度引起的偏移量合成后，其大小受限于车辆结构上的竖向止挡。横向位移量和竖向位移量大小受限于车辆结构上的横向止挡及竖向止挡。

（7）对于隧道内平直线、高架线（含地面线）两类车辆限界均采用统一的计算公式。计算操作时应根据不同类别情况合理选用不同的计算参数。

（8）车辆限界偏移量计算按车体、转向架、受电弓（第三轨受流器）3部分分别计算。

（9）车辆限界一经制定，属限界标准中重要的部分。车辆运行安全与否，必须根据计算结果确定车辆动态包络线是否超越车辆限界。

（10）计算中涉及的计算车辆轮廓线及计算参数仅供限界制定时使用，并非对车辆规格和参数作强制性规定。实际制造的车辆应以实际参数按基本规定验算是否符合车辆限界。

2. 车辆限界的计算要素

（1）车辆的制造误差。

（2）车辆的维修限度。

（3）转向架轮对处于轨道上的最不利运行位置。

（4）轮对相对于构架的横向振动量。

（5）转向架构架相对于车体的横向位移量。

（6）车辆的空车、重车挠度差及垂向位移量。

（7）轨道线路的几何偏差（含维修限度）。

（8）一系悬挂侧滚位移量。

（9）二系悬挂侧滚位移量。

（10）车辆制造中设备安装不对称、乘客分布不对称、轨道水平不平顺等引起的偏斜。

3. 车辆在曲线上偏倚量的计算

车辆通过曲线时，车体的中心线与线路的中心线不能重合而发生偏离的现象叫作车辆偏倚。车辆在曲线上运行时，车体的中央部分偏向线路中心线的内方、两端偏向线路中心线的外方，偏倚的多少称为偏倚量。车辆在曲线上的偏倚量与曲线半径的大小和车辆的长度有关，曲线半径越小或车体越长，则偏倚量越大。车辆偏倚量过大时，车体有可能侵入建筑接近限界，并使车钩互相摩擦，或引起车钩自动分离以及不能摘钩等现象。在实际工作中，主要应用在监装超限货物时，需要计算通过曲线时的偏倚量，核查能否保证安全运行。车辆在曲线上偏倚量的计算方法如下：

（1）二轴车辆在曲线上偏倚量的计算。

如图 1-16 所示表示二轴车辆在曲线上的车辆偏倚量计算简图。为简化计算，假定轮对与车体之间没有任何间隙，而车轴与车体成绝对的垂直位置并且假定这两个轮对的中心与线路的中心线相重合。设 $CD = \alpha_1$ 车辆中央部分向内偏倚量，$AE = \beta_1$ 为车辆端部向外偏倚量（忽略夹角影响，将 AE 视作 β_1），$AA_1 = L$ 为车体长度，$BB_1 = S$ 为二轴车辆的固定轴距，R 为线路曲线半径，弧 gg_1 为曲线线路中心线。

由 $\triangle D_1CB_1 \sim \triangle B_1CD$，得

$$D_1C / CB_1 = CB_1 / CD$$

因 $D_1C = DD_1 - DC = 2R - \alpha_1$，而且 $CB_1 = BB_1 / 2 = S/2$，故得

$$\frac{2R - \alpha_1}{S/2} = \frac{S/2}{\alpha_1} \tag{1-1}$$

$$\frac{S^2}{4} = 2R\alpha_1 - \alpha_1^2 \tag{1-2}$$

因 α_1 数值很小，可略去不计，故得

$$\alpha_1 = \frac{S^2}{8R} \tag{1-3}$$

在 $\triangle AOC$ 中，由 $AO^2 = AC^2 + CO^2$，即

$$(R + \beta_1)^2 = \left(\frac{L}{2}\right)^2 + (R - \alpha_1)^2 \tag{1-4}$$

展开后，可得

$$R^2 + 2R\beta_1 + \beta_1^2 = \frac{L^2}{4} + R^2 - 2R\alpha_1 + \alpha_1^2 \tag{1-5}$$

因 α_1^2 及 β_1^2 的数值很小，可略去不计，故得

$$2R\beta_1 = \frac{L^2}{4} - 2R\alpha_1 \tag{1-6}$$

$$\beta_1 = \frac{L^2 - 8R\alpha_1}{8R} \tag{1-7}$$

将式（1-3）值代入，得

$$\beta_1 = \frac{L^2 - S^2}{8R} \tag{1-8}$$

在车体长度、固定轴距和线路半径已知的情况下，由式（1-3）和式（1-8）可分别求得二轴车辆在曲线上时，其中央部分的向内偏倚量和两端的向外偏倚量。为了充分利用限界，

在设计车辆时希望 $\alpha_1 = \beta_1$，即

$$\frac{S^2}{8R} = \frac{L^2 - S^2}{8R} \tag{1-9}$$

$$\frac{L}{S} = \sqrt{2} \approx 1.4 \tag{1-10}$$

说明车体长度与其定距之比等于 1.4 时，利用限界较为合理。

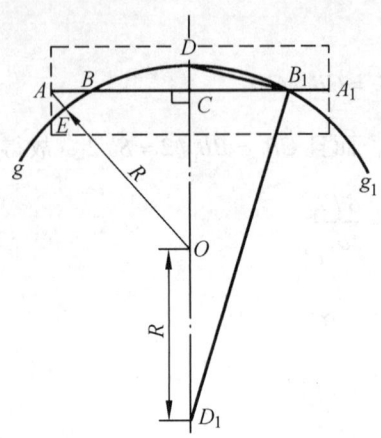

图 1-16 二轴车辆在曲线上的偏倚量计算简图

（2）有转向架的车辆在曲线上的偏倚量的计算。

有转向架的车辆在曲线上的偏倚量计算简图如图 1-17 所示。有转向架的车辆在曲线上运行时，由于转向架心盘的中心向线路曲线内方偏倚，带动车体都向曲线中心移动。因此，车辆中部的偏倚量增加，两端的偏倚量减少。从图中可见，转向架下心盘中心向线路曲线中心内方偏倚量 α_2 可根据式（1-2）和（1-3）求得

$$\alpha_1 = \frac{S_1^2}{8R} \tag{1-11}$$

式中，S_1 为转向架固定轴距。因为曲线半径很大，故 α_2 可视为整个车辆向曲线中心的移动量。于是，具有转向架的车辆中央部分的内偏倚量为

$$\alpha = \alpha_1 + \alpha_2 = \frac{S^2}{8R} + \frac{S_1^2}{8R} = \frac{S^2 + S_1^2}{8R} \tag{1-12}$$

式中，S 为有转向架车辆两心盘中心线间的水平距离（即车辆定距）。有转向架的车辆端部的外偏倚量为

$$\beta = \beta_1 - \alpha_2 = \frac{L^2 - S^2}{8R} - \frac{S_1^2}{8R} = \frac{L^2 - S^2 - S_1^2}{8R} \tag{1-13}$$

式中，L 为车体长度。

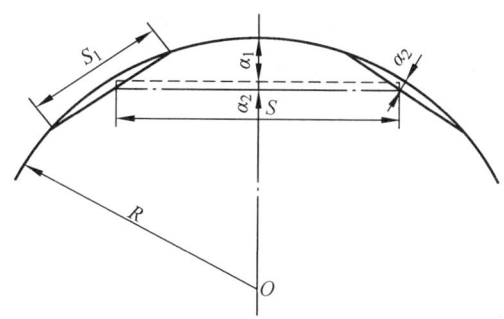

图 1-17　有转向架的车辆在曲线上的偏倚量计算简图

4. 轻轨限界

轻轨限界的划分要比地铁限界简单，同样从基准坐标系原点开始，由内向外依次为车辆轮廓限界、车辆接近限界和设备接近限界，如图 1-18 所示。车辆轮廓限界应根据车体横断面和车辆下部设备外轮廓各点所规定的纵横坐标值。车辆接近限界是以车辆样车的构造和有关的参数为依据，例如，考虑车辆弹簧挠度和各项间隙、误差、磨耗等技术参数的影响，对车辆在运行中可能出现的各种工况所产生的横向偏移量和垂直偏移量进行分析计算，得出各点 X、Y 坐标值。车辆接近限界：车辆在具有最不利的公差和磨耗情况下，并计及车辆在运行中最不利位置所引起的最大偏差，均应容纳在该轮廓之内。设备接近界限：计及轨道的轨距等出现最大允许误差时引起车辆的附加偏移量，以及在设计、施工、运营中尚未预计到的因素在内的安全留量，建筑物及地面固定设备的任一部分，均不得向内侵入此限界。

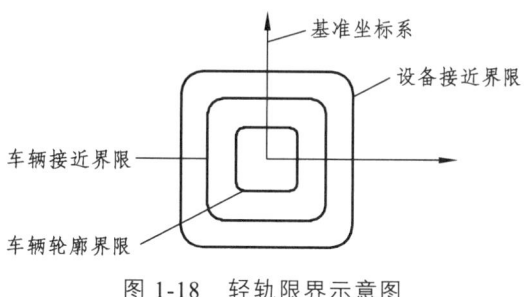

图 1-18　轻轨限界示意图

1.3　小　结

本章对城市轨道交通车辆类型、编组方法、标识、特点、组成、技术参数及车辆限界这些概念进行了介绍，并阐述了城市轨道交通车辆的编组方法及标识，最后给出车辆在曲线上偏移量的计算方法。

复习思考题

（1）世界轨道交通装备中整车供应商都有哪些厂家？

（2）我国城市轨道交通车辆的设计和制造标准主要是从哪里引进的？
（3）城市轨道车辆的性能参数和主要尺寸有哪些？
（4）描述城市轨道交通车辆的类型和组成。
（5）城市轨道交通车辆限界是如何确定的？
（6）车辆在曲线上偏倚量是如何计算的？

2 车体车门

2.1 车 体

城市轨道交通车体是容纳司机和乘客的部分,同时也是连接与安装其他设施设备的基础,是城市轨道交通车辆重要组成部件之一。车体顶部和车体底架下部安装大量机电设备共同构成了车辆主体。车体设计要求其具有良好的隔热、隔音、防火及减振等性能,在车辆故障状态下尽可能保障乘客安全,因此对城市轨道交通车体的可靠性要求较高。

2.1.1 车体的结构

20世纪80年代,我国地铁最早采用耐候钢无中梁整体承载结构,车体侧墙、车顶的梁柱与蒙皮结合后与底架构成封闭断面,以增强车体的强度和刚度。到20世纪90年代初生产了断面为鼓形的地铁车辆,其能更好地利用限界。《地铁车辆通用技术条件》(GB/T 7928—2003)规定我国地铁车辆车体采用整体承载结构。

现代城市轨道交通车辆的车体整体承载结构是由底架、侧墙、端墙、车顶四大部分组成的封闭筒形薄壳,采用模块化设计,如图2-1所示。

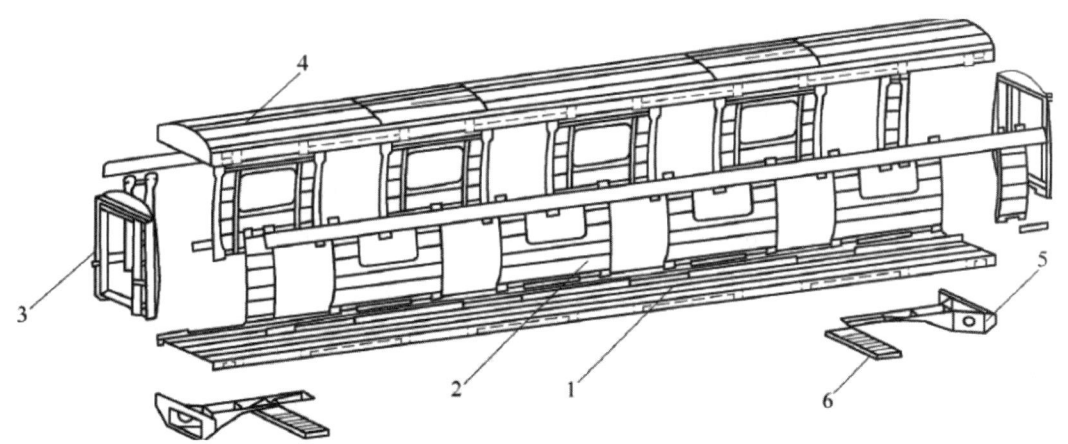

1—底架;2—侧墙;3—端部;4—车顶;5—牵引梁;6—枕梁。

图 2-1 车体结构

底架是车体结构和设施的安装基础,承受主要的动、静载荷,因此底架必须具有足够的强度和刚度,是检修作业的重点。在底架中部,断面较大并沿其纵向中心线贯通全车的梁称为中梁,它是底架的骨干。底架两侧边沿的纵向梁称为侧梁,侧墙固定其上。底架两端部的横向梁称为端梁，端墙固定其上。在转向架的支承处设有枕梁，为横向梁中断面最大的梁。在两枕梁之间设有两根以上的大横梁。为了吊挂设备、铺设地板，底架上还设有若干小横梁和纵向辅助梁，同时达到了增强底架强度和刚度的目的。上述梁件构成底架的一般结构，其中，中梁和枕梁承担载荷最大，因而最为重要。

侧墙由杆件、墙板和门窗组成。杆件与底架的侧梁联结成一体，包括立柱、上弦梁、横梁和其他辅助杆件。其中立柱与所有纵梁、上边梁、下边梁组成的框架必须与侧墙板很好地焊接成一个整体，这样才能顺利传递各种载荷。墙板有蒙皮和内饰板，蒙皮是用钢板、不锈钢板或铝合金板制成，内饰板具有车内装饰的功能，经过阻燃处理。

端墙结构与侧墙基本相同除端梁外，还设有角称端立柱、上端梁和墙丛等，端墙一般都采用端板为金属板封闭形式，不同的是，Tc 车的 1 位端采用驾驶室封闭形式。

车顶结构包括车顶弯梁、车顶横梁、车顶端弯梁及车顶板等，为满足运行需求，车顶设有受电弓安装座和 HVAC 井（Heating Ventilation and Air Conditioning，供热通风与空气调节）。以常州地铁运用车辆为例，Tc、Mp 或 M 型车的车顶是不同的。Tc 车车顶形式与 M 车相同，但长度不同，因为 Tc 车为驾驶室拖车。

2.1.2 车体的材料

城市轨道交通车体按照使用材料不同一般可分为碳素钢车体、铝合金车体和不锈钢车体 3 种类型，其中碳素钢车体主要作为早期的城市轨道车辆车体材料，现代城市轨道交通车体主要使用不锈钢和铝合金材料。

1. 不锈钢车体

城市轨道交通车辆发展早期主要采用普通碳素钢的形式，由于其腐蚀严重，转为不锈钢替代。此后，随着制造焊接及材料加工技术的不断提高，日本于 1978 年开发出轻量化不锈钢车辆。轻量化不锈钢车体的开发，使车体钢结构的质量降为碳素钢车体的 1/2，在节能和降低维修费用方面的优越性得到了用户的肯定，越来越多的国家开始使用不锈钢车。

不锈钢车体的主要部分均采用高强度不锈钢材料。梁、柱间通过连接板相连接，各部件间采用点焊连接，形成不锈钢骨架结构。整体玻璃钢车头、金刚砂地板布直接粘接在铝蜂窝地板上，头车的顶板、圆头、间壁做成一体，与贯通道连接，达到整体美观的效果。

底架采用碳素钢端底架与不锈钢底架塞焊连接，主横梁与边梁利用过渡连接板实现点焊连接，底架边梁采用 4 mm SUS301 L-HT 材料，以提高底架的整体强度和刚度。

不锈钢车体的侧墙一般选用塞拉门、连续窗结构。为适应该要求，侧墙钢结构部分采取了比较特殊的方法，在连续窗范围内，钢结构必须便于车窗的安装、固定，不得有任何与车窗相干涉的结构。同时工艺性要好，结构上必须可实现点焊。设计中，将窗间有玻璃通过的侧立柱压出凹形，再通过窗带过渡与窗框相连接。为便于加工出凹形的立柱采用了强度较低的 SUS301L-ST 材料，同时为保证该处强度，在其背面加了一根补强梁。为保证窗口及侧墙的平面度，窗口周围所有梁柱，补强部分均为点焊结构。

此外，由于车门开口对钢结构的强度和刚度影响很大，因此需要采取补强措施，比如加长门上框翻边长度，在门上加补强板，将底架碳素钢边梁延长过车门口等。为消除门角应力集中的问题，采用在门口外围进行补强及加过渡圆弧，在门角内加门角补强铁的方法。通常采用上述这些措施来增加车体刚度及强度。端墙的板、梁均采用点焊结构。

不锈钢车体的车顶由波纹顶板、车顶弯梁、车顶边梁、侧顶板、空调机组平台等部分组成。采用波纹顶板无纵向梁结构，顶板间搭接缝焊连接，与车顶弯梁点焊在一起。空调机组平台由纵梁、弯梁、顶板点焊组成部件，再与车顶通过点焊及塞焊组成一体。由于车顶是无纵梁结构，波纹顶板要传递车体纵向力，所以选择强度较高的材料。车顶边梁是车顶也是整车主要承载部件，所以选用强度最高的材料，整体冷弯成形。不锈钢车体主要的优点：造价低、耐腐蚀、强度高以及易维护。

2. 铝合金车体

铝合金车体是一种轻型整体承载结构，主体材料是铝合金型材，通常采用模块化结构或全焊接组装，是一种新型的车体结构。铝合金材料密度小、强度大，铝合金材料构造的车体在满足车体强度和刚度的同时大幅度地减轻了车体的质量。

在铝制车体结构设计中，车体主要承载构件，如底板、侧墙、车顶等均采用大型中空截面的挤压型材拼焊而成，以提高构件的刚度，充分发挥材料的承载能力，并达到最大限度地减轻车体自重的目的。与钢制车体相比，铝合金车体的焊接工作量减少约 40%，制造工艺大为简化，质量可减少 3~5 t，并可保证车体承载结构在使用期内（25~30 年）不维修或少维修。此外，铝合金车体在和空气接触时会自然形成一层氧化模，不仅可以提高耐腐蚀能力，而且使车体表面美观，可以省去涂漆工序，从面减轻车体自重。

如图 2-2 所示为常州地铁车辆铝合金车体的断面，其形状类似鼓形，这种外形可以使车辆在圆形隧道内获得最大截面积（或称之为充塞比），增大车内空间；另一方面有利于提高车辆在圆形隧道内的活塞效应，加强隧道的自然通风能力。主要由底板、侧墙、车顶、端墙等组成整体承载的薄壳型结构。

铝合金车体底板由地板、侧梁、枕梁、小横梁和牵引梁组成，5 块与车体等长的地板梁通过两侧的接口拼焊成车体地板，每块地板梁由上下翼板、腹板和 6 块肋板组成中空截面挤压铝型材。底板侧梁同样采用与车体等长的薄壁中空截面挤压铝型材。

Tc 车底板的前端设有撞击能量耗散区，其上开有 3 排椭圆孔，当车辆受到意外撞击时，它能产生较大的塑性变形，从而吸收纵向冲击能量，起到保护驾驶员、乘客和车辆的作用。底板的两端还设有牵引梁和横向承载梁，用来安装车钩牵引缓冲装置和传递车辆间的牵引力和冲击力。车顶、侧墙、端墙中部填充有玻璃纤维或矿物棉，以达到隔热作用。同时车顶、侧墙及其地板下涂有隔音及防水涂料，转向架对应区域的地板下部粘结隔音材料，起到隔绝噪声的作用。

现代城市轨道交通车辆车体地板是先在底板上纵向布置 4 mm 厚的橡胶条，再铺设一层表面很平坦的铝合金轻型型材，然后在铝型材表面直接粘贴 PVC 塑料地板。PVC 材料地板是一种理想的具有耐磨、阻燃和防滑功能的地板面材料，这种结构布置可以有效避免塑料地板长期使用后的起泡和脱落问题。

客室内的侧墙、端墙都采用阻燃的密胺树脂胶合板。由于在组装焊接的侧墙、端墙的铝合金材料的内侧都涂抹阻尼浆并敷贴保温材料，所以侧墙、端墙都具有隔热保暖的功能。

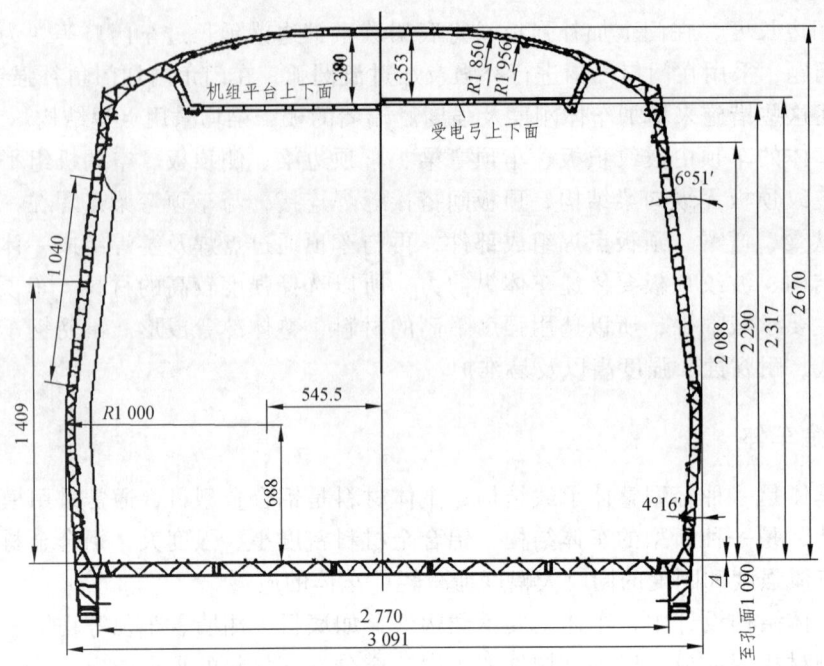

图 2-2 车体断面

车体的侧墙,由于左右各有 5 扇车门和 4 个车窗,侧墙被分隔成 6 块带窗框、窗下间壁、左右窗间壁或门间壁等部件,全车共 12 块,在组装时分别各自与底板、车顶拼接,各块部件也为整体的挤压铝型材。

车外顶板两侧小圆弧部分采用形状复杂的中空截面挤压铝型材,中部大圆弧部分为带有纵向加强杆件的挤压成型的车顶板,其长度与车顶等长,车顶组装时仅留下几条与车顶等长的纵向长焊缝。

客室内顶板由 3 部分组成,中间为平板,平板两侧为多孔的通风口平板,最外侧为客室照明灯的灯箱。平板安装在悬挂的车顶吊架上。

铝合金车体具有诸多的优点:

(1)强度高。

经过热处理强化及合金化强化,铝合金车体的强度会大幅增加,能达到低碳钢相应的强度值,强度质量比约为碳素钢车体的 2 倍。

(2)轻量化。

铝合金材料车体具有较小的密度,杨氏模量也约为钢的 1/3。在车辆长度相同的条件下,与碳素钢车体相比,铝合金车体的自重降低 30%~35%。

(3)耐腐蚀。

铝合金材料车体与空气接触形成一层致密的氧化膜,这层膜能防止腐蚀,相当于车体总在实施氧化铝膜处理。因此,铝合金材料车体的耐蚀性能较好。

(4)塑性好。

铝材既可以轧成板材,又可以挤压成断面形状复杂的型材。切断、加工、弯曲也很容易。连接方式既可铆接、栓接,也可焊接。与钢制车体相比,焊接工作量减少约 40%,制造工艺大为简化。车体的轻量化无论对于节省能源、提高轨道寿命,还是提高运输舒适性及安全性都有显著效果。

（5）易再生。

铝的熔点较低，再生简单。在废弃处理时也无公害，有利于环保，符合可持续发展战略。

2.1.3 不同材料车体性能对比

车体是城市轨道交通车辆的主体结构，不同材料和结构形式的车体对整个车辆的结构、性能、制造、使用、维修，以及经济性等将产生深远的影响。

1. 轻量化

早期城市轨道交通车辆车体主要采用普通碳素钢制成，这种车体有众多纵、横型材构骨架和外包板结构，形成一个闭口的筒形薄壳整体承载结构，自重大。为了提高车体的耐腐蚀性，延长车体的使用寿命，现在较多应用的是含铜或含镍铬等合金元素的耐腐蚀的低合金钢材料，可使车体钢结构自重减轻15%左右。

半锈钢（包板为不锈钢，骨架为普通碳素钢）或全不锈钢车体，免除了车体内壁涂覆防腐蚀涂料和表面油漆。在保证强度、刚度的前提下，通过调质压延而获得高强度不锈钢薄板，板厚可减小，同时也提高了使用寿命。一般不锈钢车体自重比普通碳素钢减轻约20%。

铝合金材料的比重仅为钢的1/3，而弹性模量也是钢的1/3，因此，铝合金车体不能采用碳素钢车体的结构形式。为了充分利用铝合金的性能特点，在铝制车体结构设计中，车体主要承载构件一般采用大型中空截面的挤压铝型材，以提高构件的刚度，充分发挥材料的承载能力，达到最大限度地减轻车体自重。全车的底板、侧墙、车顶均采用大型中空截面的挤压铝型材拼焊而成，与钢制相比焊接工作量减少40%，制造工艺大为简化，质量可减轻30%。

2. 制造成本

根据欧洲、日本等车辆制造业发达国家的资料统计，3种类型的车体制造成本大致相当。在我国，受材料和劳动力成本等方面因素的影响，目前3种材质车体制造成本比例大致如下：碳素钢、不锈钢、铝合金型材的造价成本比例约为1∶4.5∶4.65。但是随着我国城市轨道车辆生产规模的不断增加、机械化加工程度的不断提高，可以预见，3种材质车体的制造成本将逐步趋于接近。

3. 耐腐蚀性

城市轨道交通车辆由于其特殊的工作环境，风雨侵蚀，温度、湿度的变化以及空调造成的结霜等，对车体结构的影响较大。

早期普通碳素钢车体，车体的雨檐周围、门口及车窗周围的立柱、墙板、地板等处容易被腐蚀，一段时间后要进行局部修补、部分改造、大改造，这种反复修补、改造，使得车辆的寿命大大降低。

不锈钢车体具有耐腐蚀、免维修等特点。全部采用不锈钢材料的车体是与铝合金车体大致在同一时期开发出来的。通过对运营车辆进行的定期检查，发现没有必要对外板进行修补、涂装。另外，对梁柱也没有必要进行修补。因此除了不需要车体维修费用外，还会减少由于维修而产生的烟雾、有机溶剂等在作业场所的散布,从而减少对相关电器设备的检查、维修等其他作业量。

铝合金车体除了车钩部分及车体内的螺钉座使用碳素钢外,其他部位均为铝合金。目前的城轨车辆铝合金车体已经使用大型铝合金挤压型材。对运营后铝合金车体腐蚀情况进行的调查表明雨檐、门口、窗口周围及底架端部、车体侧面的焊接热影响区处发生了腐蚀。但和碳素钢车体相比较,腐蚀程度很轻,对车体的强度不会产生影响,只需对车辆进行定期维护。

4. 维护管理

按照发达国家的最近统计数字,在30年的使用寿命期间,碳素钢车体各个门口、门柱下部及墙板,均可能挖补截换,再加上调平、重新油漆,要增加相当费用,同时由于自重的增加也要增加电能损耗,后期碳素钢总维护成本远高于不锈钢和铝合金车体。所以按照寿命周期成本核算,碳素钢车体最高。另外随着车辆工艺技术更新速度的不断加快,城市轨道交通车辆车体的维护管理费用会进一步降低。

2.2 车 门

2.2.1 车门的结构与原理

根据城市轨道交通的特点,城市轨道车辆的车门应方便乘客或司机,并尽量缩短乘客上、下车时间,满足列车运行密度的要求。以 A 型车客室门为例,车门应满足如下要求:
(1)要有足够的有效宽度(一般为 1 300 mm~1 400 mm);
(2)车门要均匀分布,以方便乘客上下车;
(3)要有足够数量的车门(一般 4~5 对/辆);
(4)车门附近要有足够的空间和面积,方便上下车乘客的周转;
(5)要确保乘客的安全。

如图 2-3 所示为城市轨道车辆典型的客室车门系统结构。一般情况下,城市轨道车辆的客室车门系统具有以下关键部件。

1. 门 页

每个客室车门由左右两个门页所组成,其中每个门页又包括
(1)一个门板;
(2)一个门窗;
(3)一套密封条;
(4)一个下导轨。

2. 上部执行器

上部执行器主要功能是确保门页做对称运行和协调运行,即确保车门的正常工作状态,

该执行器又包括

（1）车门吊挂系统。

（2）车门驱动系统，主要包括一个电机（一般为直流无刷电机）或传动风缸组件，一个驱动组件（一般为滚珠丝杠机构），一个紧急解锁机构和一套校验设备（两个闭锁限位开关和一个关门限位开关）。

（3）车门锁紧和解锁装置。

城市轨道车辆的车门一般具有自动锁紧、自动解锁和紧急解锁的功能。

（4）电子门控单元。

电子门控单元（Electrical Door Control Unit, EDCU）是车门的核心控制单元，自身配备有微处理器，电子门控单元具备驱动系统控制功能和内、外部通信功能接受来自司机室并通过列车控制总线传递的车门控制指令，每节车车门的电子门控单元都与列车控制总线相连，在列车运行过程中，电子门控单元与列车控制系统完成大量的信息交换工作，如车门开启和闭合信息、紧急装置被操作信息、门位置传感器故障诊断信息等。

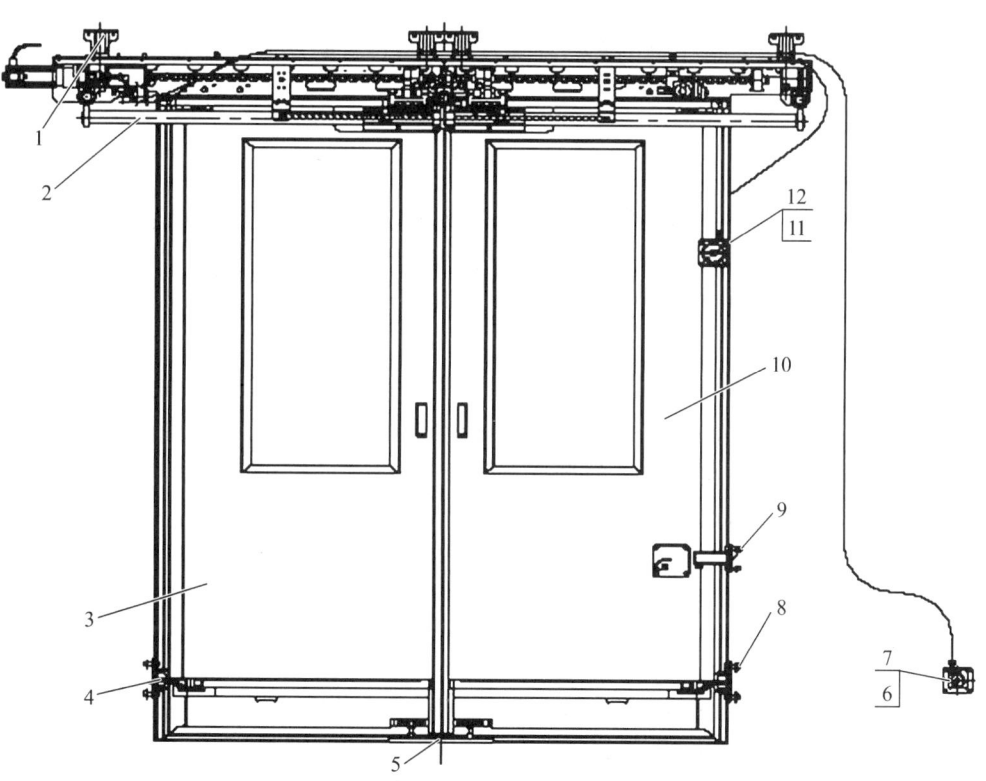

1—顶吊架+侧吊架；2—承载驱动机构；3—左门扇；4—摆臂组件；5—嵌块；6—外操作装置；
7—外操作钢丝绳组件；8—摆臂组件（右）；9—隔离开关组件；10—右门扇；
11—内操作装置；12—内操作钢丝绳组件；13—EDCU。

图 2-3　车门系统结构

另外 EDCU 与车门系统内部组件也进行相应的通信工作，从而完成相应的车门动作，如车门工作状态监控与诊断功能，其主要包括障碍物检测和防夹功能；车门是否能够正常开启和关闭监控功能；车门系统相关部件的故障诊断功能等。

（1）故障显示与存储功能。

每个 EDCU 都具有故障显示和储存功能（记录并显示故障代码及故障发生实际时间等），可通过车辆供应商提供相应的软件对每个 EDCU 的故障进行读取，从而作为车门日常维修、维护的重要依据。

（2）车门控制板。

在司机室每侧的门柱上安装有控制客室车门的按钮，可根据选定侧打开同侧车门。在城市轨道车辆正常运行状态下，只有在运行司机室才能够控制车门。

（3）车门切除系统。

每一扇车门都安装了一个锁紧/切除装置，目的是当某车门出现故障时可以将该车门从服务状态切除，并机械锁紧。不能再使用紧急解锁功能打开该门，可以在车内和车外，通过旋转双位方形钥匙（锁紧位、切除位）来实现。

2.2.2 车门的种类

目前世界各国城市轨道车辆的车门种类较多，可按其驱动方式和开启方式进行分类。

1. 按驱动方式分类

（1）电气风动门。

电气风动门由压缩空气驱动传动气缸，再通过机械传动系统和电气控制系统完成车门的开关动作。机械传动系统的作用是将传动气缸活塞杆的运动传递至车门，使车门动作。电气控制系统具有开、关门控制、车门动作监视和列车控制电路联锁等功能。

（2）电控驱动门。

电控驱动门，如图 2-4 所示，由一套电机组件、一套驱动组件（如螺杆、传力螺母、臂叉和球面轴表等）、一个紧急解锁机构、一套校验设备（如闭锁限位装置和关门限位开关）和一个控制器组成。通过电机驱动螺杆，并配合连接于门页与螺杆间的组件（如传力螺母及驱动臂的臂叉），将滑行运动传送给门页。

电控驱动门由于采用电机进行调速，因此在车门开关速度方面较电气风动更容易控制；另一方面电控驱动门也避免了电气风动门在布置时需额外铺设风路管道，及在运行过程中可能出现漏风等问题，所以在城市轨道车辆车门实际选择使用时电控驱动门更受青睐。

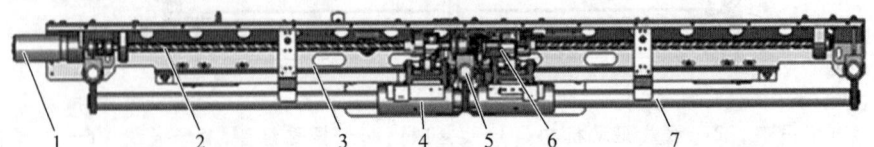

1—电机；2—丝杆；3—上导轨；4—携门架组件；5—传动螺母；
6—横向导柱；7—纵向导柱。

图 2-4 电控驱动门

2. 按开启方式分类

（1）内藏门。

开关车门时门翼在车辆侧墙的外挡与内护板之间的夹层内移动，传动装置设于车用内侧车门的顶部，装有导轮的门翼可在导轨上移动并与传动装置的钢丝绳或皮带相连接，借助汽缸或电动机驱动传动机构，从而使钢丝绳或皮带带动门翼动作。内藏门外观如图2-5所示。

内藏门具有如下特点：驱动机构占用车辆上的空间较小，这与内藏门的运动方式有关，内藏门只作沿车长方向的直线运动，没有曲线运动，因此驱动机构相对较为简单；质量较轻；手动开、关门所需力量较小。

（2）外挂门。

外挂门有时也称为外移门，与内藏门区别在于开关车门时，门翼均处于侧墙的外侧。外挂门采用模块化设计和安装，门页、车门悬挂机构以及传动机构的部分部件安装于车体侧墙外侧，电子门控单元和驱动电机装于车体侧墙的内侧。此外，车门还装有车门关闭行程开关、锁闭行程开关、切除开关以及紧急解锁开关。外挂门由电机带动丝杆转动，丝套在丝杆上的横向移动带动门叶在导轨上滑动。外挂门外观如图2-6所示。

图2-5 内藏门外观

图2-6 外挂门外观

外挂门具有如下特点：

① 与其他形式的车门相比，采用外挂门形式的列车车内空间相对较大；

② 门翼始终位于车体侧墙的外侧，因此车辆运行过程中会产生一定的运行阻力。

（3）塞拉门。

塞拉门主要由门叶、电机、支承杆、托架组件、车门导轨、传动组件、制动组件、紧急解锁机构、车门旁路系统以及EDCU等组成。车门还装有锁闭行程开关、切除开关、紧急解锁开关和EDCU复位开关，实现对车门的电气控制。塞拉门外观如图2-7所示。

图2-7 塞拉门外观

塞拉门具有如下特点：

① 塞拉门在开启状态时，车门移动到侧墙的外侧；

② 在关闭状态时车门外表面与车体外墙成一平面，这不仅使车辆外观美观，而且有利于减小列车在高速行驶时的空气阻力和降低空气涡流产生的噪声，也便于自动洗车装置对车体的清洗。

另外，在轨道车辆驾驶室前端还设有紧急前门（逃生门，见图 2-8）。

图 2-8　逃生门

通常情况下，紧急前门处于锁闭状态，因紧急疏散或按计划对门进行维修时才打开。该紧急前门系统为手动使链式，在驾驶室内或室外都可开启，其打开方式为向外下方翻转，一旦门锁开启，车门能自动倒向路基，并且有缓冲器，从而不会导致车门开启的加速度过大而致使门损坏。逃生门主要由门框、门扇、保险锁、气弹簧及铰链等零部件组成，一般为可伸缩的套节式踏级板机构，两侧设有扶手栏杆，中间铝合金踏板上涂有防滑漆，故乘客在上面行走时不会滑跌。

2.2.3　车门故障分析

1. 车门故障因素

由于地铁列车运营线路站距短，客室车门频繁地开启和关闭，因而易导致客室车门的门控电气元件和机械零部件损坏，造成正线运营列车的客室车门故障频发。故障较轻则该车门被切除，故障较重则列车发生掉线、清客或救援。

对地铁现有车辆的 3 种客室车门的故障情况进行分析，可以得出以下车门故障的主要原因：

（1）从车门结构方面分析，限位开关、继电器、门槛条、护指橡胶条、开/关门按钮、橡胶止挡、驱动气缸/电机、解锁气缸、S 钩门锁、钢丝绳等出现故障均会导致车门无法正常工作；

（2）EDCU 的软件和硬件系统故障，造成车门系统的通信功能和控制功能缺失；

（3）车体振动或乘客挤靠造成车门局部变形，导致车门无法正常开启和闭合；

（4）司机误操作、乘客擅自随意启用紧急设施、检修人员水平低下等人为主观因素。

2. 车门整改措施

通过对车门系统的故障统计分析和可靠性研究，针对车门故障的产生原因以及车门系统本身的设计和制造缺陷系统地实施了多项整改。因篇幅所限，仅选取具有代表性的上海地铁 AC03 列车车门的整改措施做简要介绍。

（1）增加门控旁路开关。

在 AC03 型列车的试运营过程中，曾发生无法判断车门故障的位置的现象，也曾发生无法切除故障车门的情况，这些均导致了牵引系统自动封闭，使得列车无法自行退出运营，给正线的运营带来很大影响。根据现有其他列车的运营经验，司机室内设有车门门控旁路开关，可以实现对客室车门的旁路，从而解除列车牵引系统的封闭。为此，在原有设计的基础上通过改造线路增加了门控旁路开关。当此开关动作时，列车左侧车门监控继电器触点和列车右侧车门监控继电器触点被旁路，相当于列车车门系统对于牵引系统的影响被旁路。即当出现严重车门故障时，通过使用"门控旁路开关"，列车可自行牵引退出正线，避免救援，减少故障影响正常运营的时间，有效地降低了列车车门故障对正常运营带来的不良影响。

（2）更改车门障碍物探测次数。

障碍物探测功能是指当列车探测到有乘客或其他物品被车门夹住时，车门夹紧力会短暂消失，给乘客一定的时间脱身，然后再继续实施关门动作。该功能的探测次数对车门的使用性能有直接影响。塞拉门初始设计的障碍物探测次数为 3 次，经常发生障碍物探测 3 次结束后车门自动完全打开的现象，此时通常会出现大量乘客继续向车厢涌入而致使更多人挤在车门之间的情况，于是车门依旧长时间无法关闭而造成列车晚点。因此，整改方法为将探测次数改为 6 次，从而延长被夹乘客用于脱身的时间，并且减小探测后车门弹开的缝隙大小，防止其他乘客伺机涌入。当被夹乘客顺利进入车厢内后，该车门会在检测车门之间无障碍物的情况下及时自动闭合，保证列车尽快启动，从而降低列车晚点率。

（3）增加车门再关门功能。

再关门功能是指当车门遇到障碍物并探测设定的次数后仍无法关闭时，车门会自动完全打开，此时司机可直接按关门按钮关闭未关闭的车门。AC03 型列车车门原设计不具备再关门功能，当车门按预先设定次数进行障碍物探测后障碍物仍然存在进而导致车门依旧无法关闭时，该车门会自动完全打开，此时司机只有先按开门按钮打开列车该侧所有车门，然后再按关门按钮才能将未关闭的车门关闭。由于再次打开所有车门通常会导致更多的乘客挤在车门中间，此时所有车门都将无法关闭。上述现象在客流高峰时段显得尤为突出，严重影响了地铁的正点运营。车门增设再关门功能后，取消了车门自锁信号，司机不用进行开门操作，只需要再次按下关门按钮，列车控制系统就会再次发出关门脉冲信号，并只对未关闭的个别车门进行再关门操作。

（4）关门夹紧力的调整。

地铁列车客室车门关门夹紧力大小与乘客安全和车门故障密切相关。关门夹紧力值太小会由于乘客拥挤而造成车门无法正常关闭，车门也容易产生故障，对列车运营有比较大的影响；关门夹紧力值太大又会增加夹伤乘客的概率，对乘客人身安全造成较大威胁。

车门原设计的关门夹紧力均为 150~200 N，再开门功能频繁启动，车门无法正常关闭。为了降低车门对运营的影响，同时保证乘客不会被车门夹伤，进行了一系列关门夹紧力的试验。试验发现，车门夹紧力会随着障碍物探测次数的增加而在预设夹紧力值范围内由小到大逐步增加，这样就使得乘客在车门夹紧力较小的时候就能脱身，有效降低了夹伤乘客的概率。实际运营情况和试验结果表明，较为合理的设置方法是，列车车门障碍物探测次数设为 6 次，每次的探测之后关门夹紧力分别设为 150 N、200 N 和 260 N 等。该调整方案既可以保证乘客人身安全，也可以一定程度上降低列车车门故障率及故障导致的晚点率。

2.3 小 结

本章主要介绍了城市轨道交通车辆车体和车门的主要结构、分类，以及车门常见故障。车体采用模块化设计，由底架、侧墙、端墙、车顶 4 大部分组成封闭筒形薄壳整体承载结构。按照车体所采用材料，可分为碳素钢、不锈钢和铝合金车体。而车门按其开启方式区分主要有内藏门、外挂门、塞拉门 3 种形式。针对车门出现的故障，以上海地铁 AC03 列车车门为例介绍了常用的整改措施。

复习思考题

（1）简述城市轨道交通车辆车体的组成部分及其作用。
（2）城市轨道交通车辆车体的材料有哪几种，分别具有何种特点？
（3）解释车辆限界与设备限界的含义。
（4）简述气动式全门的结构与特点。
（5）简述强行开门按钮的作用。

3 转向架与制动装置

3.1 概 述

转向架是车辆最重要的组成部件之一，它的结构是否合理直接影响车辆的运行品质、动力性能和行车安全。转向架是支承车体并担负车辆沿着轨道走行的支承走行装置。为了便于通过曲线道路，在车体和转向架之间设有心盘或回转轴，转向架可以绕心盘或回转轴相对车体转动。由于车辆在线路上运行时通过道岔、弯道及车辆加速、减速等原因会产生各种冲击和振动，为了改善车辆的运行品质和满足运行要求，在转向架上设有弹簧减振装置和制动装置。转向架还应保证车辆以最小的阻力在轨道上安全、平稳、高速地运行，顺利地通过道岔及曲线，并应保持摩擦制动作用，保证列车的减速和停车。对于动车，转向架上还装有牵引电动机和减速机构，将牵引电动机的转矩通过齿轮转动传给轮对，转化为列车前进的牵引力，以驱动车辆运行，这种转向架称为动力转向架。

3.1.1 转向架的作用与要求

在铁路运输及城市轨道交通发展的初期，世界各国均采用二轴车辆。车轴直接安装在车体下面，这种二轴车比较短小。为便于车辆通过曲线，前后两轴中心线之间的距离一般不大于 10 m。二轴车的总质量受到车轴容许轴载质量的限制，载重较小，一般不大于 20 t。

随着铁路、有轨交通事业的发展，二轴车已不能满足运行的要求，于是出现了与二轴车结构类似的三轴车或多轴车。三轴车虽然能增加载重，但要通过小半径曲线时，中间的轮对相对车体要有较大的横向游动量，使得车辆结构复杂，因此这种三轴车没有被推广使用。同样形式的多轴车也没有被采用。

常用的多轴车是采用带转向架的结构形式，把两个或几个轮对用专门的构架组成一个小车，这个小车称为转向架或台车，而车体就架承在前、后两个转向架上。为了方便通过曲线，车体与转向架之间可以相对转动。这样将一个车体落在两个转向架上，使车辆的载重、长度和容积都可以得到增加，以满足轨道交通发展的需要。目前大多数车辆都采用转向架的结构形式。转向架的基本作用及要求如下：

（1）车辆采用转向架是为了增加车辆的载重、长度和容积，提高列车运行速度。

（2）保证在正常运行条件下，车体都能可靠地坐落在转向架上。通过轴承装置使车轮沿着钢轨的滚动转化为车体沿线路的平动运动。

（3）转向架能支承车体，承受并传递从车体至轮对之间或从轮轨至车体之间的各种载荷及作用力，并使轴重均匀分配。

（4）保证车辆安全运行，并顺利地通过曲线。

（5）采用转向架的结构便于弹簧减振装置的安装。弹簧减振装置使转向架具有良好的减振特性，以缓和车辆和线路之间的相互作用，减小振动和冲击，减小动应力，提高车辆运行的平稳性和安全性。

（6）转向架能充分利用轮轨之间的黏着力，传递牵引力和制动力。

（7）转向架是车辆的一个独立部件。在转向架与车体之间尽可能减少连接件，并要求结构简单、装拆方便，以便转向架独立制造和维修。

（8）对地铁车辆的转向架来说还要便于安装牵引电动机及传动装置，以驱动车辆沿着钢轨运行。

3.1.2 转向架的组成

由于车辆的用途、运行条件、制造和检修能力及历史传统等因素，转向架的类型非常多，结构各异。但它们都具有转向架的共同特点，其基本作用和基本组成部分是相同的。转向架的基本组成可以分为以下几个部分。

（1）构架。

构架是转向架的安装基础，它把转向架的零部件组成一个整体。它不仅仅承受和传递各种作用力及载荷，而且它的结构形状、尺寸和大小都应满足各零部件的结构、形状及组装的要求（如应满足制动装置、弹簧减振装置、轴箱定位装置的安装要求）。

（2）轮对、轴箱装置。

轮对沿着钢轨滚动，除了传递车辆重力外，还传递轮轨之间的各种作用力，包括牵引力和制动力。轴箱与轴承装置是联系构架和轮对的活动关节，使轮对的滚动转化为车体沿钢轨的平动。

（3）弹性悬挂装置。

为了减少线路的不平顺和轮对运动对车体的各种动态影响（如垂向振动、横向振动和通过曲线等），在轮对与构架之间或者构架与车体之间，设有弹性悬挂装置，前者称为轴箱悬挂装置（又称一系悬挂），后者称为构架（有的构架还带有摇枕）悬挂装置（又称二系悬挂）。弹性悬挂装置包括弹性装置、减振装置和定位装置。

（4）（基础）制动装置。

为了使车辆在规定的距离内停车，必须安装制动装置，其作用是传递制动缸产生的制动力或单元制动机产生的制动力，使闸瓦与轮对之间产生的转向架的内摩擦力转换成轮轨之间的外摩擦（即制动力），从而使车辆承受前进方向的阻力，产生制动效果。

（5）转向架架承车体的装置。

车体与转向架联结部分的结构应能满足安全可靠地支承车体，并传递各种载荷和作用力，同时车体与转向架之间应能绕一定旋转中心相对转动，以使车辆顺利通过曲线。一般转向架架承车体的方式有心盘集中承载、非心盘承载和心盘部分承载3种。

3.1.3 转向架结构的种类

由于转向架用途的不同、运行条件的差异，对转向架的性能、结构、参数和采用的材料及工艺等的要求不同，从而出现了多种形式的转向架。各种转向架主要区别在于所用车轴的类型和数目、轴箱定位的方式、弹簧装置的形式、载荷传递的方式等。轨道交通的转向架一般都采用二轴转向架。以下介绍几种轨道交通常见的转向架。

1. 按轴箱定位方式分类

（1）拉板式轴箱定位转向架采用特种弹簧钢材制成的薄片形定位拉板，其一端与轴箱连接，另一端通过橡胶节点与构架相连。利用拉板在纵、横向的不同刚度来约束构架与轴箱的相对运动，以实现弹性定位。拉板上下弯曲刚度小，对轴箱与构架上下方向的相对位移就约束很小，如图3-1（a）所示。

（2）拉杆式轴箱定位转向架拉杆的两端分别与构架轴箱销接，拉杆两端的橡胶垫、套分别限制轴箱与构架之间的横向与纵向的相对位移，实现弹性定位。拉杆允许轴箱与构架在上下方向有较大的相对位移，如图3-1（b）所示。

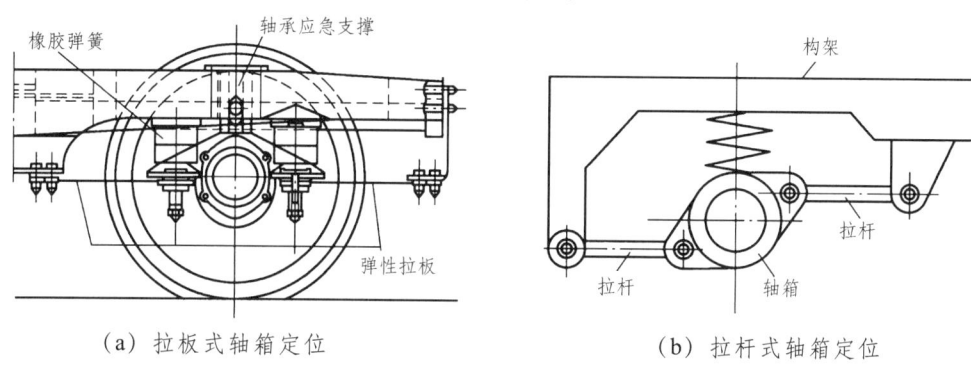

(a) 拉板式轴箱定位　　　　　　(b) 拉杆式轴箱定位

图 3-1　拉板式和拉杆式轴箱定位

（3）转臂式轴箱定位转向架又称弹性铰定位，定位转臂的一端与圆筒形轴箱体固接，另一端以橡胶弹性节点与构架上的安装座相连接。弹性节点允许轴箱与构架在上下方向有较大的位移，弹性节点内的橡胶件设计成使轴箱在纵向和横向具有适宜的、不同的定位刚度的要求，其结构有如图3-2（a）所示的形式。

（4）层叠式橡胶弹簧定位转向架在构架与轴箱之间装设压剪型层叠式橡胶，其垂向刚度较小，使轴箱相对构架有较大的上下方向位移，而它的纵、横向有适宜的刚度，以实现良好的弹性定位，其结构如图3-2（b）所示。

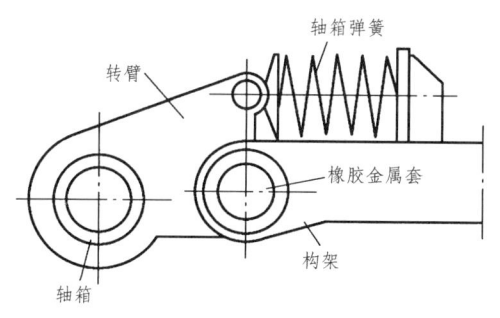 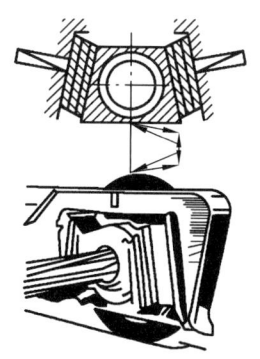

(a) 转臂式轴箱定位　　　　　　(b) 层叠式橡胶弹簧定位

图 3-2　转臂式轴箱定位和层叠式橡胶弹簧定位

以上所述的定位方式，均为无磨耗的轴箱弹性定位的装置，通过对橡胶金属弹性铰或弹性节点的设计，可以实现轴纵、横向不同定位刚度的要求，达到较为理想的定位性能。

2. 按弹簧系统分类

（1）一系弹簧悬挂在车体与轮对之间，只设有一系弹簧减振装置，如图 3-3（a）所示。它可以设在车体与构架之间，也可以设在构架与轮对之间。

（2）二系弹簧悬挂在车体与轮对之间设有二系弹簧减振装置，即在车体与构架间设弹簧减振装置，在构架与轮对间设轴箱弹簧减振装置，两者相互串联，使车体的振动经历两次弹簧减振的衰减，如图 3-3（b）所示。

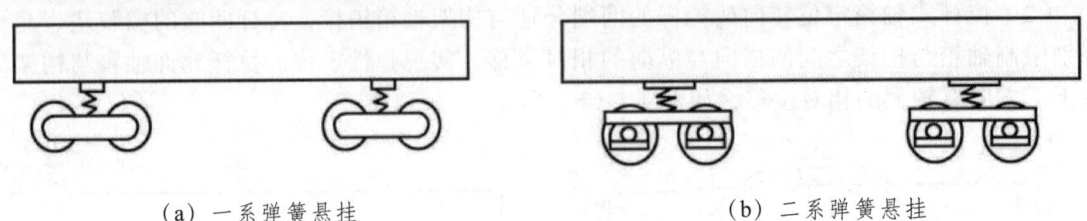

(a) 一系弹簧悬挂　　　　　　(b) 二系弹簧悬挂

图 3-3　弹簧悬挂装置

3. 按车体与转向架之间载荷传递方式分类

（1）心盘集中承载。

车体的全部质量通过前后两个上心盘分别传递给前后转向架的两个下心盘，如图 3-4（a）所示。

（2）非心盘承载。

车体上的全部质量通过弹簧悬挂直接传递给转向架构架，或者通过弹簧悬挂装置与构架之间装设的旁承装置传递，如图 3-4（b）所示。这种转向架虽还设有心盘回转装置，但它作用是牵引和转动。

（3）心盘部分承载。

车体上部质量按一定比例分配，分别传递给心盘和旁承，使它们共同承载，如图 3-4（c）所示。

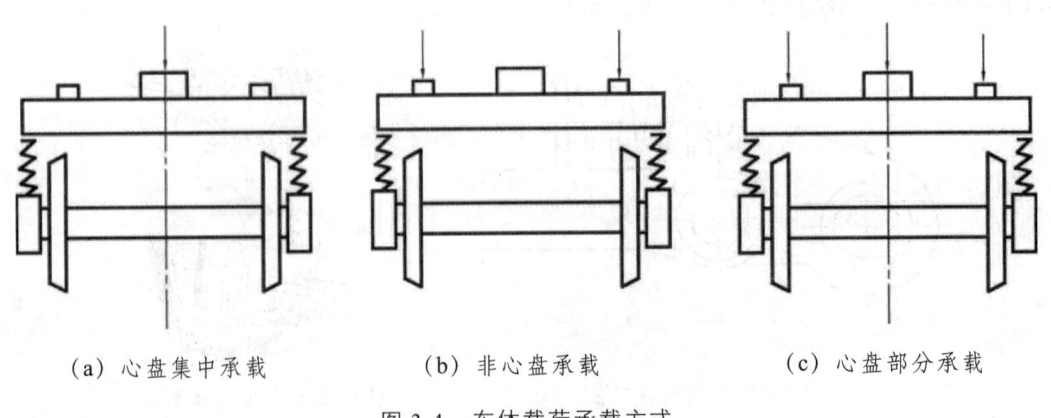

(a) 心盘集中承载　　　(b) 非心盘承载　　　(c) 心盘部分承载

图 3-4　车体载荷承载方式

4. 车体与转向架之间的连接方式

按城轨车辆车体与转向架之间的连接方式的不同，可将转向架分为有心盘（或有牵引销）转向架、无心盘（或无牵引销）转向架和铰接式转向架（又称雅克比转向架）。

城轨地铁车辆转向架通常采用有心盘（或有牵引销）转向架，而轻轨车辆常常采用铰接式转向架。铰接式转向架与车体的连接，既要保证相邻两车体端部彼此连接传递垂直、纵向和横向载荷，又要保证车体两端在通过曲线时能彼此相对转动（垂向和横向）。其连接结构原理如图 3-5 所示。

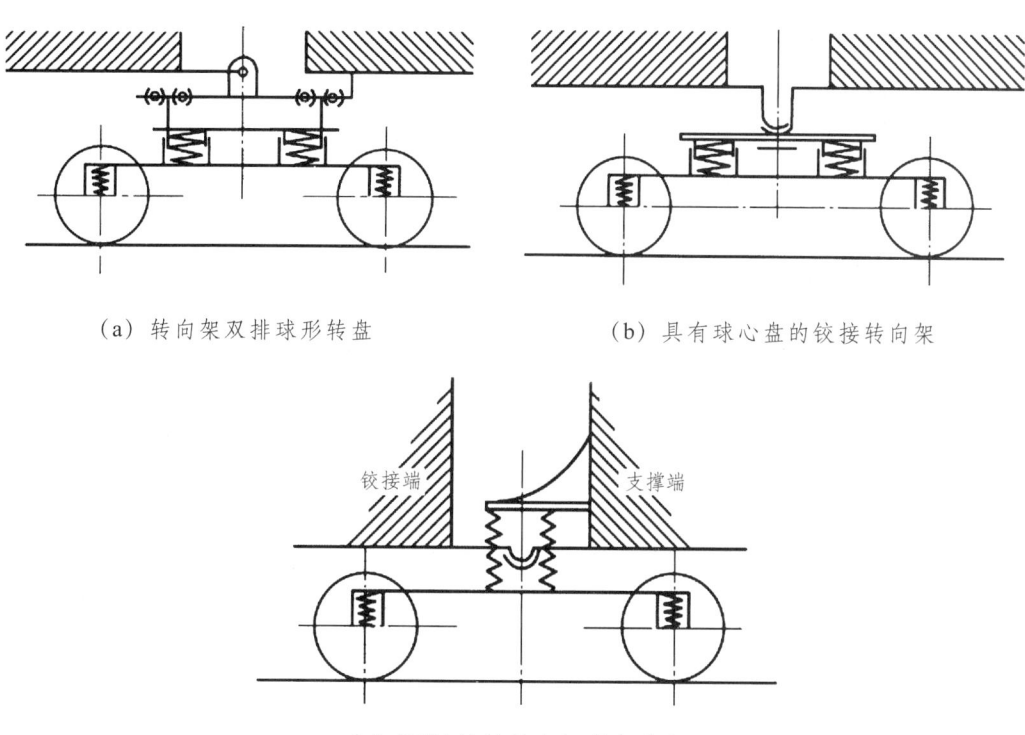

(a) 转向架双排球形转盘　　(b) 具有球心盘的铰接转向架

(c) TGV 铰接转向架高速列车

图 3-5　铰接式转向架的车体与转向架的连接方式

（1）具有双排球形转盘的铰接转向架。两相邻车体一端支于内盘，另一端支于外盘，转动盘通过摇枕弹簧与构架相连，构架坐落在轮对的两轴箱弹簧上。垂直载荷由转盘经摇枕→摇枕弹簧→构架→轴箱簧→轮对。纵向牵引与冲击力通过内外转盘传递。通过曲线时，相邻两车体可绕转动盘彼此回转。

（2）具有球心盘的铰接转向架。两相邻车体端部通过球心盘相互搭接，球心盘座固接于摇枕梁上，摇枕梁坐落在构架上，构架通过轴箱弹簧与轮对连接。

（3）TGV 高速列车的雅克比铰接转向架。列车的中间车一端为支承端；另一端为铰接端。支撑端车体端墙的两侧设空气弹簧承台，中央设有下球心盘座，车体的载荷经弹簧台至空气弹簧，再到构架。相邻铰接端车体端墙的中央设有上球心盘，搭接于相邻车体支撑端的中央下心盘上，车体的一半质量经心盘传至支撑端，两车之间的纵向力也通过心盘传递。因此，中间车体呈三点支撑。

3.2 构架

3.2.1 构架的作用与要求

构架是转向架各组成部分的安装基础,通过构架把转向架的组成部件组合成一个整体,构架也是转向架承载的主要部件。对其基本要求如下:

(1)部分尺寸精度要求较高,使一些部件安装具有较高的定位精度,如轮对定位,使转向架具有较好的运行性能。

(2)便于各部件及附加装置的安装,包括轮对安装、传动齿轮装置的悬挂、牵引电动机的安装、制动系统的安装。

(3)结构经过设计,具有足够高的强度,承受并传递牵引力、制动力、车体重力以及各种冲击、振动,保证列车运行安全。

3.2.2 构架的分类

就制造工艺而言,转向架的构架主要有铸钢构架和焊接构架两种形式。铸钢构架由于质量大、铸造工艺复杂,使用中受到一定程度的限制,城轨车辆中一般不采用铸钢构架。焊接构架的组成梁件为中空箱形,质量轻、节省材料,又能满足强度和刚度的要求,所以应用比较广泛。尤其是压型钢板的焊接构架,其梁件可以按等强度设计,箱形截面尺寸可以依据各部位受力情况而大小不等,使各截面的应力接近,并可合理地分布焊缝,减少焊缝数量。这样不但具有足够的强度,而且质量轻、材料利用率更高,只是对制造设备要求较高,成本也较高。上海、广州地铁均采用了压型钢板焊接构架。也可以依据其他分类,如按结构形式有开口式、封闭式,或 H 形、日字形、目字形等。

3.2.3 构架的组成

如图 3-6 所示为构架的组成,构架主要由左、右侧梁,一根或几根横梁及前后端梁组焊而成。侧梁是构架的主要承载梁,是传递垂向力、纵向力和横向力的主要构件,侧梁还用来确定轮对位置。横梁和端梁用来保证构架在水平面内的刚度,使两轴平行并承托牵引电机等。构架上还设有空气弹簧座、中心安装座、轴箱吊框、电机安装座、齿轮箱吊座、制动吊座、牵引拉杆安装座、高度控制阀座、抗侧滚扭杆座、减振器座和止挡等,用于安装相关设备。构架的强度和刚度对转向架的性能很重要,其主要破坏形式是裂纹和变形。

构架由左、右侧梁,一根或几根横梁及前后端梁组焊而成。没有端梁的构架,称为开口式构架;有端梁的构架,称为闭式构架。广州地铁 1 号线车辆转向架的构架组成如图 3-6 所示。这种构架是由两根侧梁和两根横梁的焊接构架,并组成箱形结构,可承受较大的载荷,达到最优强度与质量之比值。构架形式为 H 形构架;动车转向架构架与拖车转向架是完全相同的,可以进行互换;每根侧梁的两端具有两个对称布置的一系弹簧座,用来固定一系圆锥叠层橡胶弹簧;构架侧梁两端设有 4 个起吊座;空气弹簧座位于侧梁的中心;制动单元座、牵引电机悬挂安装座、液压减振器吊座、抗侧滚拉杆安装座、高度阀杆及其他转向架安装部件的支撑座均焊接(或安装)在构架上。

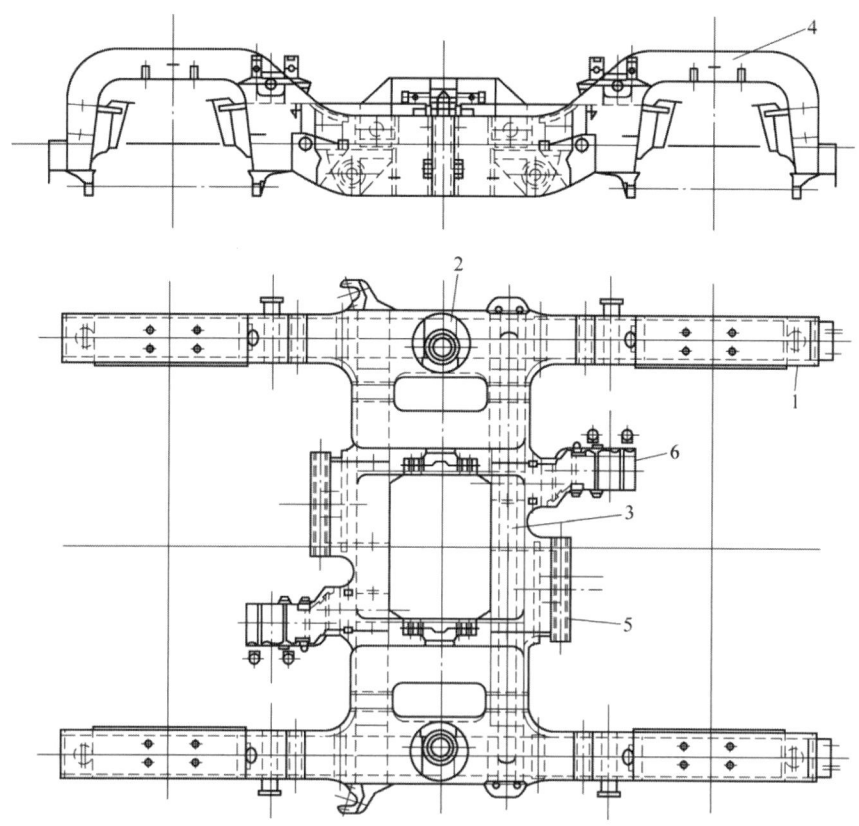

1—侧梁;2—空气簧座;3—横梁;4—轴箱吊框;
5—电动机安装座;6—齿轮箱吊座。

图 3-6　广州地铁 1 号线车辆转向架的构架的组成

3.2.4　转向架设计原则

城轨车辆转向架构架与铁路车辆构架在设计时均须遵守以下原则:
(1)必须全面考虑构架与各有关零部件的相互位置关系,合理布置结构。
(2)构架各梁尽可能设计成等强度梁,以保证能获得最大强度和最小自重。
(3)构架各梁的布置应尽可能对称,以简化设计和制造。
(4)各梁本身以及各梁组成构架时,必须注意减少应力集中。
(5)除了保证强度外,应合理设计构架的刚度,使其具有一定的柔性。
(6)焊缝的结构尺寸和布置应选择合理,并注意消除焊接应力。
(7)在构架上需考虑设置机车车辆出轨使其复位的支撑部位。

3.3 轮对轴箱装置

3.3.1 轮对

轮对是由一根车轴和两个相同的车轮采用过盈配合牢固地结合在一起,是组成转向架的重要部件之一,如图3-7所示。轮对承担车辆全部载荷,引导车辆沿着钢轨高速运行,同时还承受着从车体、钢轨传来的各种力的作用。因此,轮对应具有足够的强度,以保证在允许的最高速度和最大载荷下安全运行。应在强度足够和保证一定使用寿命前提下,使其质量最小,并具有一定的弹性,以减少轮对之间的作用力和磨耗。

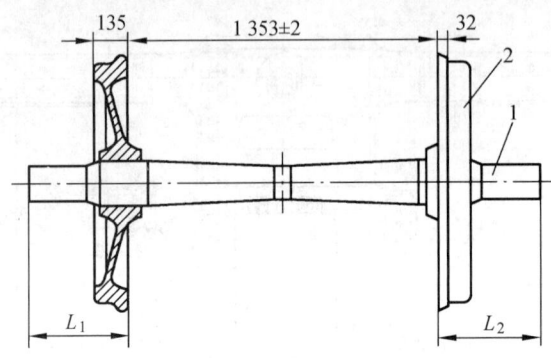

1—车轴;2—车轮;L_1-L_2—轮位差。

图 3-7 轮对

轮对在正常状态的线路上运行时,轮对的内侧距是影响运行安全的一个重要因素。轮对内侧距有严格的规定。轮对内侧距应保证在任何线路上运行时轮缘与钢轨之间有一定的游隙,以减少轮缘与钢轨的磨耗;应保证在最不利情况下,车轮踏面在钢轨上仍有足够的安全搭接量,不致造成脱轨;应保证安全通过道岔。

1. 车 轴

车轴一般采用优质碳素钢加热锻压成型,再经热处理(正火或正火后再回火)和机械加工制成。车轴为转向架的簧下部分,降低簧下部分的质量对改善车辆运行品质和减少对轮轨动力作用有很大影响。

轨道交通车辆使用的车轴,绝大多数为圆截面实心轴,由于各部位受力状态不同,其直径也不一致。车轴是用优质碳素钢(40钢或50钢)锻造制成。车轴表面需锻造光平,不得有起层、裂纹、溶渣或其他危害性缺陷。根据车轴使用轴承形式的不同,车轴可分为滑动轴承车轴和滚动轴承车轴。现阶段滑动轴承车轴已全部淘汰,故这里只介绍滚动轴承车轴。

车辆滚动轴承车轴除端部形状外,其余和滑动轴承车轴相似。车轴两端伸进轴箱的部分叫轴颈,安装轴承和承受车辆载荷、压装车轮的部分叫轮座,车轴中部是轴身。动车转向架的轴身上安装有齿轮箱,传递电动机产生的转矩驱动轮对,再通过构架和中央牵引装置带动车辆前后运行。滚动轴承车轴形状有5种,动轴承车轴结构如图3-8所示。

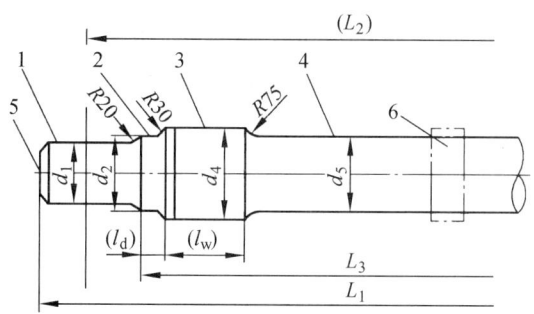

1—轴颈；2—防尘板座；3—轮座；4—轴身；5—轴端螺栓孔；6—制动盘安装座；
L_1—车轴长度；L_2—轴颈中点间距离；L_3—防尘座外侧距；
l_d—防尘座宽度；l_w—轮座宽度。

图 3-8　动轴承车轴

（1）轴颈 1 是安装滚动轴承和承载的部位。

（2）防尘板座 2 为车轴与防尘板配合部位，其直径比轴颈直径大，比轮座直径小。

（3）轮座 3 是车轴和车轮配合的部位，是车轴受力最大的部位。

（4）轴身 4 是两轮座的连接部分，为增加其强度和减少应力集中，车轴轴身呈圆柱形。

（5）轴端螺栓孔 5 是滚动轴承车轴安装轴端压板的地方，轴端压板的作用是防止滚动轴承内圈从轴颈两端窜出。

（6）制动盘安装座 6 供压装制动盘用。一般一根车轴上设有两个制动盘安装座，过渡圆弧半径为 55 mm。

2. 车　轮

（1）车轮的分类。

按其结构分为如图 3-9（a）所示整体轮图和图 3-9（b）所示轮箍轮两种，整体车轮按其材质可分为辗钢轮和铸钢轮等。轮箍轮又可分为铸钢辐板轮心、辗钢辐板轮心以及铸钢辐条轮心的车轮。为降低噪声，减小簧下质量，还加工有橡胶弹性车轮、消声轮等。城轨车辆主要使用整体轮，也有部分城轨车辆使用新型减振车轮，比如西安地铁 2 号线的车轮加装了阻尼减振块，以达到降噪的目的。

按踏面的形状可分为锥形踏面、磨耗型和高磨耗型。目前城轨车辆普遍采用磨耗型踏面形状。

至于弹性车轮，目前地铁、轻轨车辆及高速列车车辆也有部分采用弹性车轮，这种车轮在轮心轮鼓与轮箍之间装有橡胶弹性元件，使车轮在空间三维方向上具有一定的弹性。弹性车轮减小簧下质量，减小了轮轨之间的作用力，缓和冲击，减小轮轨磨耗，降低噪声，改善车轮与车轴的运用条件，提高列车运行平稳性。按车辆制造的工艺分为整体辗钢轮、铸钢轮和新型铸钢轮。

（2）车轮结构。

我国城市轨道交通车辆普遍采用整体辗钢轮。整体辗钢轮由踏面、轮缘、辐板和轮毂组成。由于车轮踏面有特定的形状，各处的直径不同，因此在测量车轮直径时规定离轮缘内侧 70 mm 处测得的直径称为名义直径，作为车轮滚动圆的直径。我国铁路客车的车轮标准直径为 915 mm，铁路货车的直径为 840 mm，城轨车辆的轮径以 840 mm 为主。轨道交通车辆的车轮的轮径小，可降低车辆的重心，增大车体容积，减少车辆簧下质量，缩小转向架固定轴距，但同时也会使车辆运行的阻力增大，使轮轨接触应力增大，踏面磨耗加快。

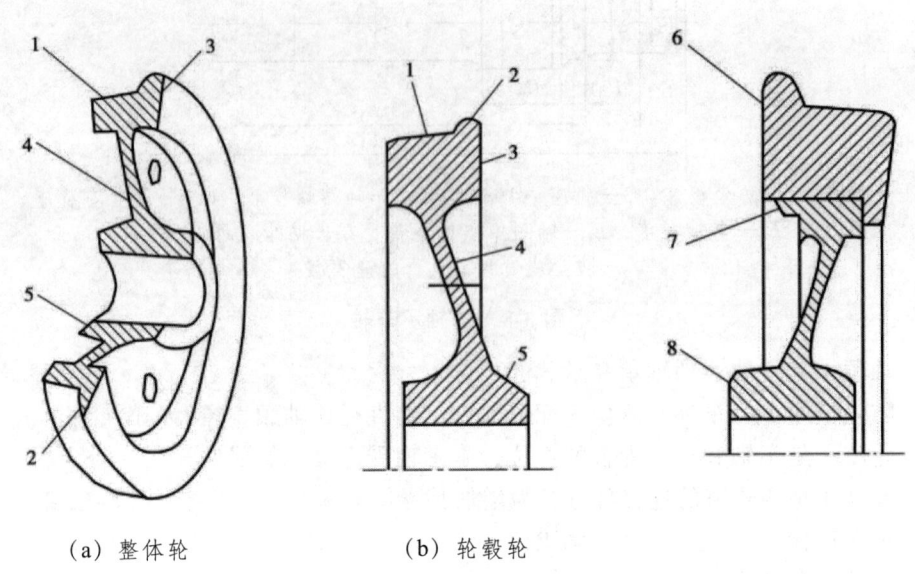

（a）整体轮　　　　（b）轮毂轮

1—踏面；2—轮缘；3—轮辋；4—辐板；5—轮毂；6—轮箍；7—扣环；8—轮心。

图 3-9　车轮

（3）制造工艺与材料。

新型铸钢轮的生产工艺是采用电弧炉炼钢、石墨铸钢、雨淋式浇铸工艺。采用电弧熔炼钢水，钢水纯度高。采用石墨铸型，可使铸件表面光洁，尺寸精度高。由于石墨导热性能优良，铸件凝固速度快，晶粒细化，可提高材质的力学性能和车轮的内在质量。采用雨淋式浇铸工艺，冒口和浇口设在同一位置，浇铸时钢水由轮缘、辐板至轮毂顺序凝固，补缩用的钢水自冒口沿补缩通道不断补充，达到最佳的补缩效果。铸成后的车轮，进行缓冷处理，使铸件各部位均匀冷却，以消除内应力。随后进行热轮抛丸以清除表面余砂及氧化铁皮再进行加热、淬火以及回火等热处理工艺，对辐板要求进行抛丸处理，提高车轮的使用寿命。由于采用了先进的生产工艺，新型铸钢轮具有尺寸精度高、安全性好、制造成本低等优点。与辗钢轮比较明显的区别：铸钢轮直接由钢水铸造成型，工序减少，节约劳动力，生产能耗低；采用石墨型浇铸工艺，提高了车轮尺寸精度，几何形状好，内部组织均匀，质量分布均匀，轮轨间动力作用相对小；新型铸钢轮的辐板为深盆形结构（流线型结构），较辗钢轮耐疲劳，抗热裂性能更优。

（4）车轮踏面。

标准锥形踏面如图 3-10（a）所示，这里介绍几个关键的名称和尺寸。

① 轮缘：高 25 mm，厚 32 mm，轮缘角 65°。

② 踏面。1∶20 斜面的作用：在直线上自动对中，在曲线上使外轮滑动量小。

1∶10 斜面的作用：通过小半径曲线时，接触于 1∶10 斜面上，可进一步减小外轮滑动量。

③ 滚动圆：名义直径 $\phi 600\sim840$ mm。

标准锥形踏面的主要问题在于踏面和轮缘磨损严重，尤其是在新踏面投入运用的前期（见图 3-11）。具体原因：锥形踏面与钢轨的接触区域，明显地仅为狭小面积接触，因此产生局部磨耗，使踏面呈凹形，但当踏面达到某种凹形程度后，外形便保持相对稳定。解决方法：采用磨耗形（凹形、曲形、弧形）踏面。研究表明，当锥形踏面磨耗到一定的凹形程度后，外形便相对稳定，磨耗速度减小（此时轮轨接触区域较宽）。因此，可直接将新踏面做成磨耗形状，即磨耗形踏面，如图 3-10（b）所示。

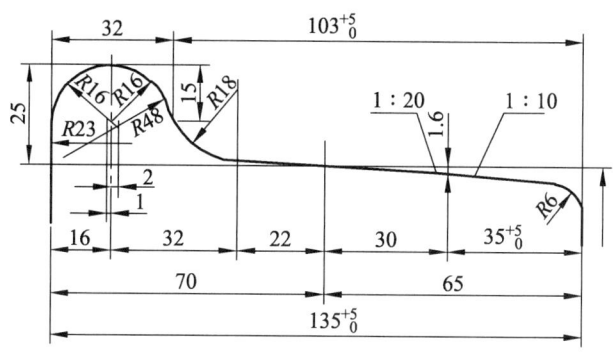

(a) 锥形踏面

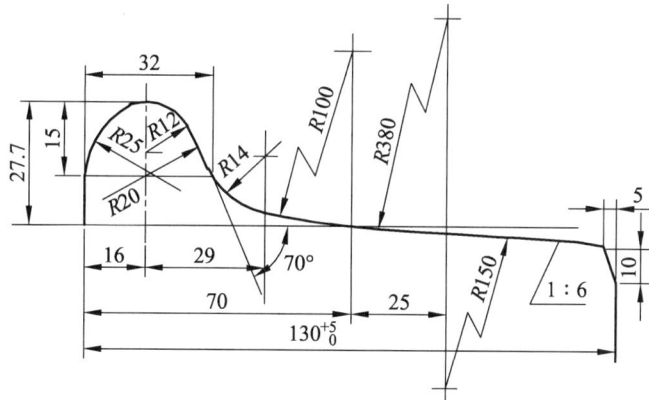

(b) 磨耗形踏面

图 3-10　车轮踏面

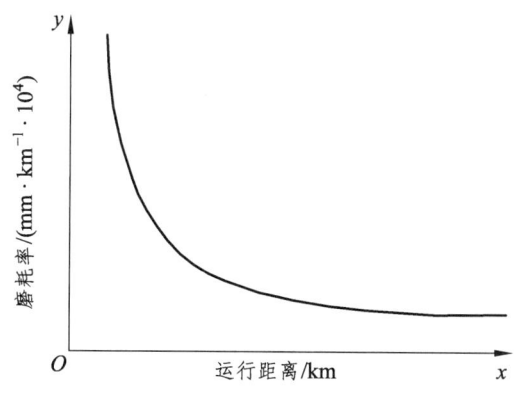

图 3-11　磨耗率与运行距离的关系

将新的车轮踏面外形直接做成与标准锥形踏面磨耗后的形状相类似（或近似）的一种踏面，称为磨耗形踏面（亦称凹形、曲形、弧形 踏面）。磨耗型踏面优点如下：

① 延长镟轮公里（因轮轨接触点变化范围较大，使轮轨磨耗较均匀，见图3-12），并减少镟轮时的车削量（见图3-13）。

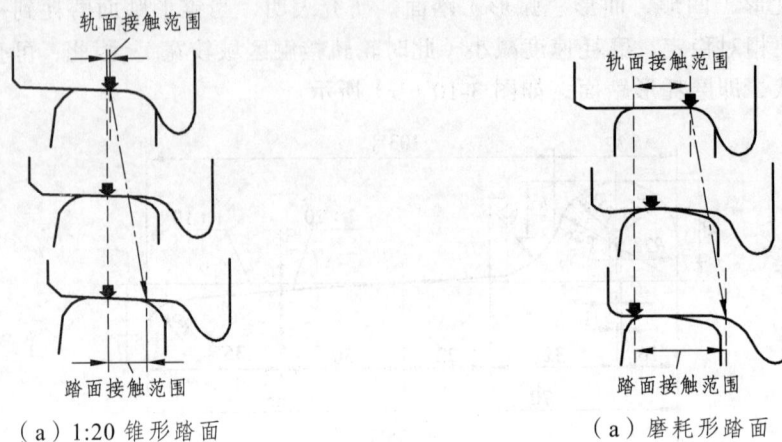

图 3-12　轮轨的接触范围

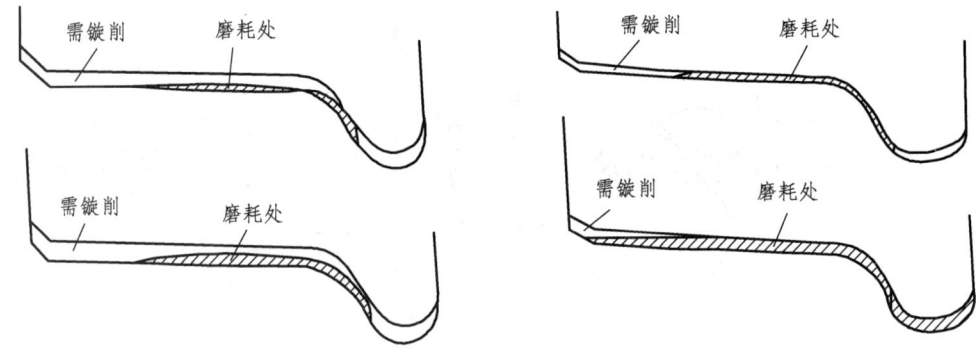

图 3-13　踏面和轮缘的磨耗形状

② 在同样的接触应力下，容许更高轴重（因轮轨接触面积较大）。

③ 减少了曲线上的轮缘磨耗（因锥形踏面在曲线上时轮轨为两点接触，而磨耗形踏面在曲线上时轮轨为一点接触，见图3-14）。

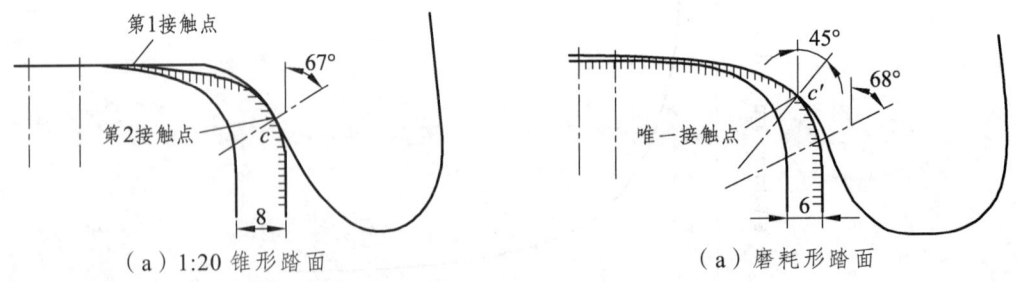

图 3-14　轮轨的接触

磨耗型踏面的缺点：等效斜度大，导致蛇行稳定性差。

（5）弹性车轮。

地铁、轻轨车辆及高速列车车辆也有采用弹性车轮。这种车轮在轮心轮毂与轮箍之间装有橡胶弹性元件，使车轮在空间三维方向上具有一定的弹性。弹性车轮减小了簧下质量，减小了轮轨之间的作用力，缓和冲击，减小轮轨磨耗，降低噪声，改善车轮与车轴的运用条件。

3.3.2 轴　　箱

轴箱装置的作用是将轮对和构架联系在一起使轮对沿钢轨的滚动转化为车体沿线路的平动，并把车辆的重力以及各种载荷传递给轮对，保证良好的润滑性能，减少磨耗，降低运行阻力，防止燃轴。由于地铁车辆的允许轴重较大（一般为 10~25 t），在运行中承受着变化的静、动载荷的作用，因此，要求轴承的承载能力大、强度高、耐冲击、寿命长等。

轴箱是实现轮对与构架既相互连接又相互运动的关键部件，它起着承上启下的重要作用。具体来说，它必须具有以下作用（或称功用）：活动关节——连接轮对与构架的活动关节；传力——传递牵引力、横向力和垂向力；运动——实现轮对与构架间的垂向运动和横动。

1. 形　　式

按轴承类型分，有滑动轴承轴箱和滚动轴承轴箱，城轨车辆均采用滚动轴承轴箱，而滚动轴承轴箱又有圆柱滚动轴承、圆锥滚动轴承和球面滚动轴承（即调心轴承）3 种。上海地铁和北京地铁车辆的轴箱轴承均采用圆柱滚动轴承。按定位方式分类，有

（1）拉板式定位；

（2）拉杆式定位（东风 4 型内燃机车用）；

（3）转臂式定位（北京地铁车辆 DK3 和天津轻轨车辆用）；

（4）八字形（也称人字形）橡胶定位（上海地铁车辆 SMC 用）；

（5）层叠圆锥橡胶定位（北京城铁车辆用）；

（6）导柱式定位；

（7）导框式定位（老东风型内燃机车用）。

但在现代城轨车辆上，使用最普遍的是转臂式定位、八字形橡胶定位和层叠圆锥橡胶定位。

2. 转臂式轴箱定位装置

转臂式轴箱定位装置主要包括轴箱弹簧、垂向液压减振器、橡胶弹性定位销（节点）等零部件，如图 3-15 所示。

（1）力的传递。

这种转臂式轴箱定位装置中 3 个力（即垂向力、纵向力和横向力）的传递过程是由不同部件来实现的，具体过程：垂向力——由轴箱圆弹簧传递；纵向力——转臂定位销（橡胶弹性节点）传递；横向力——由转臂定位销（橡胶弹性节点）和圆弹簧共同传递。结构特点如下：

定位转臂一端通过弹性节点与构架上的定位转臂座相连，另一端则用螺栓固定在轴箱体的承载座上。而弹性节点主要由弹性橡胶套、定位轴（锥形销轴）和金属外套组成，其中弹性橡胶套的形状和参数对转向架走行性能影响较大。

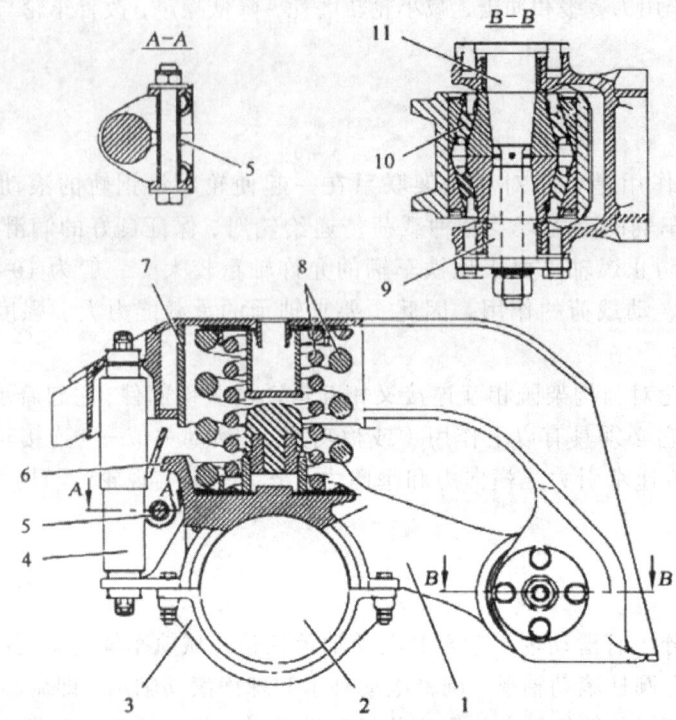

1—定位转臂（包括弹簧座）；2—轴箱；3—底部压板；4—垂向减振器；5—止挡管；6—转臂凸台；
7—弹簧套；8—螺旋弹簧；9—锥形套；10—柱形橡胶套；11—锥形销轴。

图 3-15　转臂式轴箱定位结构示意图（天津轻轨车辆用）

（2）优点。

转臂式轴箱定位装置具有以下优点：

① 轴箱与构架间无自由间隙和滑动部件，无摩擦磨损。

② 构成的零件很少，分解、组装容易，且维修方便。

③ 轴箱的上下、左右及前后定位刚度可以各自独立设定，比较容易满足转向架悬挂系统最佳设计要求，即在确保良好乘坐舒适度的情况下，能够同时确保稳定的高速行驶性能和良好的曲线通过性能。

3. 八字形橡胶堆轴箱定位装置

（1）力的传递。

垂向力、纵向力和横向力均由八字形橡胶堆传递（见图 3-16）。其结构特点如下：

① 结构该橡胶堆具有 3 向弹性特性，且可根据需要设计。通常 $k_x : k_y = 1 :（2～2.5）:（10～12）$，即垂向刚度 k_y 最小（约为纯剪的 1 倍），纵向刚度 k_z 最大，如图 3-17 所示。

② 在垂向载荷作用下，橡胶同时受剪切和压缩变形，改变其安装角度，可得到不同的垂向和纵向刚度，此安装角一般取 10°～11°。

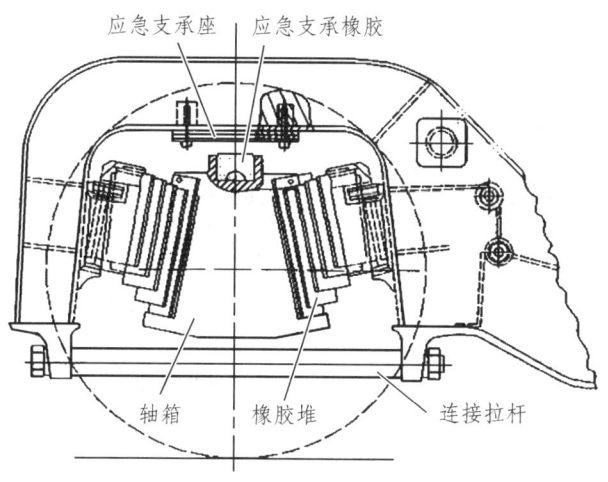

图 3-16　八字形橡胶堆轴箱定位结构示意图（上海和广州地铁车辆用）

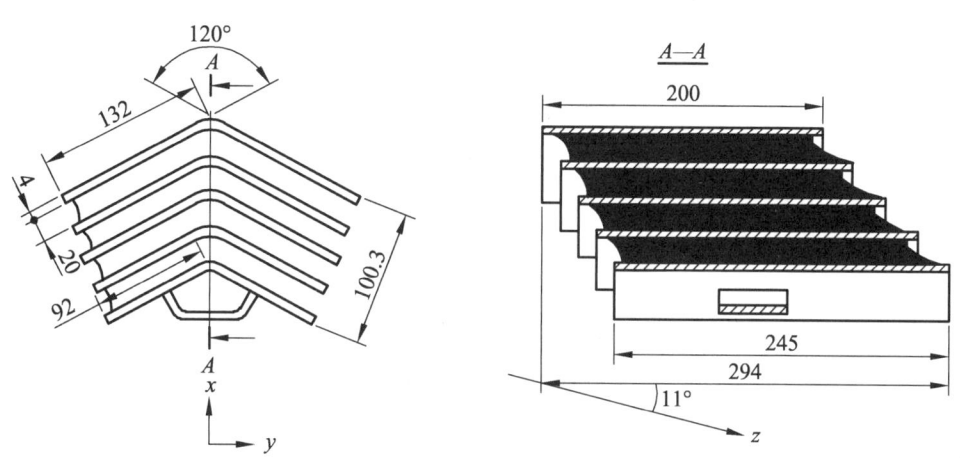

图 3-17　八字形橡胶堆（块）

（2）优点。

具有无摩擦磨损，质量轻、结构简单，吸收高频振动和减少噪音等优点，寿命可达 150 万走行千米以上。

4. 层叠圆锥橡胶轴向定位装置

（1）力的传递。

垂向力、纵向力和横向力均由层叠圆锥橡胶传递。

（2）结构特点（见图 3-18）。

① 层叠圆锥橡胶具有 3 向弹性特性，且其横向弹性可通过在圆周上开切口来调整，如图 3-19 所示。

② 在垂向载荷作用下，橡胶主要受剪切变形。

（3）优点。

无摩擦磨损，质量轻、结构简单，吸收高频振动和减少噪声。

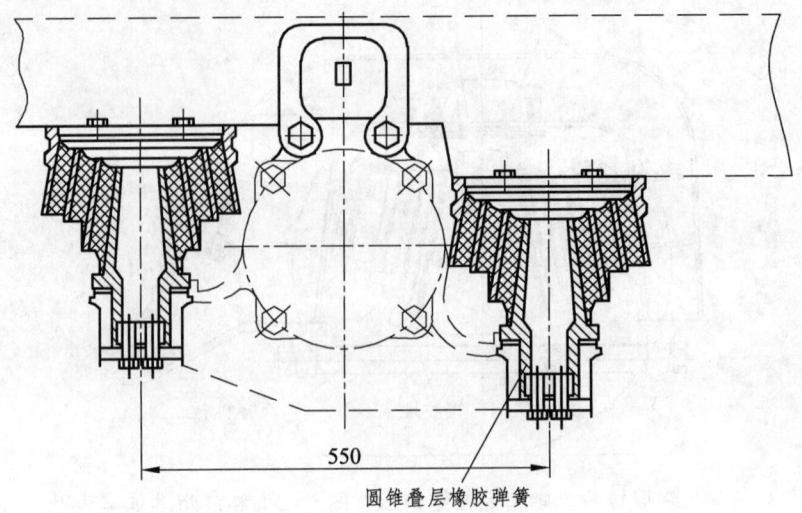

图 3-18　层叠圆锥橡胶轴箱定位结构示意图（北京城轨车辆用）

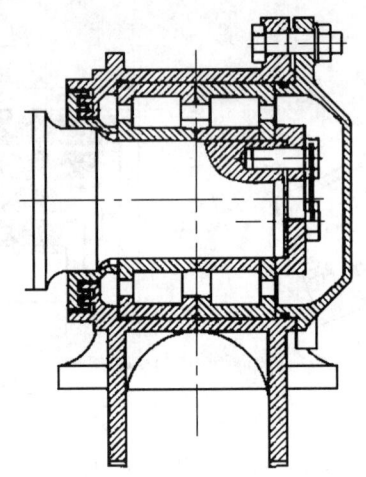

图 3-19　层叠圆锥橡胶轴箱内部结构示意图

5. 拉杆式定位轴箱

拉杆式轴箱定位原理如图 3-20 所示。

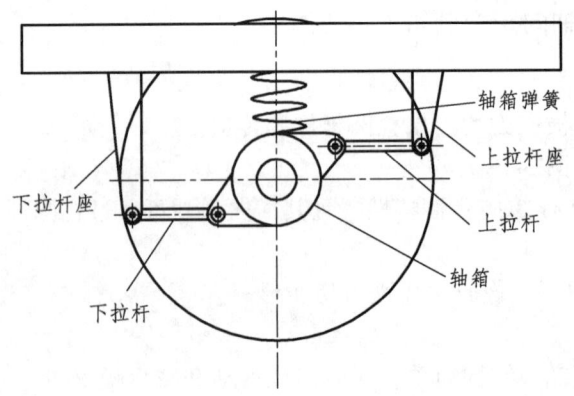

图 3-20　拉杆式轴向定位原理

（1）力的传递。

垂向力：由轴箱弹簧传递（东风4系列机车由前后圆弹簧传递）。

纵向力：由轴箱拉杆传递。

横向力：由轴箱拉杆、弹簧和横向止挡共同传递。

（2）结构。

① 方案一：采用新型轴承。

采用能同时承受轴向力和径向力的双列圆柱滚子轴承，轴承型号如下。

端轴：752732QT 和 552732QT。

中间轴：752732QT 和 652732QT。

端轴和中间轴端部均没有橡胶块，方案一的具体结构如图3-21所示。

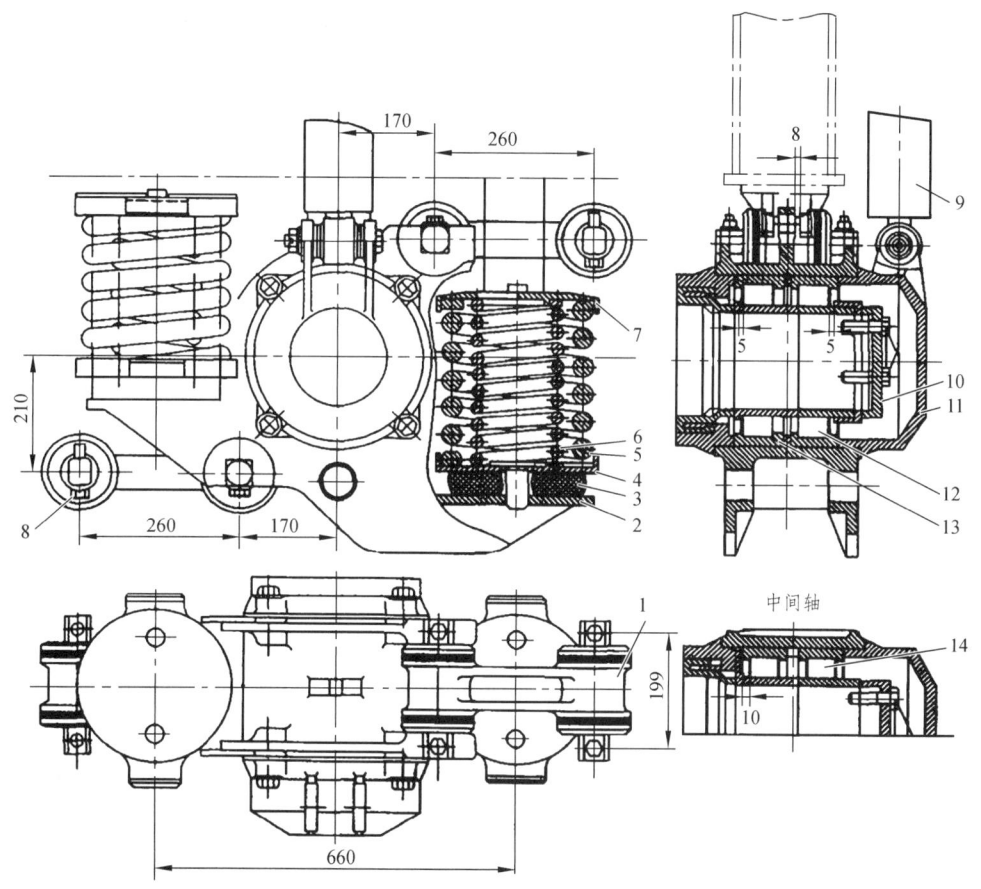

1—上轴箱拉杆；2—轴箱体；3—减振垫；4—弹簧座；5—大圆弹簧；6—小圆弹簧；7—弹簧盖；
8—下轴箱拉杆；9—垂向液压减振器；10—压盖；11—端盖；12—滚动箱承752732QT；
13—滚动轴承552732QT；14—滚动轴承652732QT。

图3-21 拉杆式轴向定位原理

② 方案二：采用旧型轴承。

采用4列向心短圆柱滚子轴承承受径向力，而轴向力由止推轴承承担，轴承型号：972832T 和 4G1347。端轴和中间轴的最大区别是端轴有端部橡胶块，而中间轴取消了端部橡胶块。方案二的具体结构如图3-22所示。

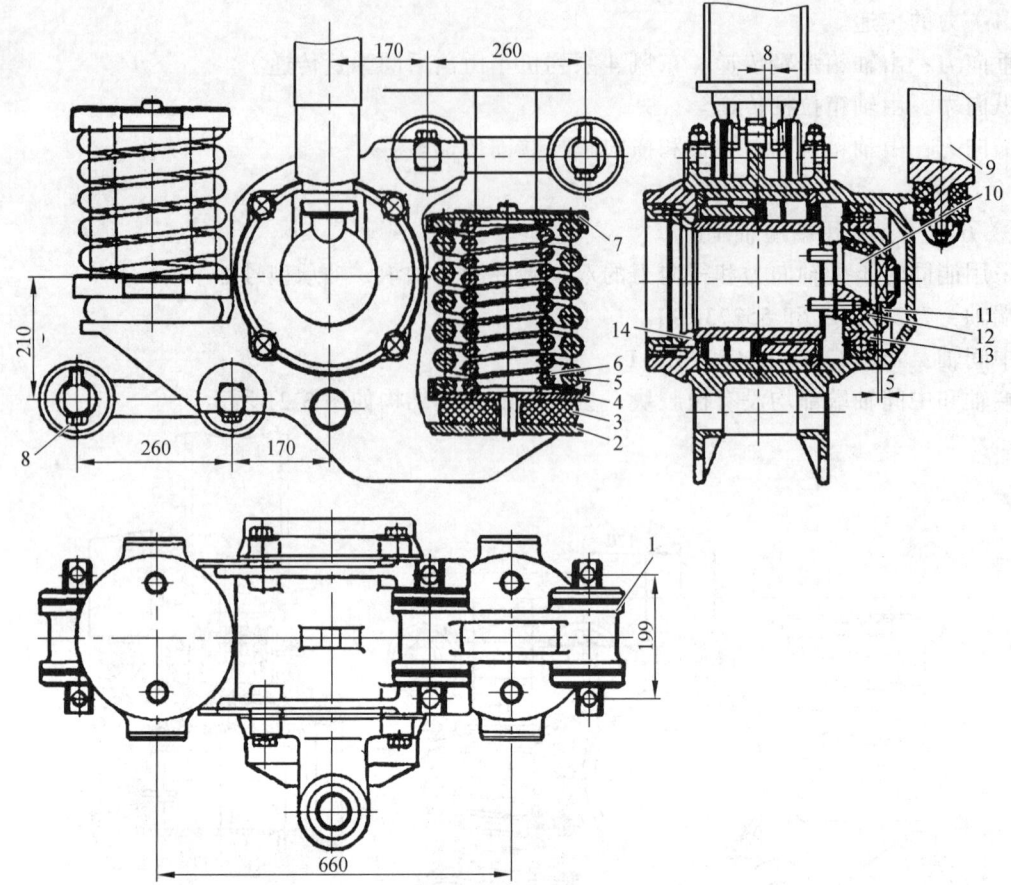

1—上轴箱拉杆；2—轴箱体；3—减振垫；4—弹簧座；5—大圆弹簧；6—小圆弹黄；
7—弹簧盖；8—下轴箱拉杆；9—垂向油压减振器；10—支承；11—支承座；
12—缓冲支承；13—滚动轴承 4G1347；14—4 列向心短圆柱轴承 972332T。

图 3-22　旧型轴承轴箱内部结构

（3）轴箱轴承。

为什么采用滚动轴承？采用滚动轴承的优点是能显著地改善车辆走行部分的工作条件，减少车轴的惯性事故，减轻维护和检修工作，减低运营成本。

滚动轴承类型：圆柱滚子轴承、圆锥滚子轴承和球面滚子轴承（调心轴承）等。但城轨车辆上大多采用圆柱滚子轴承（见图 3-19），该轴承能同时承受径向力和轴向力。

（4）轮对横动量的实现。

① 方案一（采用新型轴承）：轴端间隙+拉杆橡胶关节弹压量两者组成。各轮对横动量的具体组成和数值如表 3-1 所示。

表 3-1　方案一各轮对横动量情况

项　目	轴序号		
	第 1 轴	第 2 轴	第 3 轴
轴端间隙	3	12	3
拉杆橡胶关节弹压量	8	8	8
总横动量	11	20	11

② 方案二（采用旧型轴承）：轴端间隙+轴端橡胶堆的弹性压缩量+拉杆橡胶关节弹压量 3 者组成。各轮对横动量的具体组成和数值如表 3-2 所示。

表 3-2　方案二各轮对横动量情况

项目	轴序号		
	第 1 轴	第 2 轴	第 3 轴
轴端间隙	0	12	0
橡胶堆弹压量	5	0	5
拉杆橡胶关节弹压量	8	8	8
总横动量	13	20	13

③ 运动分析（见图 3-23 和 3-24）。

若拉杆为纯刚性时，则轴箱中心的运动轨迹为一条曲线，即一方面上、下跳动，另一方面左、右转动。拉杆两端有橡胶关节（套），因此，实际上轴箱中心的运动轨迹接近一条长直线。轴箱的上、下跳动，左、右横动，均靠橡胶关节的变形来实现，具有纵向、横向刚度。

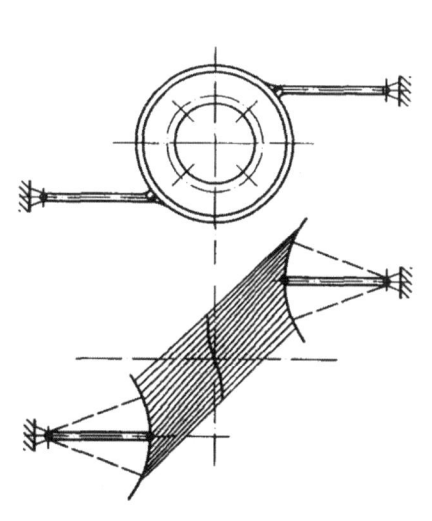

图 3-23　轴箱拉杆定位示意图

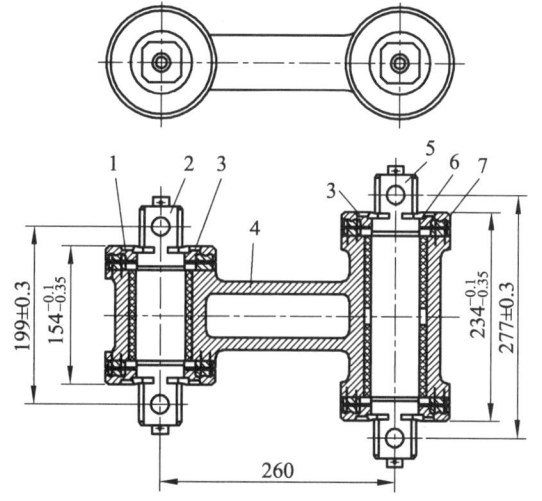

1—端盖；2—短芯轴；3—橡胶套；4—拉杆体；
5—长芯轴；6—卡环；7—橡胶垫。

图 3-24　轴箱拉杆结构

④ 优点。

优点：无摩擦面，不需润滑，且无磨损；轴箱与构架间无间隙，纵向和横向均为弹性连接，可防止蛇行运动，并起缓冲作用。改善动力曲线通过（轮缘磨耗比导框定位的小）。

3.4　弹簧装置及减振器

3.4.1　概　述

铁路机车车辆通常采用的弹簧种类有圆弹簧、板弹簧、橡胶弹簧及空气弹簧。但在现代机车车辆上，板弹簧由于结构复杂且笨重，已经很少使用。而圆弹簧和橡胶弹簧经常被用作一系悬挂，空气弹簧则被广泛运用于二系悬挂（即代替旁承）。

铁路机车车辆通常采用的减振器种类：液压减振器、摩擦减振器。但在现代机车车辆上很少采用摩擦减振器，基本上采用液压减振器。通常，所谓一系悬挂是指仅在构架与轴箱间设有第 1 系簧的弹簧悬挂，一般用于低、中速机车车辆。而所谓二系悬挂是指既有第 1 系弹簧，还在构架与车体间设有第 2 系簧的弹簧悬挂，用于中、高速机车车辆。采用二系悬挂的目的：可减少弹簧装置的合成刚度，增大其总静挠度，以改善机车车辆铅垂方向的运行平稳性和减少机车车辆对线路的动作用力。

3.4.2 弹簧装置的作用

弹簧装置的作用可以简单概括为

（1）分配给各轴一定的载荷，并使所分配的重力在车轮行经不平顺线路时不致发生显著变化。

（2）缓和冲击，使运行平稳。

（3）改善机车车辆横向运动性能和曲线通过性能。

1. 无弹簧装置的情况

在车轮与车体或转向架间无弹簧装置的情况下，车轮行经高度为 A 的不平顺处时的示意如图 3-25 所示，车轮与钢轨间的动作用力为

$$\Delta Q = \frac{P}{g} \cdot \frac{d^2 y}{d t^2} \tag{3-1}$$

因为通过不平顺处的时间很短（大约 0.01 s），所以冲击加速度 $d^2 y/d t^2$ 可高达 $(5\sim10)g$。

2. 有弹簧装置的情况

若在车轮与车体或转向架间安装弹簧装置，则当车轮行经高度为 A 的不平顺处时，轮轨间的动作用力将大大减小，如图 3-26 所示。此时，车轮与钢轨间的动作用力可用下式表示：

$$\Delta Q = \frac{P}{g} \cdot \frac{d^2 y}{d t^2} + kh \tag{3-2}$$

式中 $\frac{P}{g} \cdot \frac{d^2 y}{d t^2}$——簧下部分产生的动作用力；$kh$——簧上部分对弹簧装置的反作用力；$P$——轮荷重；$g$——重力加速度；$k$——弹簧刚度；$h$——不平顺高度。

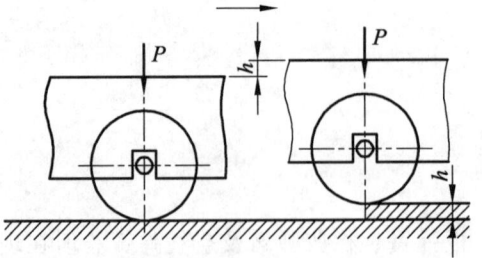

图 3-25 无弹簧装置时车轮行进不平顺处

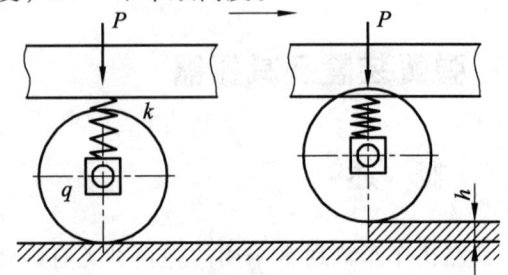

图 3-26 有弹簧装置时车轮行进不平顺处

3. 举　例

设轮荷重 P = 10 000 daN（10 N），簧下重力 q = 1 900 daN，弹簧刚度 k = 100 daN/mm，线路不平顺度 h = 2 mm，$d^2y/dt^2 = 2g$，则有

无弹簧时，

$$\Delta Q_1 = \frac{P}{g} \cdot \frac{d^2 y}{dt^2} = \frac{P}{g} \times 2g = 20\,000 \text{ daN} \qquad (3\text{-}3)$$

有弹簧时，

$$\Delta Q_2 = \frac{P}{g} \cdot \frac{d^2 y}{dt^2} + kh = \frac{1\,900}{g} \times 2g + 100 \times 2 = 4\,000 \text{ daN} \qquad (3\text{-}4)$$

比较可知，

$$\frac{\Delta Q_2}{\Delta Q_1} = \frac{4\,000}{20\,000} = 20\% \qquad (3\text{-}5)$$

4. 结　论

由上述分析可以得出以下结论：

① 簧下重力越轻，轮轨动作用力越小。因此，必须采取有效措施尽可能降低簧下重力 q（而采用牵引电动机架悬式驱动装置是一种最有效地减轻簧下重力的措施）。

② 弹簧刚度 k 必须选择合理。

③ 为防止弹簧能量释放过程中产生共振，并限制共振振幅，必须加装液压减振器。

3.4.3　圆弹簧

圆弹簧的结构及参数如图 3-27 所示。圆弹簧的特点有质量轻、运动灵活、无阻尼。

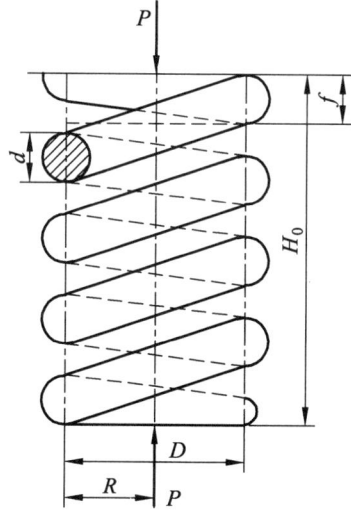

d—簧条直径；D—簧圈直径，也称弹簧平均直径；R—簧圈半径；f—在载荷 P 作用下的静挠度；H_0—弹簧自由高度，即无载荷下的高度；P—工作载荷。

图 3-27　圆弹簧的结构及参数

1. 单圈圆弹簧的特性计算

由材料力学可推导出弹簧承受的载荷 P 与变形（即挠度 f）之间的关系：

$$P = kf \tag{3-6}$$

如图 3-28 所示，说明力与挠度成正比。

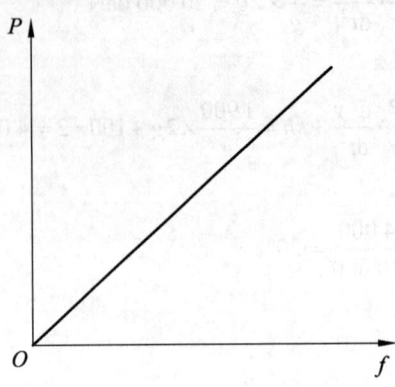

图 3-28 单圈圆弹簧特性曲线

刚度：

$$k = \frac{Gd}{8nm^3} = \frac{Gd^4}{8nD^3} \tag{3-7}$$

挠度：

$$f = \frac{P}{k} = \frac{8nPD^3}{Gd^4} \tag{3-8}$$

强度（应力）：

$$\tau_{max} = \frac{8P_{max}D}{\pi d^3} \times \alpha \leqslant [\tau] = 750\ \text{MPa} \tag{3-9}$$

稳定性校核：

$$H_0 \leqslant 3.5D \tag{3-10}$$

式中 G——弹簧的剪切弹性模量，一般弹簧钢 $G=80\text{GPa}$；

P_{max}——作用于弹簧上的最大垂向载荷；

m——弹簧指数，又称旋挠比，其值为 $m=D/d$；

n——有效圈数（或称工作圈数）；

N——弹簧总圈数，一般 $N=n+1.5$；

α——应力修正系数，是考虑条的弯曲和剪应力的非均匀分布等因素而对应力进行修正。其值为

$$\alpha = \frac{4m-1}{4m-4} + \frac{0.615}{m} \tag{3-11}$$

2. 双圈圆弹簧的特性计算

（1）为什么要用双圈簧代替单圈簧？

主要原因是单圈圆簧的尺寸受到安装处所的空间限制或者其簧条太粗。

（2）注意：必须使内外两圆簧的旋向相反，防止因振动而使小簧嵌入大簧中。

（3）计算：已知单圈圆弹簧参数 D、d 和 n，求与之等效的双圈圆弹簧内、外圈的参数 D_2、d_2、n_2 和 D_1、d_1、n_1（具体结构和参数见图 3-29、图 3-30）。

条件：必须保证使内外圈簧的应力、挠度和修正系数等均与单圈时相等，则计算过程如下。

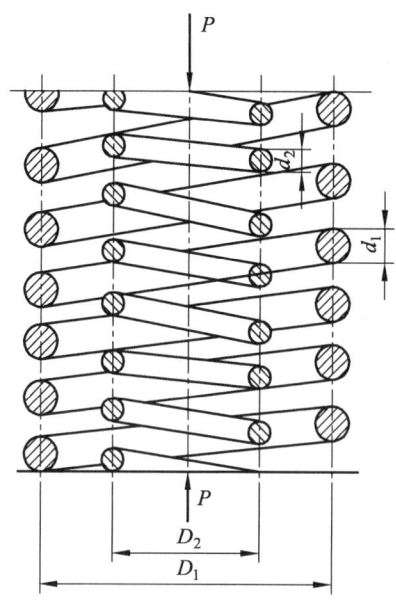

图 3-29 双圈圆弹簧的结构及参数

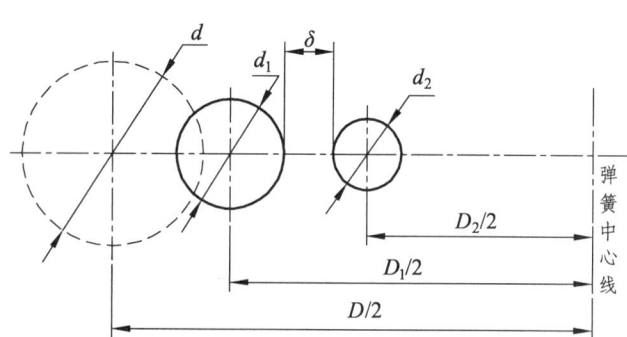

图 3-30 几何关系示意图

① 修正系数相等，即 $m = m_1 = m_2$，则有

$$\frac{D}{d} = \frac{D_1}{d_1} = \frac{D_2}{d_2} \tag{3-12}$$

② 应力相等，即 $\tau = \tau_1 = \tau_2$，则有：

$$\frac{P}{dd^2} = \frac{P_1}{d_1^2} = \frac{P_2}{d_2^2} \tag{3-13}$$

③ 总载荷相等，即 $P = P_1 = P_2$，则有

$$d^2 = d_1^2 + d_2^2 \tag{3-14}$$

④ 挠度相等，即 $f = f_1 = f_2$，则有

$$Dn = D_1 n_1 + D_2 n_2 \tag{3-15}$$

⑤ 几何关系，即 $f = f_1 = f_2$，则有

$$\frac{d_1}{2} + \delta + \frac{d_2}{2} = \frac{D_1}{2} - \frac{D_2}{2} \tag{3-16}$$

式中，δ 为内外簧的径向间隙，一般取 $\delta = 3 \sim 5$ mm。

3.4.4 橡胶弹簧

一般情况下，橡胶弹簧只作压簧和扭转簧，不作拉簧。因为拉伸时，橡胶对局部缺陷和表面拉伤非常敏感。

1. 总特点

（1）结构简单，质量轻。

（2）减振性能好，特别是能吸收高频振动，且频率越高，阻尼越大（原因：振动时，橡胶变形→内部分子产生内摩擦→消耗能量）。通常认为其相对阻尼系数 $D = 0.03\sim0.05$。

（3）维护简单，不必经常检查（不存在像金属簧那样突然折断的可能）。

（4）橡胶性能不稳定（温度高→老化，温度低→脆化），且制造工艺复杂。

2. 性能参数

（1）硬度（通常用肖氏硬度 HS 表示），它是主要性能参数。

（2）剪切模量 G（静态 G 和动态 G_d）、弹性模量 E（静态 E 和动态 E_d）和表观剪切模量 G_a。它们主要取决于硬度 HS（见图 3-31）。静剪切模量 G 与肖氏硬度 HS 的关系可用下式表示：

$$G = 0.119e^{0.034HS} \text{（MPa）} \tag{3-17}$$

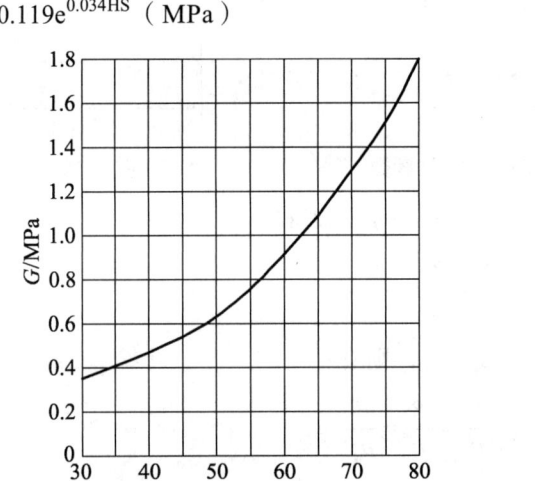

图 3-31 橡胶静态剪切模量

而静弹性模量 E 是橡胶弹簧设计中的重要参数，它与橡胶的品种、硬度、工作温度、形状尺寸、变形特点以及与金属支撑面固结状态等许多因素有关，实验表明

① 拉伸变形时，

$$E \approx 3G \tag{3-18}$$

② 压缩变形时，

$$E \approx i \tag{3-19}$$

式中，i 为几何形状和硬度影响系数，可用以下近似公式计算。

垫圈：
$$i = kS^2 + 3 \quad (3\text{-}20)$$

衬套：
$$i = 4 + 0.56\,kS^2 \quad (3\text{-}21)$$

矩形块：
$$i = \frac{1}{1+\dfrac{b_1}{b_2}}\left[4 + 2\dfrac{b_1}{b_2} + 0.56\left(1+\dfrac{b_1}{b_2}\right)^2 kS^2\right] \quad (3\text{-}22)$$

式中 k——系数，取 $10.7 \sim 0.098\,HS$；b_1，b_2——矩形块的宽度和长度；S——形状系数。

这里，形状系数 $S = A_1/A_F$，即 S 为橡胶原件的承载面积 A_1 与自由面积 A_F 之比。例如，对直径为 D、高度为 H 的圆柱体，$S = D(4H)$；对长度为 A、宽度为 B 的矩形块，$S = AB[2(A+B)H]$。

③ 剪切变形时，
$$G_a = jG \quad (3\text{-}23)$$

式中 j——弯曲变形影响系数，其值为
$$j = 1/[1 + H^2/(12ip^2)] \quad (3\text{-}24)$$

式中 ρ——截面回转半径；H——橡胶原件高度；i——几何形状和硬度影响系数（与前面所述相同）。

当橡胶弹簧圆柱体的 H/D 或矩形块的 H/A（或 H/B）的值小于 0.5 时，可略去弯曲变形的影响，对于较薄的橡胶衬套也可以同样处理，这时近似值：
$$G_a = G \quad (3\text{-}25)$$

（3）动静比 $d = E_d/E$，与硬度 HS 有关（见图 3-32）。

（4）硬度修正系数 t_E。

温度↑→硬度（t_E）↓；温度↓→硬度（t_E）↑（温度达 240 ℃时，橡胶完全失去弹性）。如图 3-33 所示。

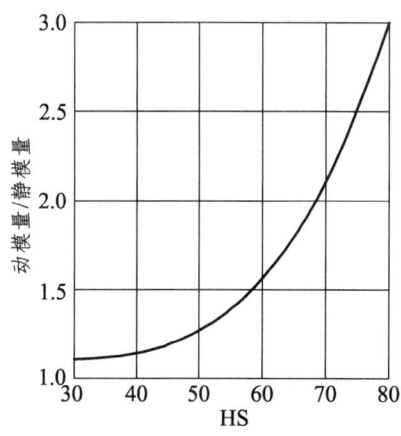

图 3-32 橡胶元件动、静模量比和硬度关系

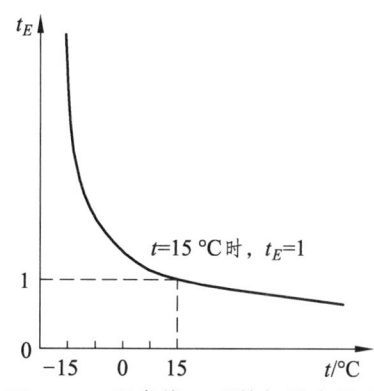

图 3-33 硬度修正系数与温度关系

3. 计 算

橡胶弹簧的弹性刚度（变形）与其初始形状相关。对于一般弹簧来说，载荷（力）P与刚度 k、挠度 Δh 之间符合胡可定律，即

$$k = p/\Delta h \tag{3-26}$$

而对于橡胶弹簧，载荷=应力×承载面积，即 $P = \sigma \times A_l$，且橡胶元件在简单拉伸和压缩变形时，其应力 σ 与应变 ε 之间的关系式为

$$\sigma = \frac{E}{3}[(1+\varepsilon) - (1+\varepsilon)^{-2}] \tag{3-27}$$

式中，$\varepsilon = \Delta h/h$，Δh 为橡胶弹簧变形量即挠度，h 为橡胶弹簧厚度。

该式在拉深应变小于 20%和压缩应变小于 50%这个重要的工程应用范围内有足够的精确度。从橡胶弹簧承受疲劳强度考虑，一般应变均控制在 $\varepsilon \leqslant 15\%$，此时可近似地取

$$\sigma \approx E\varepsilon \tag{3-28}$$

于是有

$$P = E\varepsilon A_L = EA_L(\Delta h/h) \tag{3-29}$$

故，

$$k = EA_L/h \tag{3-30}$$

（1）中孔圆柱形橡胶弹簧的刚度 k 的计算（见图 3-34）。

承载面积：

$$A_L = \pi(r_2^2 - r_1^2) \tag{3-31}$$

承载面积：

$$A_F = 2\pi h(r_1 + r_2) \tag{3-32}$$

面积比：

$$S = \frac{A_L}{A_F} = (r_2 - r_1)/2h \tag{3-33}$$

垂向形状修正系数：

$$\mu = 1.2(1 + 1.65S^2) \tag{3-34}$$

横向形状修正系数：

$$j_x = j_y = 1/[1 + (h/r_2)^{2/9}] \tag{3-35}$$

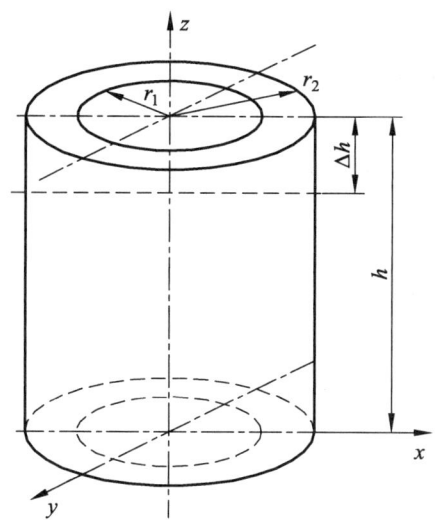

图 3-34 中孔圆柱形橡胶弹簧

垂向刚度：

$$k_z = \mu E A_L / h \qquad (3\text{-}36)$$

横向刚度：

$$k_s = k_y = j_x G A_L / h \text{（受剪）} \qquad (3\text{-}37)$$

（2）实心圆柱形橡胶弹簧的刚度 k 的计算，只需令 $r_1=0$ 代入上述各式即可得出。

$$S = \frac{A_L}{A_F} = ab(a+b)/2h \qquad (3\text{-}38)$$

（3）矩形橡胶弹簧的刚度 k 的计算（见图 3-35）。

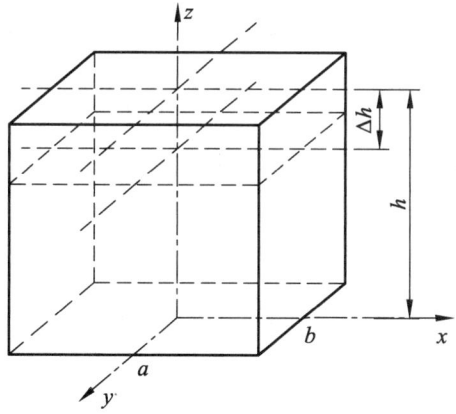

图 3-35 矩形橡胶弹簧

承载面积：

$$A_L = ab \qquad (3\text{-}39)$$

自由扩胀面积：
$$A_F = 2h(a+b) \tag{3-40}$$

面积比：
$$S = \frac{A_L}{A_F} = ab(a+b)/2h \tag{3-41}$$

垂向形状修正系数：
$$\mu = 1 + 2.2S^2 \tag{3-42}$$

纵向形状修正系数：
$$j_x = 1/[1 + 0.29(h/a)^2] \tag{3-43}$$

横向形状修正系数：
$$j_y = 1/\left[1 + 0.29(h/a)^2\right] \tag{3-44}$$

垂向刚度：
$$k_z = \mu E A_L / h \text{（受压）} \tag{3-45}$$

纵向刚度：
$$k_x = j_x G A_L / h \text{（受剪）} \tag{3-46}$$

横向刚度：
$$k_y = j_y G A_L / h \text{（受剪）} \tag{3-47}$$

① 橡胶弹簧应力校核。

压应力：
$$\sigma = P/A_L \leqslant [\sigma] \tag{3-48}$$

剪应力：
$$\tau = Q/A_L \leqslant [\tau] \tag{3-49}$$

② 端部与金属板硫化在一起，且带有圆角的柱形橡胶弹簧刚度 k 的计算。

为了加快传热速度和方便安装，有时也为了增大刚度，通常将橡胶端部与金属板硫化在一起。而为了避免应力集中，往往在橡胶与金属的硫化部分做成圆角性过渡（见图3-36），而该圆角半径 r 对橡胶弹簧刚度是有影响的，其刚度计算公式见下。

a. 圆柱形橡胶弹簧。

压缩刚度：
$$k' = E\pi\left[\frac{4(H-2r)}{d^2} + 2\int_0^r \frac{d_z}{\left(\frac{d}{2} + r - \sqrt{r^2 - z^2}\right)}\right]^{-1} \tag{3-50}$$

当 $r \ll d$ 时，
$$k' = E\frac{\pi d^2}{4}\left[H - (8 - 2\pi)\frac{r^2}{d}\right]^{-1} \tag{3-51}$$

当 $r = 0$ 时，

$$k = E\frac{\pi d^2}{4H} \quad (\text{受剪}) \tag{3-52}$$

b. 矩形橡胶弹簧。

若矩形截面的长边为 a，短边为 b，则

压缩刚度：

$$k' = E\left[\frac{H-2r}{ab} + 2\int_0^r \frac{dz}{\left(a+r-\sqrt{r^2-z^2}\right)\left(b+r-\sqrt{r^2-z^2}\right)}\right]^{-1} \tag{3-53}$$

当 $r \ll a$、b 时，

$$k' = Eab\left[H - \left(2-\frac{\pi}{2}\right)\frac{a+b}{ab}r^2\right]^{-1} \tag{3-54}$$

当 $r = 0$ 时，

$$k = E\frac{ab}{H} \tag{3-55}$$

3.4.5 空气弹簧

空气弹簧就是将压缩空气密封在橡胶膜（或囊）中形成具有一定刚度的弹性体。

1. 特　点

（1）刚度小，当量静挠度大。空气弹簧能大幅度地增加当量静挠度，可使弹簧悬挂装置设计得很柔软，这样可降低车辆的自振频率。

（2）具有非线性。空气弹簧具有非线性，可以根据车辆振动性能的需要，设计成具有比较理想的弹性特性（曲线）。在平衡位置振动幅度较小时（即正常运行时的振动），刚度较低；若位移过大，刚度显著增加，以限制车体的振幅。

（3）刚度随载荷变化。空气弹簧的刚度随载荷变化而变化，从而可基本保持空、重车时的车体自振频率几乎相等，使空、重车不同状态的运行平稳性几乎相同。

（4）高度可调节。空气弹簧和高度控制阀并用时，可使车体在不同静载荷下，保持地板面距轨面的高度基本不变。

（5）可充分利用其横向弹性。同一空气弹簧可以同时承受三维方向的载荷。利用空气弹簧的横向弹性特性，可以代替传统转向架的摇动台装置，从而简化结构，减轻自重。

（6）能产生适宜阻尼。在空气弹簧本体与附加空气室之间设有适宜的节流孔，可以产生适宜的阻尼，以代替垂向液压减振器。

（7）具有吸振和隔音性能。空气弹簧具有良好的吸收高频振动和隔音性能。

（8）缺点：结构复杂，附件多，制造成本高，维护检修复杂。

2. 空气弹簧装置系统组成

（1）系统组成。

系统主要由空气弹簧本体、附加空气室、高度控制阀、差压阀和滤尘器等组成（见图3-36）。

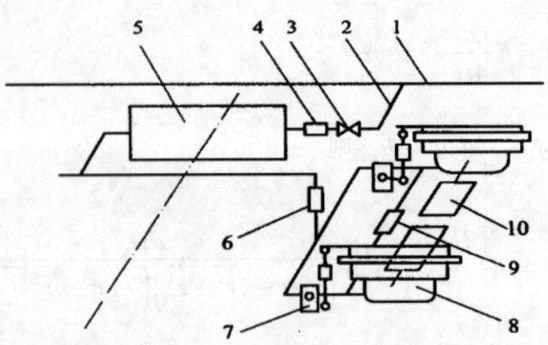

1—列车主风管；2—支管；3—截断塞门；4—止回阀；5—储风缸；6—连接软管；
7—高度控制阀；8—空气弹簧；9—差压阀；10—附加空气室。

图 3-36 空气弹簧装置系统

（2）压力空气传递过程。

压力空气由列车主风管 1→T 形支管 2→截断塞门 3→滤尘止回阀 4→空气弹簧储风缸 5→主管（在车底架上）→连接软管 6→高度控制阀 7→附加空气室 10 和空气弹簧本体 8。

（3）高度调节阀工作原理。

为了保持车体距轨面的高度不变，在车体与转向架间装有高度调节阀，调节空气弹簧橡胶中压缩空气（充气、放气或保持压力），使车辆地板不受车内乘客的多少和分布不均的影响，基本始终保持水平，调节过程如下（见图 3-37）。

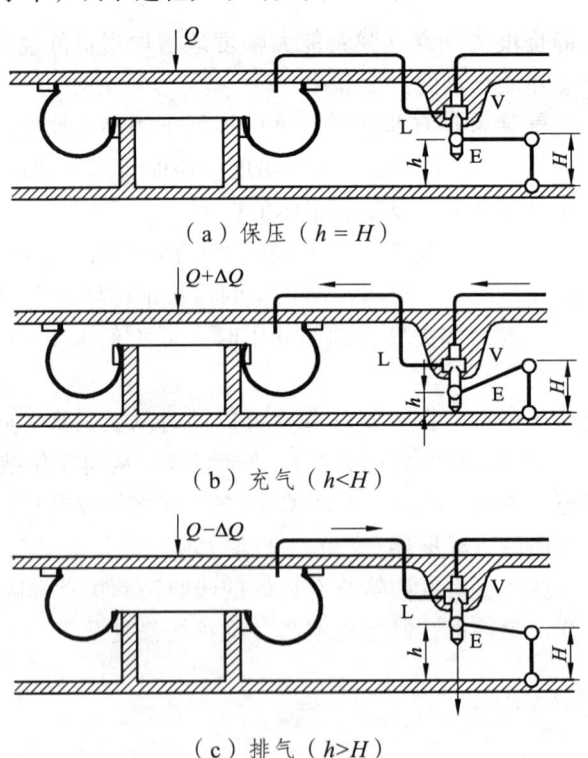

h—地板实际高度；H—地板标定高度。

图 3-37 高度控制阀工作原理

① 在正常载荷位置，即 $h = H$ 时，充气通路 V→L 和放气通路 L→E 均被关闭。

② 当车体载荷增加时，此时 $h < H$，阀动作，V→L 通路开启，压缩空气向空气弹簧充气，直至地板面上升到标定高度（即 h 达到 H 高度）为止。

③ 当车体载荷增加时，此时 $h > H$，阀动作，L→E 通路开启，空气弹簧向大气排气，直至地板面下降到标定高度（即 h 达到 H 高度）为止。

a. 高度调整装置结构。

不同城轨车辆所使用的高度调整装置结构有所区别，这里以 CRH2 动车组采用的高度调整装置为例说明，其结构如图 3-38 所示。该高度调整阀内使用的工作油特性如下。

种类：硅油（信越化学 KF96）；

黏度：1 000 C.S/25℃；

温度系数：0.6；

流动点：-50℃以下。

高度调整阀工作过程分进气过程和排气过程，具体如图 3-39 和图 3-40 所示。

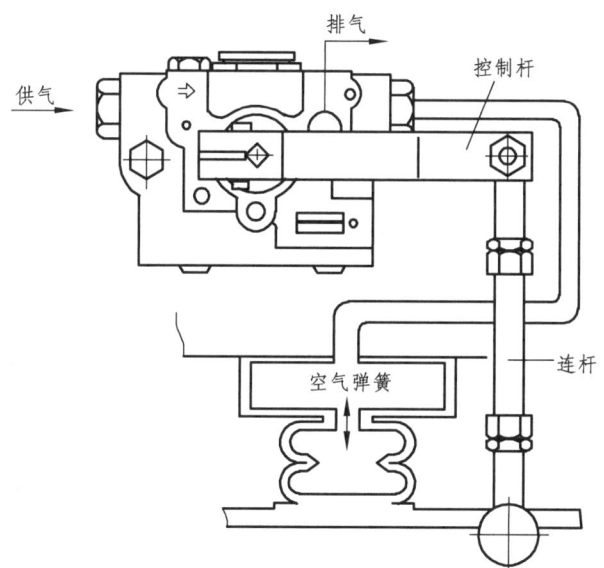

图 3-38　高度调整装置结构

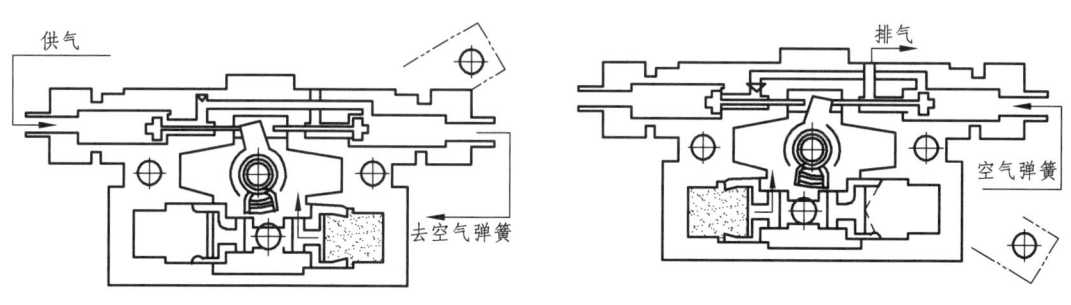

图 3-39　载荷增加——进气过程　　　　图 3-40　载荷减少——排气过程

当然，上述调整只能在静态时进行，不能影响车体与转向架间的正常振动。那么，如何保证高度调整阀仅在静态需要调整时起作用，而对动态振动不起作用呢？这就要求高度调整阀必须具有以下特性：具有不惑带（10±1）mm；具有时间延迟（3±1）s；内腔充满硅油。

b. 差动阀。

每台转向架的两只气囊都通过差动阀相连。如果气囊突然破裂或毁坏，差动阀将运行使转向架的两只气囊压力保持平衡。这可防止客车由于一只气囊充气、另一只气囊没有充气而向一边严重倾斜。差动阀的工作原理如图3-40所示。为什么要用差动阀呢？也就是说能否直接用一根气管将左右两只气囊连通起来呢？回答当然是否定的。这是因为，在曲线上时，左右两只气囊必须保证一定的压差，否则车体将会发生倾斜。车体左右摇摆振动时，也必须保证一定的压差，否则将加剧摇摆。CRH2动车组所用差动阀的型号为DP5，其设定的压力差一般为（150±20）kPa（1.5 kg/cm^2）。

3. 空气弹簧的结构和分类

空气弹簧大体上可分为囊式和膜式两种。

（1）囊式空气弹簧。

它可分为单曲、双曲和多曲等形式。双曲囊式空气弹簧结构如图3-41所示。特点：制造工艺简单，使用寿命长，但刚度大，振动频率高。故现代车辆上基本不用。

（2）膜式空气弹簧。

它分为约束模式和自由模式两种。约束模式空气弹簧：由内、外筒将胶囊约束在内，如图3-42所示。特点：刚度小，振动频率低，可方便地通过调整约束裙（内、外筒）的形状来控制其弹性特性，但橡胶囊（膜）工作状况复杂，耐久性差。

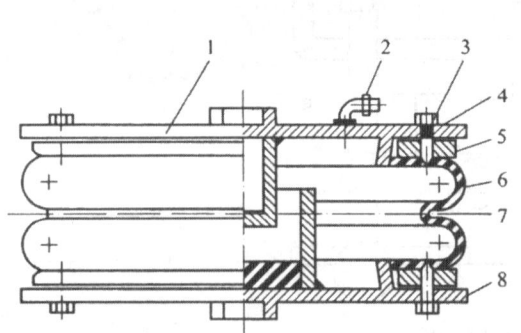

1—上盖板；2—气嘴；3—紧固螺钉；4—钢丝圈；
5—法兰盘；6—橡胶囊；7—中腰环钢丝圈；
8—下盖板。

图3-41 双曲囊式空气弹簧

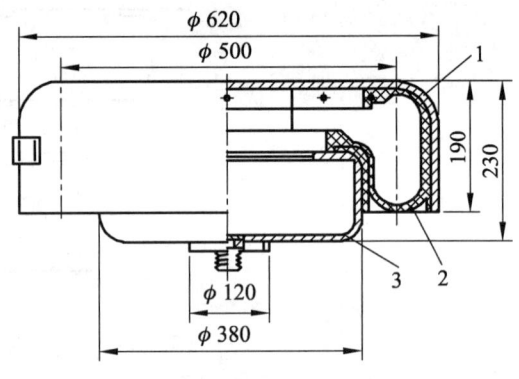

1—外筒；2—橡胶囊；3—内筒。

图3-42 载荷增加——进气过程

（3）自由膜式空气弹簧：无内、外约束筒，如图3-43所示。

特点：

① 无约束橡胶囊变形的内、外筒，可减轻橡胶囊的磨耗，提高使用寿命。

② 安装高度低，可明显降低车辆地板面距轨面的高度。

③ 具有良好的负载特性，其弹簧特性可通过改变上盖板边缘的包角加以适当调整。

④ 质量轻。

故在现代城轨车辆上，自由膜式空气弹簧应用最广泛。另外，空气弹簧的橡胶由内、外橡胶层、帘线层和成型钢丝圈组成。空气弹簧的载荷主要是由帘线承受，而帘线的材质对空气弹簧的耐压性和耐久性起着决定作用，故采用高强度人造丝、维尼龙或卡普隆作为帘线。

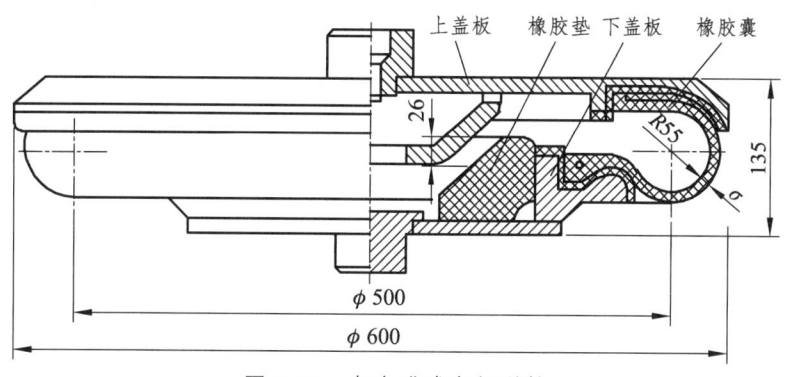

图 3-43　自由膜式空气弹簧

4. 自由膜式空气弹簧刚度计算

自由膜式空气弹簧结构尺寸如图 3-44 所示。

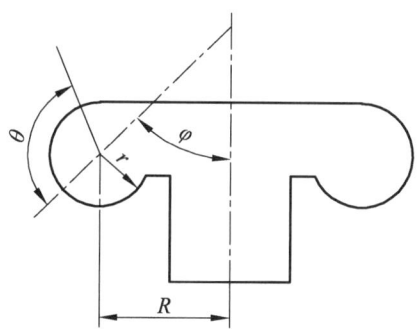

图 3-44　自由膜式空气弹簧结构尺寸

（1）垂向刚度 k 的计算。

$$k = n(1+t)(p_a + p_0)\frac{A_0}{V_0} + \alpha P_0 A_0 \qquad (3\text{-}56)$$

$$\alpha = \frac{1}{R}\frac{\sin\theta\cos\theta + \theta(\sin^2\theta - \cos^2\theta)}{\sin\theta(\sin\theta - \theta\cos\theta)} \qquad (3\text{-}57)$$

$$t = \frac{r^2}{R^2}\left[2 + \frac{\cos^2\varphi(\theta^2 - \sin^2\theta) - \theta^2\sin^2\theta}{\sin\theta(\sin\theta - \theta\cos\theta)}\right] \qquad (3\text{-}58)$$

式中　P_0——空气弹簧的内压力，通常铁道车辆上采用的空气压力 $P_0 < 0.6$ MPa，一般为 0.3 ~ 0.5 MPa。它影响空气弹簧几何参数 R 的选取，静载荷 $P = P_0 A_0 = \pi r^2 P_0$；

　　　　P_a——大气压力，一般计算时取 $P_a = 0.1$ MPa；

　　　　A_0——静平衡位置时空气弹簧的有效承压面积，$A_0 = \pi R^2$；

V_0——静载荷作用下空气弹簧的容积,即 $V_0 = V_1 + V_2$;

V_1——空气弹簧本身的容积;

V_2——附加空气室容积;

n——多变指数,计算时通常取 $n = 1.3 \sim 1.38$;

t, a——空气弹簧的垂向特性形状系数,取决于空气弹簧的几何形状,与其几何参数 θ, φ, R 有关;

φ——橡胶囊圆弧部分的回转轴与空气弹簧中心线夹角,该回转轴是指圆弧中点与该弧圆心的连线;

θ——橡胶囊圆弧部分形成的包角之半;

R——有效承压面积 A_0 的半径。

(2)横向刚度 k_1 的计算。

$$k_1 = bp_0 A_0 + k_1' \tag{3-59}$$

$$b = \frac{1}{2R} \frac{\sin\theta\cos\theta + \theta(\sin^2\theta - \sin^2\varphi)}{\sin\theta(\sin\theta - \theta\cos\theta)} \tag{3-60}$$

式中 k_1'——橡胶囊本身的横向刚度,其值需通过实验确定;V_2——空气弹簧的横向特性形状系数,取决于空气弹簧几何形状,与几何参数 θ, φ, R 有关。

必须注意:空气弹簧的横向刚度受到帘线角度(即帘线相对于橡胶囊的经线方向的夹角)的影响较大,通常随帘线线角的增大而增强(见图3-45)。橡胶囊本身的横向刚度 k_1' 主要取决于帘线角的大小,设计计算时,建议 k_1' 值取 $50 \sim 100$ kN/m,压力高时取偏大值。

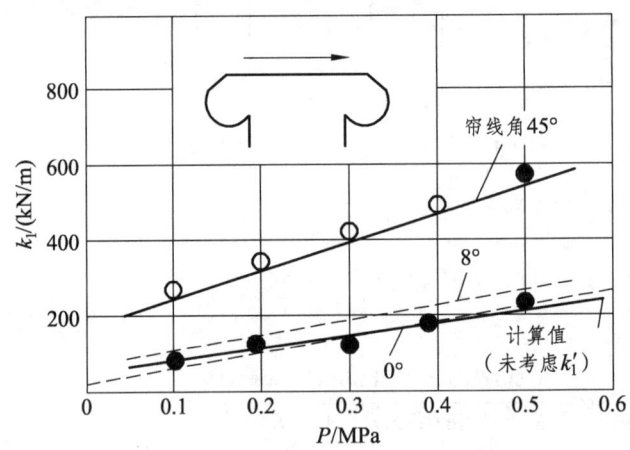

图 3-45 帘线角对横向刚度的影响

3.4.6 减振元件

1. 工作原理

利用液体的黏滞阻力做负功来吸收振动能量,如图3-46所示。当活塞杆向下运动时,油缸内的液压油将从下腔经节流孔"串入"上腔,由于液体具有黏性,于是在此"串动"

过程中节流孔对液体有阻碍作用，就产生了阻力。但与此同时，由于活塞杆本身要占有一定容积，在液压油上腔和下腔之间"串动"过程中，液压油的体积必须有额外的容积提供补偿，因此，油缸外圈设置了起容积补偿作用的隔层。

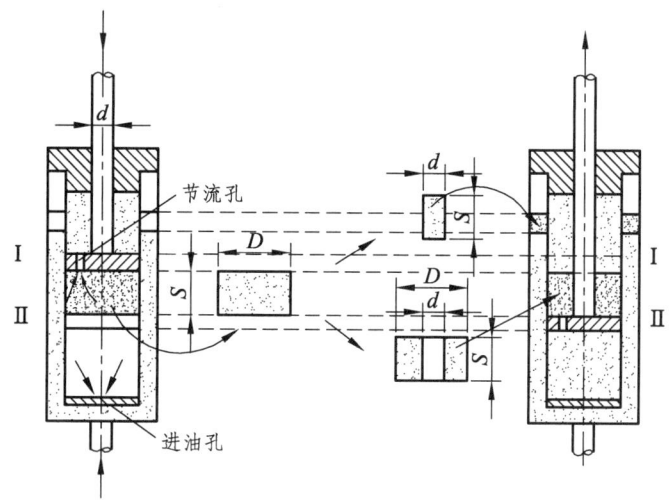

图 3-46　液压减振器工作原理

2. 特　性

阻尼力 $F \propto$ 相对运动速度 v，即 $F = Qv$（见图 3-37），阻尼力 F 主要取决于

（1）节流孔的大小 $\rightarrow q$（阻尼系数）；

（2）活塞运动速度之快慢 $\rightarrow v$（相对运动速度）。

3. 圆弹簧和液压减振器共同工作时的特性

圆弹簧和液压减振器通常并联在一起共同工作，在机车车辆上通常可以将整车模型简化为车轮荷重系统来进行研究。最简单的车轮荷重系统如图 3-48 所示。

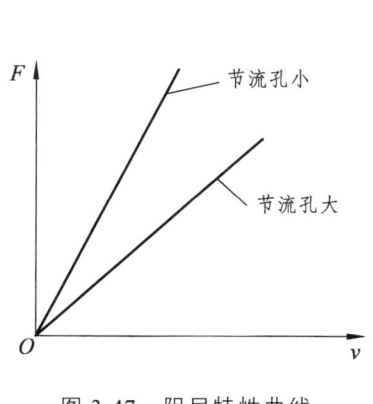

图 3-47　阻尼特性曲线

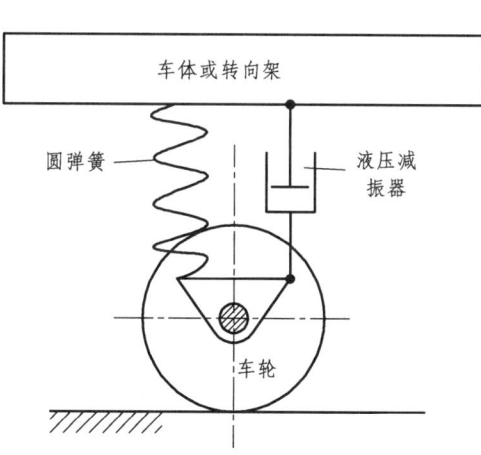

图 3-48　最简单车轮荷重系统

圆弹簧和液压减振器的共同工作特性，是由圆弹簧的特性和液压减振器的特性合成而

得，如图 3-49 所示。

4. 液压减振器的结构

普通液压减振器由活塞、缸筒、活塞阀、进油阀和各种密封圈等组成，具体结构如图 3-50 所示，而其中最主要的部件是活塞和进油阀。活塞阀和进油阀的具体结构如图 3-51 所示。

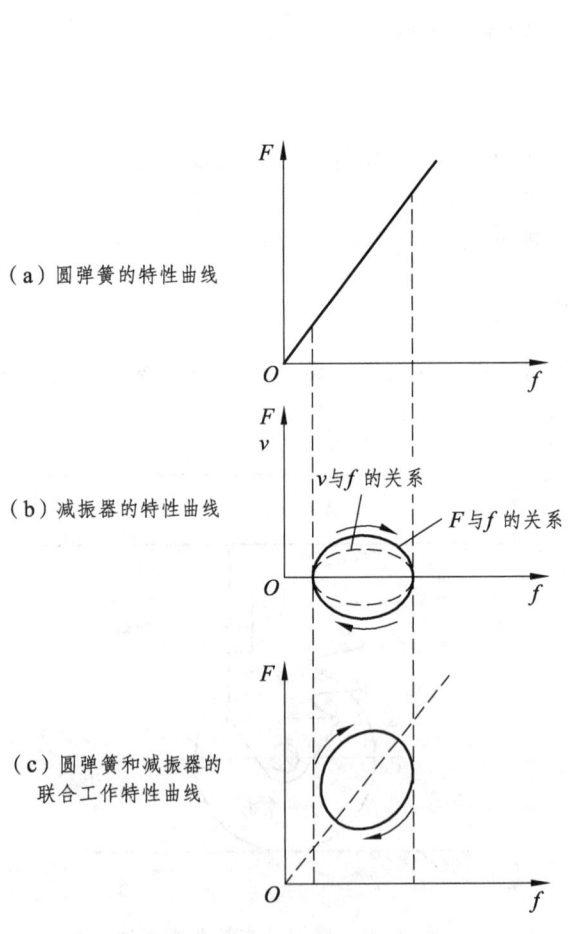

（a）圆弹簧的特性曲线

（b）减振器的特性曲线

（c）圆弹簧和减振器的联合工作特性曲线

图 3-49 圆弹簧和液压减振器共同工作特性

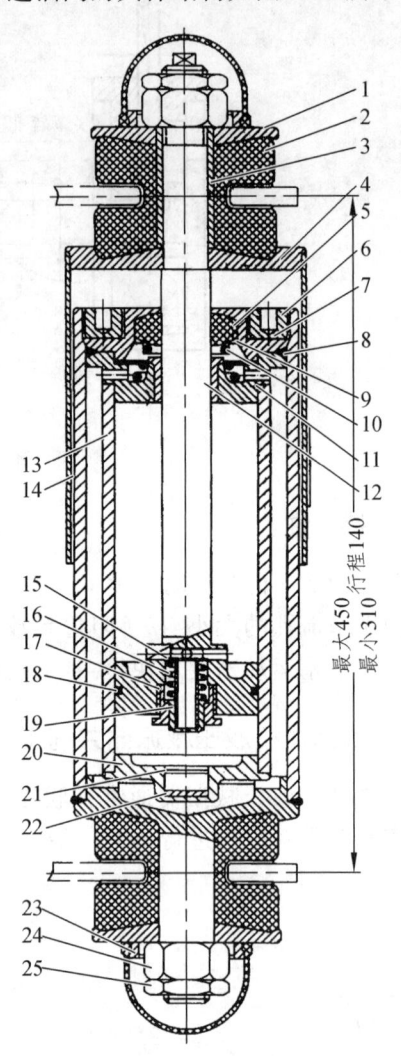

1—压盖；2—橡胶垫；3—套；4—防尘罩；
5—油封圈；6—螺盖；7—密封盖；
8—密封圈；9—托垫；10—弹簧；
11—缸盖；12—活塞；13—缸筒；
14—储油筒；15—心阀；16—弹簧；
17—阀座；18—涨圈；19—套阀；
20—进油阀；21—锁环；22—阀瓣；
23—防锈帽；24，25—螺母。

图 3-50 SFK1 型液压减振器

5. 液压减振器阻尼特性的调节

液压减振器阻尼特性的调节可通过改变心阀上的节流孔的大小及弹簧预压缩量来实现（见图 3-52 和图 3-53）。

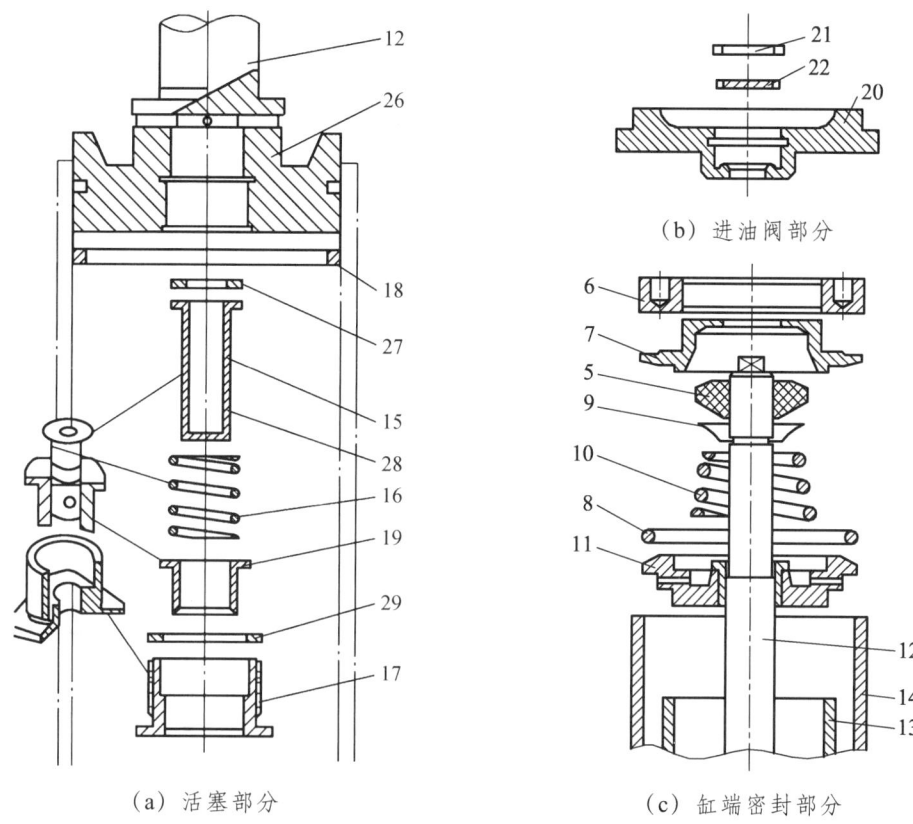

1~25 见图 3-50；26—活塞部分；27—调整垫；28—节流孔；29—调整垫。

图 3-51 活塞阀和进油阀的具体结构

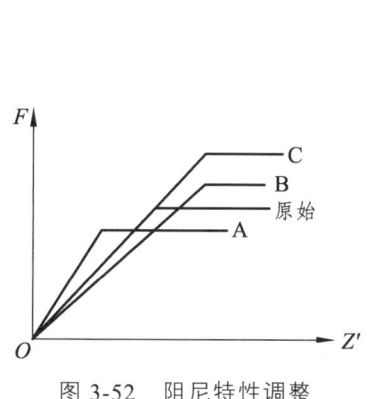

图 3-52 阻尼特性调整

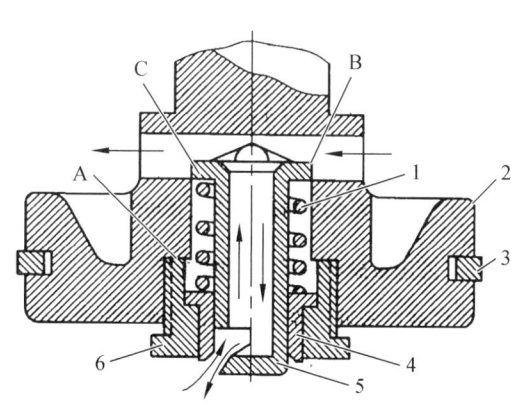

1—心阀弹簧；2—活塞；3—胀圈；4—套阀；5—心阀；
6—阀座；A，B，C—加调整垫片处。

图 3-53 心阀结构

（1）阀座端面加垫片——节流孔变小，阻尼增大，同时减小工作范围（见图3-52的A曲线）。

（2）心阀顶面加垫片——节流孔变大，阻尼减小，同时增大工作范围（见图3-52的B曲线）。

（3）弹簧上部加垫片——节流孔不变，阻尼不变，但增大工作范围（见图3-52的C曲线）。

6. 一般液压减振器与抗蛇行液压减振器的性能比较

必须注意：与一般液压减振器相比，抗蛇行液压减振器只是节流孔的结构有所不同，这就造成其节流特性发生变化，即抗蛇行液压减振器的卸荷速度V_0远远小于一般液压减振器的卸前速度V_0'（见图3-54和图3-55）。这样，就有可能同时满足有效抑制蛇行失稳和利于通过曲线的要求，即：

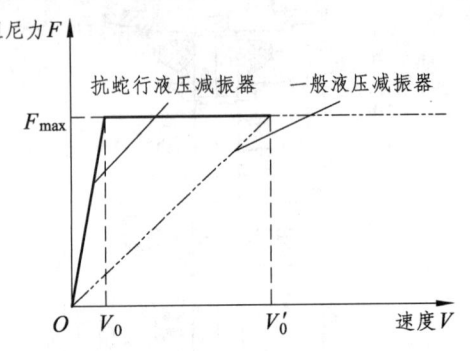 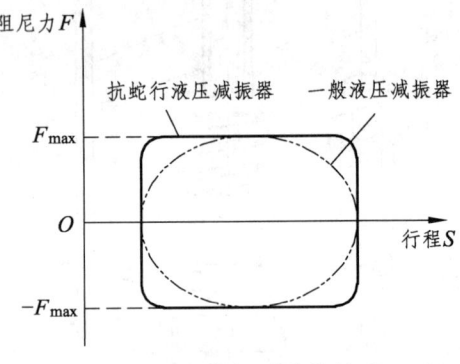

图3-54 阻力与振动速度的关系　　　　图3-55 阻力与形成的关系

① 当车体相对于转向架蛇行增大时（通常对应于机车车辆在直道上高速运行时），其相对运动速度V很容易超过V_0，使减振器阻尼力$F=F_{max}$（饱和阻力），产生强大的阻尼作用。

② 当车辆通过曲线时（此时车辆运行速度较低），车体相对于转向架的回转速度V较小，且$V<V_0$，此时减振器阻尼力F明显下降，在车体与转向架之间产生的阻力矩较小，使车辆容易通过曲线。

另外，抗蛇行液压减振器一定是纵向安装在车体与转向架之间，所以也常被称为纵向减振器（有人也称其为恒量阻尼减振器）。

7. 液压减振器性能试验

（1）试验目的。

检查减振器的工作是否正常，同时按设计要求调整阻尼系数q的大小。

（2）试验原理（见图3-56）

当电动机经减速后驱动偏心轮1转动→使滑块3（A点）做上、下往复运动→减振器产生阻尼力→B点运动→带动曲臂连杆8转动→记录笔10左右运动→在记录板9上绘出椭圆形式功图（见图3-57）。

A点的位移与偏心轮的运动有关，而B点的位移与减振器的阻尼力有关。且A点和B点的位移之差，就是减振器上、下两端的相对位移。该示功图的面积就是该液压减振器振动 1 周内所吸收的功。由该示功图就可以计算出其阻尼系数 q。

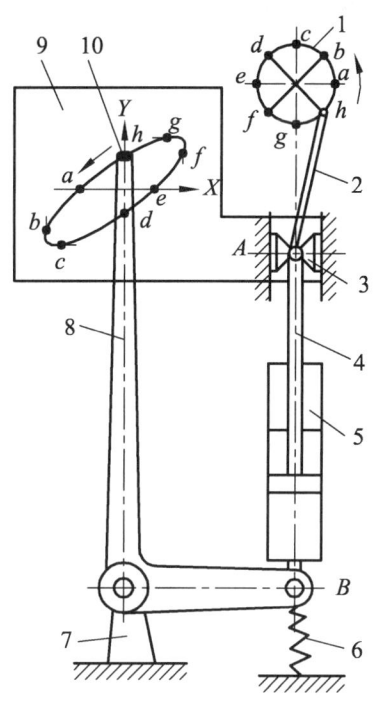

1—偏心轮（由电机带动）；2—连杆；3—滑块；
4—活塞杆；5—液压减振器；6—测力弹簧；
7—底座；8—曲臂连杆；9—记录板；
10—记录笔。

图 3-56　液压减振器试验原理

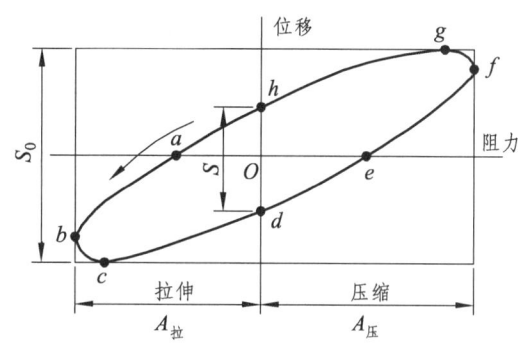

S_0—试验台滑块形成；
S—活塞相对于缸体的行程。

图 3-57　示功图

3.5　牵引连接装置

城市轨道交通车辆普遍采用了无摇枕结构的转向架。由于没有摇枕，车体直接坐落于空气簧上，必须靠牵引装置来实现摇枕所具有的传递纵向力和转向功能，所以要求牵引装置具备以下功能：

（1）能够传递纵向力、驱动力和制动力，同时允许二系弹簧在垂向和横向柔软地动作。
（2）纵向具有适当的弹性，以缓和由于转向架点头、车轮不平衡重力等引起的纵向振动。
（3）结构上应便于车体与转向架的分离和连接。
（4）由于取消了摇枕，需安装横向油压减振器、横向缓冲橡胶、空气簧异常上升止挡等，这些部件的安装和拆卸不能增加车体与转向架分离作业的工时。

3.5.1　中央牵引装置

如图 3-58 所示为一种典型的城市轨道交通车辆的中央牵引装置。长春客车厂设计的地铁无摇枕转向架就采用了这种结构的中央牵引装置，其结构是中心销上端用螺栓固定在车体枕梁上，下部插在能够传递纵向力的牵引梁孔中，能够自如地垂向运动和回转。牵引梁与构架横梁之间设有牵引叠层橡胶，它的特性是纵向较硬、横向柔软，所以既能有效地传递纵向力，又能随空气簧做横向运动。每台转向架设 4 组牵引叠层橡胶，安装时能使其在纵向倾斜，以便牵引梁对准转向架中心。可按隔离纵向振动的要求选定牵引叠层橡胶的纵向刚度值，同时要保证纵向无滑动部位和间隙存在。中心销下部连有空气簧异常上升止挡，当空气簧因过充时可以限制车体不断上升，保证安全；在起吊车体时，可使转向架同车体一起被吊起。

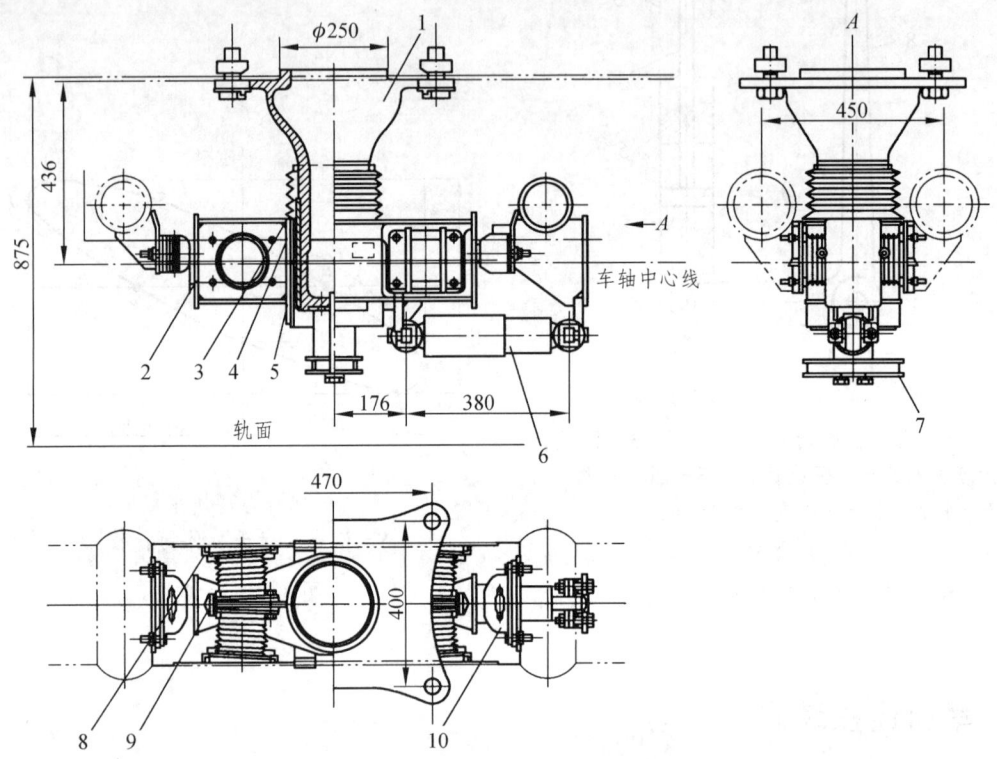

1—中心销；2—牵引梁；3—防尘罩；4—衬套；5—中心销套；6—横向油压减振器；
7—空气簧异常上升止挡；8—安装板；9—牵引叠层橡胶；10—横向缓冲橡胶。

图 3-58 中央牵引装置

如图 3-59 所示为 3 种中央牵引连接装置结构，它们都有各自的特点，例如，如图 3-59（b）所示中央牵引装置结构，由于牵引杆两端与中心销和转向架的连接部位都有橡胶关节，橡胶关节心销在各个方向上有一定程度的摆动，保证了转向架抗蛇的弹性定位和转向架绕中心销在各个方向上有一定程度的摆动，这既保证转向架抗蛇运动的性能，又能实现转向架与车体之间的转角，保证车辆顺利通过曲线。广州地铁 2 号线车辆采用的就是如图 3-59（b）所示牵引连接装置结构，1 号线采用的是如图 3-59（c）所示牵引连接装置结构。值得提出的是，与广州地铁 1 号线车辆转向架相比，2 号线车辆转向架的牵引连接装置比较简单。2 号线车辆转向架通过带有橡胶关节的牵引杆连接到与车体连接的车体中心销上，没有中心销座和复合弹簧，更便于拆装转向架。

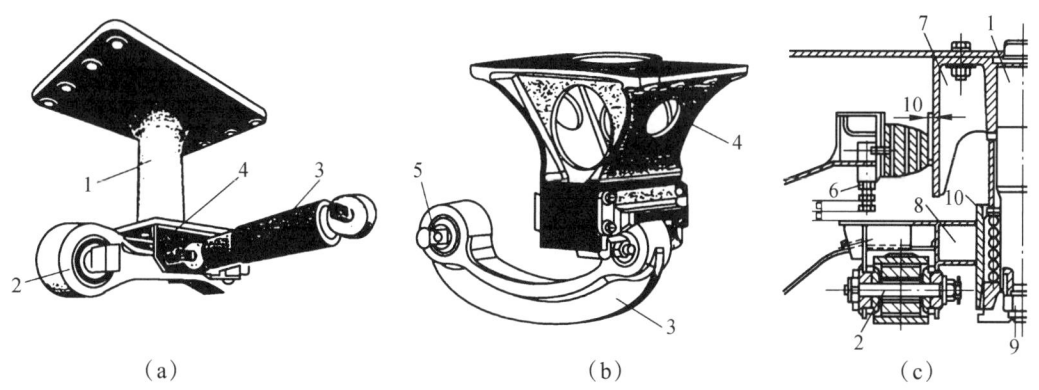

1—中心销；2—牵引杆；3—减振器；4—牵引座；5—轴；6—起吊保护螺栓；
7—中心销导架；8—中心架；9—定位螺母；10—复合橡胶衬套。

图 3-59　牵引连接装置

3.5.2　横向油压减振器和横向缓冲橡胶止挡

为了提高城市轨道交通车辆的舒适性，转向架采用了低横向刚度的空气簧。与此配套，使用横向油压减振器提供相应的振动阻尼，改善横向振动特性。横向油压减振器安装在牵引梁与构架之间。如图 3-60 所示为横向油压减振器的阻尼曲线。

在构架纵向梁上还设有非线性的横向缓冲橡胶止挡，它与牵引梁两端面间隙为 10 mm 左右。车体（牵引梁可认为是车体的一部分）可以在此间隙范围内自由摆动，当振幅超过此间隙范围时，横向缓冲橡胶止挡开始起作用。在横向缓冲橡胶止挡初始压缩时弹性特性很柔软，其后稍硬，刚度随振幅增大而增加。

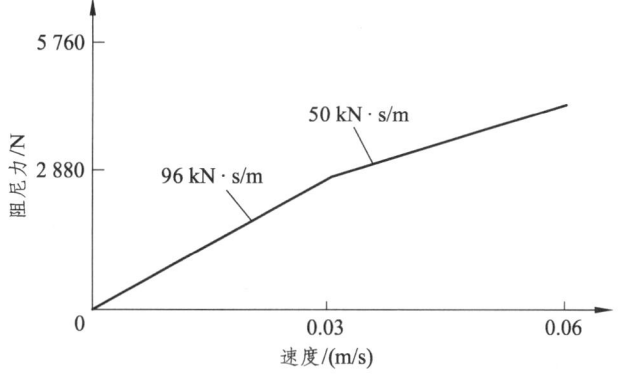

图 3-60　横向油压减振器的阻尼曲线

3.6　传动装置

城市轨道交通车辆的动力转向架，不论是采用直流牵引电动机还是交流牵引电动机需通过机械减速装置，才能将电动机的扭矩转化为轮对转矩，再利用轮轨的黏着作用，车辆沿着钢轨运行，而牵引电动机的布置形式直接影响着转向架的动力性能。根据牵引电动机在转向架上(或车体上)配置的特征,以及电动机转轴与转向架轮对之间传动的特征,传动装置大致可分为 6 种结构形式。

3.6.1 爪形轴承的传动装置

这是城市轨道交通车辆最古老的传动形式,它是直接利用牵引电动机驱动轴上的齿轮带动轮对轴传递扭矩。这时电动机驱动轴与轮对轴呈平行配置,牵引电动机的一部分重力通过两个爪形轴承支承于轮对轴 L,另一部分重力通过弹簧支于构架梁上,也称抱轴式。一般牵引电动机的小齿轮与轮对上的大齿轮之间的传动比取为 1∶4~1∶6,如图 3-61 所示。

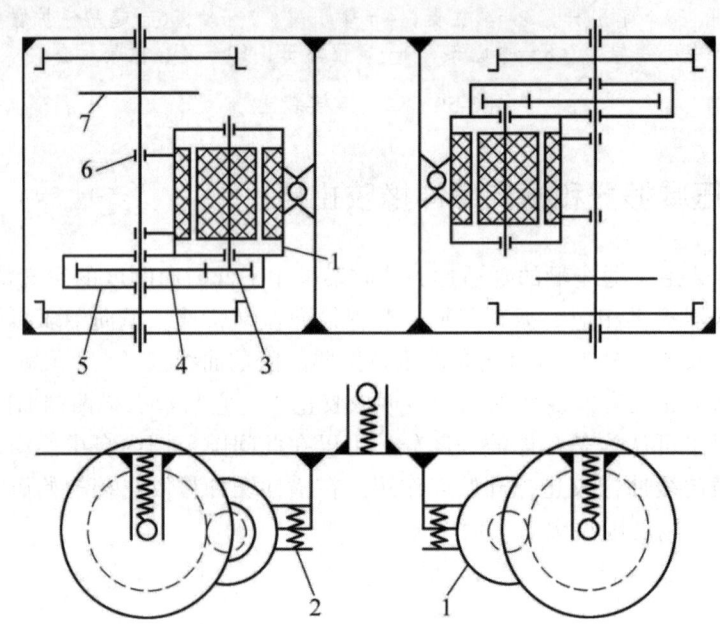

1—牵引电动机;2—电动机弹性悬挂;3—驱动小齿轮;4—车轴上大齿轮;
5—减速齿轮箱;6—爪形轴承;7—制动盘。

图 3-61 爪形轴承传动装置

这种传动装置的很大一部分重力非弹性直接支于轮对轴上,增加了簧下部分的质贫,给转向架的运行品质带来不利影响,而且必然导致相关的运动零件(如轴承、齿轮和集电器等)的强烈振动和磨耗。此外,由于这种传动的扭转弹性很低,往往会造成集电器过载,甚至损坏。由于这种传动结构简单、坚固,所以至今仍在轻轨车辆上应用。

3.6.2 横向牵引电动机空心轴式传动装置

该传动装置将牵引电动机支承于构架横梁上,如图 3-62 所示,它采用电动机空心轴和高弹性的联轴器驱动齿轮减速箱,解决了上述方案的电动机直接支于轮轴增加簧下质量和传动件过小的扭转弹性导致的集电器过载的问题。由于牵引电动机重力由转向架构架全部承担,所以这是一种典型的架悬式(一种全悬挂)结构,也由于电动机采用了空心轴,所以又称为电动机空心轴式结构。

在空心电枢和齿轮减速箱的小齿轮之间设置了一个可移动的橡胶高弹性的钢片联轴器。减速箱一端支于轮对轴上，另一端通过一个可动的纵向可调节的支撑铰接于构架上。

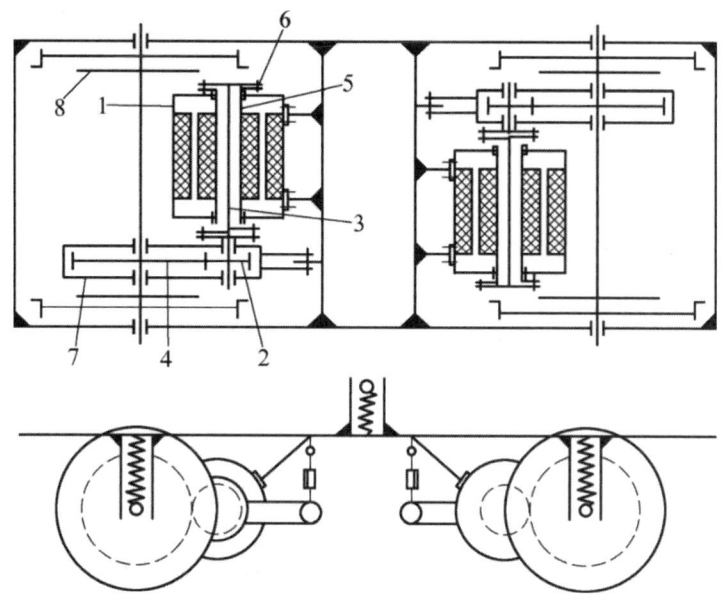

1—牵引电动机；2—小齿轮；3—驱动轴；4—大齿轮；5—空心轴；
6—联轴器；7—减速齿轮箱；8—制动盘。

图 3-62　横向牵引电动机空心轴式传动装置

空心轴传动由于其质量轻、作用可靠和耐久性，在城市轨道交通车辆中获得广泛应用。如图 3-63 所示为横向牵引电动机空心轴式驱动结构装配。

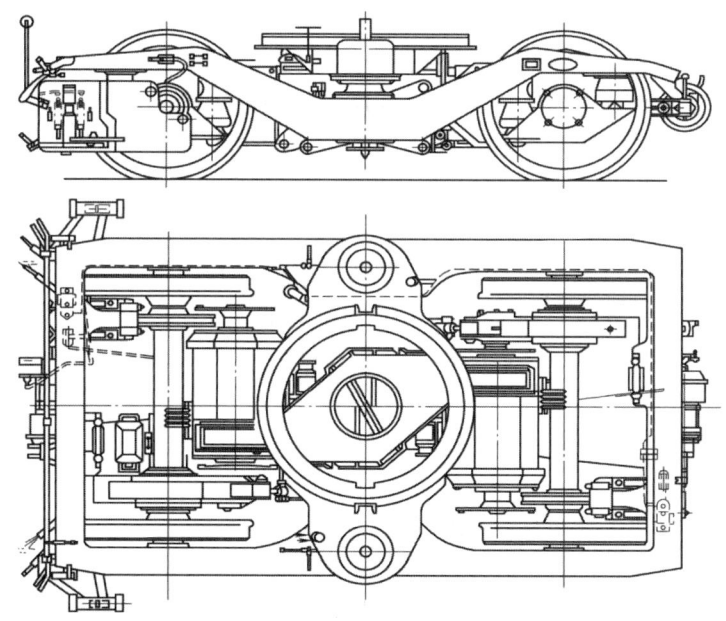

图 3-63　横向牵引电动机空心轴式驱动结构装配

3.6.3 两轴——纵向驱动、骑马式传动装置

沿转向架传动方向配置的牵引电动机连同齿轮减速箱组成一组合体跨骑在转向架的两轮对上,牵引电动机的两侧与带有法兰的减速箱组成一个自承载的组合体,牵引电动机驱动轴经齿轮减速后,借助于空心轴和橡胶联轴器与轮对轴弹性连接,如图 3-64 所示。

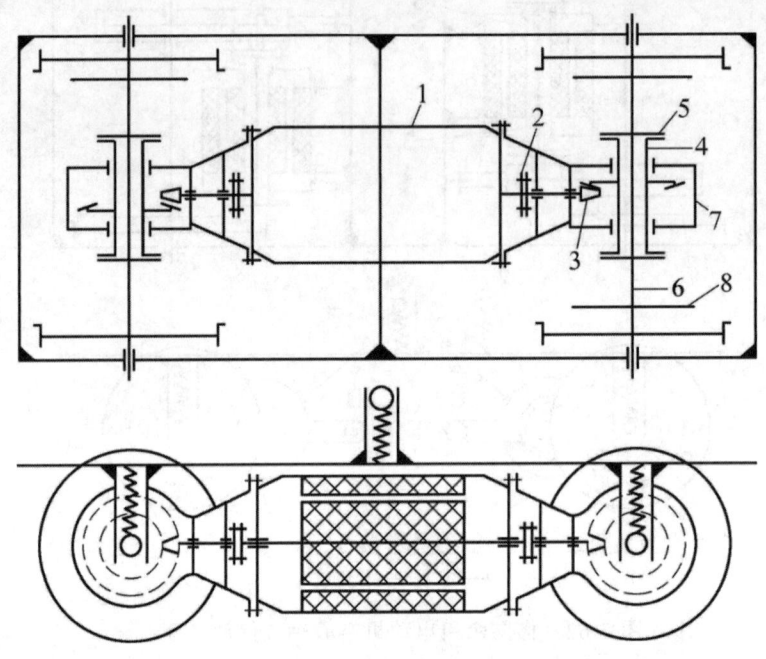

1—牵引电动机；2—联轴器；3—驱动锥齿轮；4—空心轴；
5—橡胶联轴器；6—轮轴；7—减速箱；8—制动盘。

图 3-64 两轴——纵向驱动、骑马式传动装置

两轴纵向驱动优点为,转向架的轴距较其他形式有较大的减小,有可能在 2 m 以内,另外当一个轮对的黏着摩擦由于局部的蠕滑效应而遭到破坏时,则另一个具有良好摩擦条件轮对担当起后备保险的作用。同样,在加速和减速时出现的轮对卸载将不起作用,因为一根轴卸载,另根轴就要承担附加的载荷,整个转向架传递的摩擦力矩总和仍不变,而在单轴分离配置牵引电动机时,轮对的摩擦极限有被超过的危险,卸载的轮对就有可能打滑空转。

这种结构通过机械联结强制驱动转向架的两个轮对具有相同的角速度,若两轮对的车轮直径存在差异,也会造成运行阻力上升和磨耗的增加。另外它的整个装置均由转向架的两轮对直接支承,增加了簧下质量,增强了转向架运行的动力作用。

3.6.4 全弹性结构的两轴——纵向传动装置

这种装置的牵引电动机完全弹性地固定于转向架构架的横梁上,电动机驱动轴经减速齿轮驱动万向接头空心轴,再经橡胶连杆联轴器将扭矩传递给轮对,如图 3-65 所示。由于电动机的重力由构架全部承担,所以也称为架悬式结构,也由于轮对采用了空心轴,所以又称为轮对空心轴式结构。

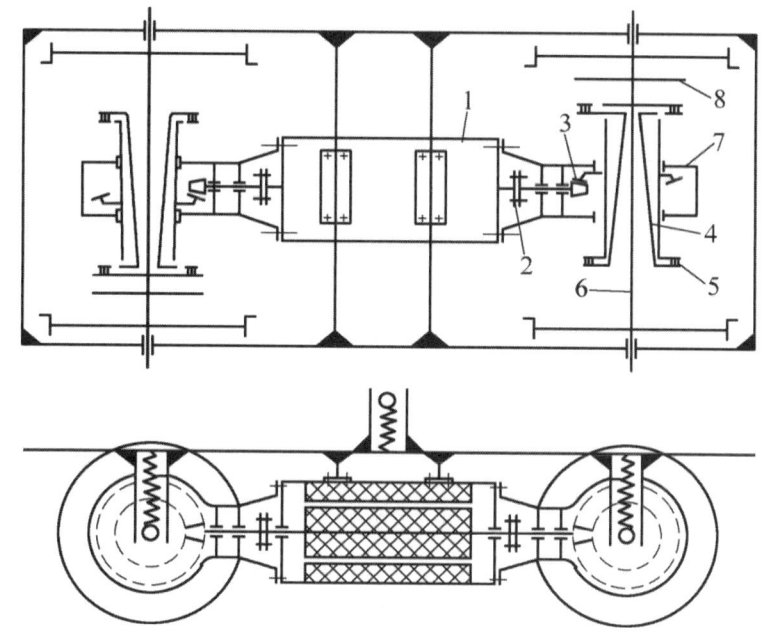

1—牵引电动机；2、5—联轴器；3—驱动锥齿轮；4—万向接头空心轴；
6—轮轴；7—减速箱；8—制动盘。

图 3-65　全弹性结构的两轴——纵向传动装置

3.6.5　牵引电机对角配置的单独轴——纵向传动装置

两牵引电动机对角悬挂于转向架构架的两横梁上，电动机与齿轮传动装置之间扭矩的传递经由连杆轴实现，如图 3-66 所示。

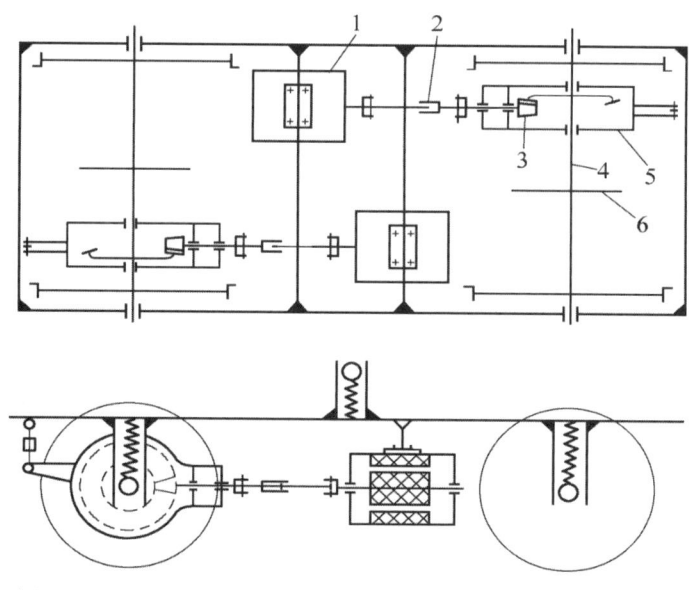

1—牵引电动机；2—连杆轴；3—驱动锥齿轮；4—轮轴；5—减速箱；6—制动盘。

图 3-66　对角配置的单独轴——纵向传动装置

齿轮减速箱一端弹性悬挂于构架的端梁，另一端抱在轮对车轴上。转向架上两套电动机及其传动装置独立地配置，各自驱动一轮对。

3.6.6 牵引电动机置于车体上的传动装置

牵引电动机装于车体上，电动机驱动轴经万向联轴器将扭矩传递给置于转向架上的减速装置，从而使轮对转动。其驱动装置原理图如图 3-67 所示。由于牵引电动机重力由车体全部承担，所以称为体悬式。该传动方式广泛用于城市轨道交通车辆独立旋转车轮车辆的驱动。

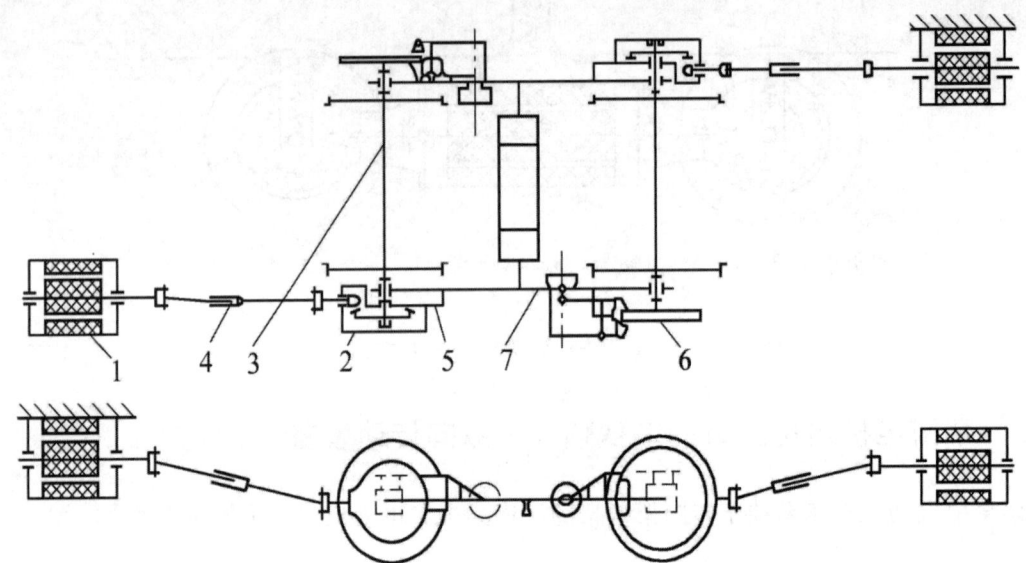

1—牵引电动机；2—齿轮传动装置；3—轮轴；4—连杆轴；5—传动支撑座；
6—制动盘；7—制动装置。

图 3-67 牵引电动机置于车体上的传动装置

3.7 基础制动装置

3.7.1 概 述

制动系统是保证城轨车辆安全运行的最重要的系统，也是一个非常复杂的系统。之所以说它"非常复杂"，是因为现代城轨车辆通常首先采用动力再生制动对列车进行调速，在自动判断再生制动力不够时，再配合以空气制动使列车进一步降速或停车。现代城轨车辆采用的制动控制系统实际上是与其牵引传动控制系统相辅相成、紧密结合在一起的，牵引系统和再生制动系统属于同一系统，它们都是以牵引电机为控制对象，只不过牵引时该电机工作在电动机工况，而制动时工作在发电机工况。一个完整的制动系统主要包括两个部分：制动控制系统和制动执行系统。制动控制系统由制动信号发生与传输装置和制动控制装置组成。而制动执行系统通常称为基础制动装置。由于制动控制系统已不属于本书叙述的转向架范畴，且有专门书籍论述，因此，这里只讨论有关基础制动装置。

城轨车辆必须能够迅速减速或停车，最大减速度达 1.0~1.5 m/s²；地铁车辆规定的紧急制动距离一般为 180 m，而轻轨车辆要求的紧急制动距离更短，甚至只有几十米。要满足上述要求或规定，必须依靠工作灵活、安全可靠的基础制动装置。

基础制动装置实际上是整个动车组制动系统的最后执行机构，其主要任务可归结为

（1）传递各制动缸所产生的鞲鞴力到各个闸瓦（或闸片）。

（2）将该鞲鞴力增大若干倍。

（3）保证各个闸瓦（或闸片）的压力大小基本相等。

3.7.2 基础制动装置形式

基础制动装置是转向架中十分重要的部件，它有多种形式。按制动方式可分为

（1）踏面闸瓦制动装置。

（2）盘形制动装置（有轴盘式和轮盘式之分）。

（3）磁轨制动装置。

（4）涡流制动装置。

当然，如果按制动缸的类型来分，又可分为空气制动和液压制动两种。城轨车辆通常以纯空气盘形制动作为基础制动装置，而重庆跨座式独轨车辆则采用后者，即首先将压缩空气经空-油转换装置（即增压缸）转换成高压油，再由该高压油驱动液压制动缸对制动轮盘（或轴盘）施加压力，属于典型的液压盘形制动。

3.7.3 踏面闸瓦制动

踏面闸瓦制动是一种最常用的制动方式，传统的机车车辆基本都采用这种制动方式。当然，根据闸瓦在一个车轮上的布置数量，还有单侧和双侧之分。如图 3-68 所示为单侧踏面闸瓦制动的工作原理。其具体工作原理：制动时，首先由制动控制装置根据制动指令通过制动管将压缩空气送入制动缸 1，推动制动缸的推杆向外伸出（即产生推杆推力 P），带动一系列的杠杆 2 运动，使闸瓦 3 压紧车轮踏面 4，产生闸瓦压力 K，于是，闸瓦和车轮间发生摩擦，产生摩擦力 $K\varphi$（其中 φ 为闸瓦与车轮踏面间的摩擦系数），阻碍车轮旋转，最后通过车轮与钢轨 5 间的黏着产生一个与车轮（或车辆）运动方向相反的力 B 使车轮减速或停止。缓解时，制动控制装置将制动缸内的压力空气排出，制动缸活塞在制动缸缓解弹簧的作用下退回，通过各杆件带动闸瓦离开车轮踏面。

在制动过程中，城轨车辆的动能大部分通过闸瓦和车轮、车轮与钢轨间的摩擦变成热能，再经闸瓦和车轮最终散发到大气中去。

在闸瓦和车轮这一对摩擦副中，车轮由于主要承担车辆走行功能，因此其材料不能随意改变。要改善闸瓦制动的性能，只能通过改变闸瓦材料的方法。早期的闸瓦材料主要是铸铁。为了改善摩擦性能和增加耐磨性，现在大部分城轨车辆大多采用合成闸瓦。但合成闸瓦的导热性较差，因此目前采用导热性能良好，且具有较好摩擦性能和耐磨性的粉末冶

金闸瓦。

在闸瓦制动方式中，动能转化为热能的能力大，但热能散发于大气的能力相对较小。当要求的制动功率较大时，有可能发生热能来不及散发，而在闸瓦与车轮踏面上积聚，使它们的温度升高，严重的甚至会导致闸瓦熔化（铸铁闸瓦）或车轮踏面产生裂纹等。因此，在采用闸瓦制动时，对制动功率要有限制。

由于电动车组在每辆车的底架下面需要安装大量的电力牵引等设备，因而采用如图3-68所示基础制动装置在安装上存在较大困难，在一般电动车组尤其是城轨车辆上常常采用如图3-69所示的单元制动装置。它由制动缸、闸瓦间隙自动调整器（即用于缓解时闸瓦与车轮踏面之间的间隙不因两者制动时的磨耗而增加，自动调整该间隙在规定范围之内的装置，简称闸调器）等组合成的一个紧凑部件。它省去了传统基础制动装置中的一系列传动部件，因而大大提高了传动效率。

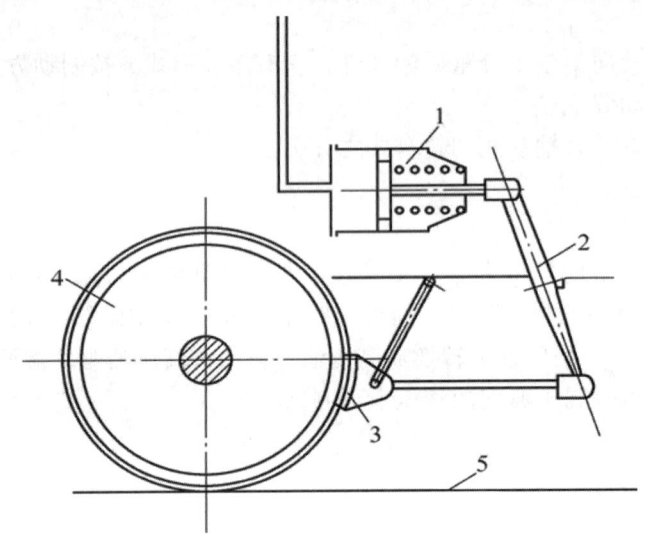

1—制动缸；2—基础制动装置；3—闸瓦；4—车轮；5—钢轨。

图 3-68 踏面闸瓦制动装置原理

制动时，向单元制动装置的制动缸内充入压缩空气，由活塞转变为活塞杆 6 的推力。该力经止推片 8 推动杠杆上的凸头 9。通过杠杆使力扩大若干倍后传递给闸调器外壳 13，进一步通过离合器传至主轴 17，最后传给闸瓦。缓解时，制动缸内的压缩空气被排出，制动缸缓解弹簧和扭簧 2 使单元制动装置恢复至缓解状态。

单元制动装置中的闸瓦间隙自动调整器是单向作用式的。当由于闸瓦（或车轮）磨耗后引起闸瓦间隙过大时，在制动和缓解过程中，闸调器会自动进行调整，保证闸瓦间隙保持在标准范围内。但由于更换闸瓦，使闸瓦间隙过小时，必须人工转动回程螺母 26 使主轴缩回，闸瓦间隙增大。

单元制动装置结构紧凑、制动效率高、作用灵活，容易做到少维修或无维修。同时由于其带有自动闸调器，能使闸瓦间隙始终保持在规定范围内，不需进行人工调整，节省了劳动力。

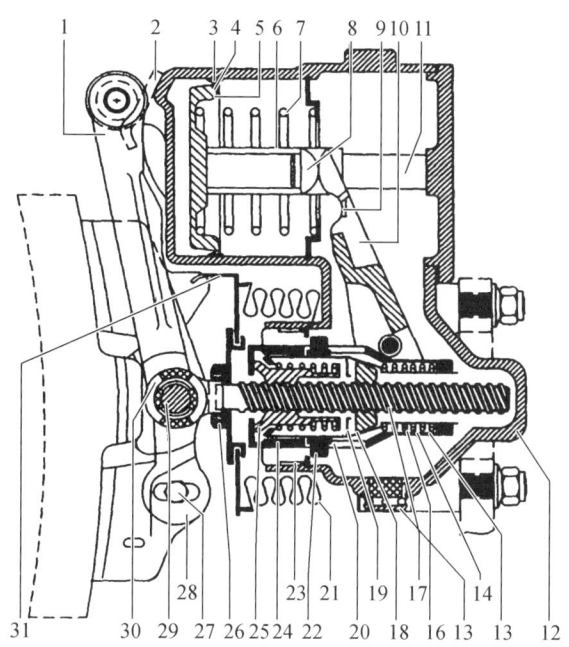

1—吊杆；2—扭簧；3—活塞涨圈；4—滑动环；5—活塞；6—活塞杆；7—缓解弹簧；8—止推片；
9—凸头；10—杠杆；11—导向杆；12—外体；13—闸调器外壳；14—压紧弹簧；15—滤尘器；
16—离合器套；17—主轴；18—调整螺母；19，20—轴承；21—波纹管；22—引导螺母；
23—止环；24—调整弹簧；25—止推螺母；26—回程螺母；27—摩擦联轴器；
28—闸瓦托；29—销；30—主轴鼻子；31—波纹管安装座。

图 3-69 单元制动装置

3.7.4 盘形制动

盘形制动是城轨车辆最普遍采用的一种制动方式。根据制动盘的安装位置不同，盘形制动有轴盘式和轮盘式之分，所谓轴盘式就是指将制动盘直接安装在车轴上，而所谓轮盘式实际上是将制动盘安装在车轮的两侧，如图 3-70 所示。

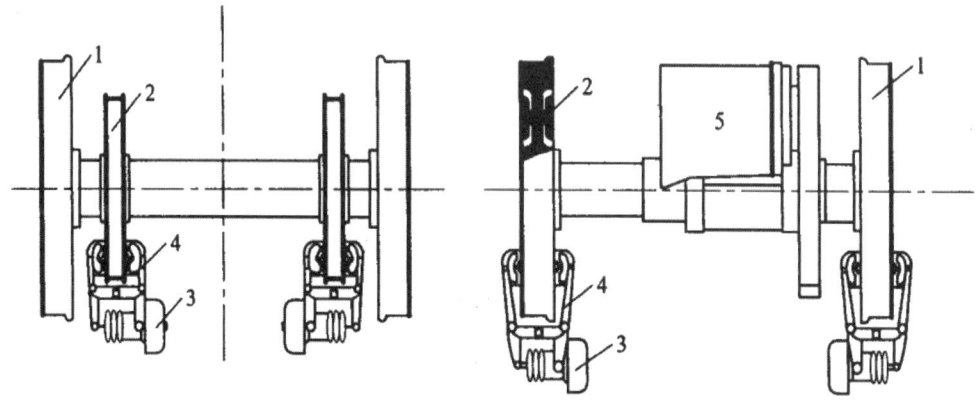

1—轮对；2—制动盘；3—单元制动缸；4—制动夹钳；5—牵引电机。

图 3-70 盘形制动

一般采用轴盘式盘形制动装置，当轮对中间由于有牵引电机等设备使制动盘安装发生困难时，可采用轮盘式盘形制动装置。

为了简化结构，减少杠杆数量，减轻质量，并且进一步提高系统的灵敏度和效率，降低故障率和提高可靠性，通常盘形制动装置采用单元式结构，即将制动缸、杠杆、制动夹钳、自动间隙调整器和闸片托等集中在一个模块内，形成一个相对独立的制动单元，该制动单元与构架横梁或端梁的固定只需通过几个螺栓就能完成。

盘形制动的具体工作原理（见图 3-71）：制动时，首先由制动管来的压缩空气进入单元制动缸，推动制动缸的鞲鞴伸出，带动一系列内部杠杆动作，使制动夹钳产生闭合，进而带动闸片夹紧制动盘，闸片和制动盘间发生摩擦，阻碍轮对旋转，最后通过车轮与钢轨间的黏着产生一个与轮对（或车辆）运动方向相反的力使轮对减速或停止。缓解时，制动控制装置将制动缸内的压力空气排出，制动缸活塞在制动缸缓解弹簧的作用下退回，通过各杆件带动闸片离开制动盘。

在制动过程中，城轨车辆的动能大部分通过闸片和制动盘、车轮与钢轨间的摩擦较变成热能，再经闸片、制动盘和车轮最终散发到大气中去。

盘形制动比较容易双向选择摩擦副，可以得到比闸瓦制动大得多的制动功率。制动盘的材质有铸铁、铸钢和锻钢等多种，而闸片也有合成材料、粉末冶金等多种材料。城轨车辆由于车速较低，一般多采用铸铁盘配合成闸片。对合成闸片材料成分的选择，除满足制动摩擦性能的要求外，必须考虑对环境污染的影响，应符合有关环保要求。对高速动车组，其设计车速较高，可通过增设制动盘数量来满足制动要求。如不能增加制动盘数，则可通过改变制动盘和闸片的材质（如选择钢盘和粉末冶金闸片配合）来达到制动要求。

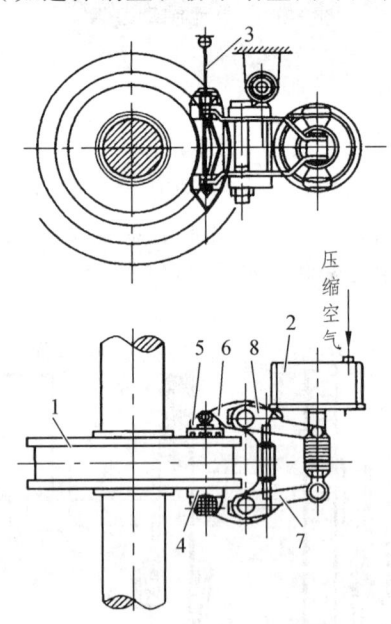

1—制动盘；2—单元制动缸；3—吊杆；4—闸片；5—闸片托；6，7—杠杆；8—支点拉板。

图 3-71 盘形制动装置

盘形制动几乎是所有城轨车辆普遍采用的基础制动装置，这主要原因就是盘形制动装置具有以下特点：

（1）盘形制动装置代替了闸瓦对车轮踏面的摩擦，因而不存在对车轮的热影响，同时也减少了车轮的磨耗，延长了车轮的使用寿命。特别是对于采用橡胶弹性车轮的车辆来说，只能采用盘形制动装置。

（2）盘形制动的散热性能比较好，所以摩擦系数稳定，能得到比较恒定的制动力。同时，其热容量允许具有较高的制动功率。

（3）可自由选择制动盘和闸片材料，使该摩擦副具有最佳的制动参数，可获得较高而稳定的摩擦系数。故可减小闸片压力、缩小制动缸及杠杆尺寸、减轻制动装置质量。

（4）盘形制动运用经济。一般来说，盘形制动的闸片面积比闸瓦制动的闸瓦面积大，承受的压应力较小，其磨耗率也较小。

（5）但盘形制动代替踏面闸瓦制动后，将使簧下质量有所增加，同时使轮轨间的黏着系数有所降低。

3.7.5 磁轨制动

磁轨制动也称轨道电磁制动，它是靠安装在转向架下面的电磁铁与钢轨之间产生的吸附作用，使车辆减速或停车的一种非黏着制动。磁轨制动装置的具体结构如图 3-72 所示。在转向架构架侧梁 4 下面通过升降风缸 2 安装有电磁铁 1，在电磁铁下面还设有磨耗板 5。

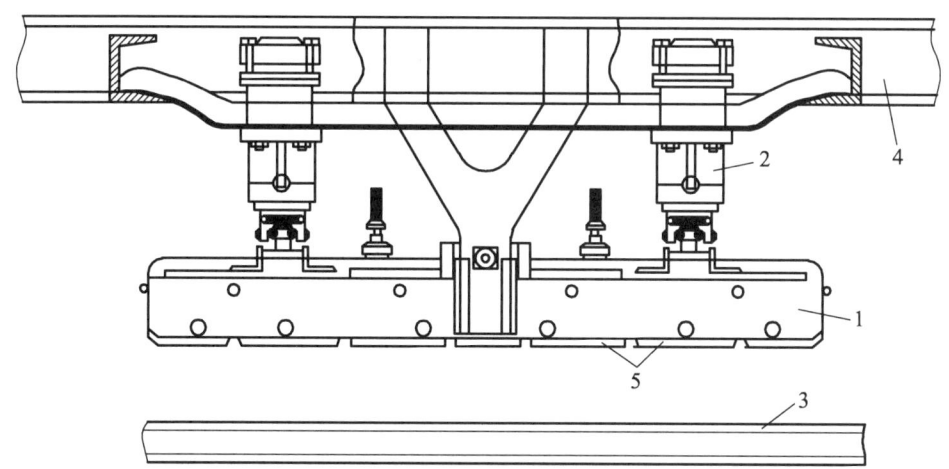

1—电磁铁；2—升降风缸；3—钢轨；4—转向架构架侧梁；5—磨耗板。

图 3-72 磁轨制动装置

磁轨制动的具体工作原理：制动时将电磁铁 1 放下，使磨耗板 5 吸附在钢轨 3 上，它与钢轨之间产生吸力，该吸力使得磨耗板与钢轨间产生与车辆运动方向相反的摩擦力，最后通过升降风缸直接作用到转向架构架上，使转向架（或车辆）减速或停车。缓解时，使升降风缸上升，将电磁铁收回离开钢轨即可。磁轨制动装置的特点为

（1）磁轨制动属非黏着制动，它利用电磁铁吸引钢轨产生摩擦来消耗车辆运动能量。

（2）磁轨制动能得到较大的制动力，常被用作轻轨车辆和高速动车组紧急制动时的一种有效补充制动手段。

3.8 地铁及轻轨车辆转向架

地铁和轻轨车辆是城市轨道交通车辆的两种主要形式,它们的转向架技术水平体现了城市轨道交通车辆的发展水平。目前地铁、轻轨车辆转向架的种类很多,这里只介绍 3 种典型转向架的结构和原理。

3.8.1 DK 型地铁电动客车转向架

长春客车厂设计制造的用于北京地铁、天津地铁、朝鲜平壤地铁客车的转向架为无摇动台式 DK 型转向架,属于该系列、数量较多的有 DK3、DK4、DK8、DK16、DK20 等多种型号。如图 3-73 所示为北京地铁 DK3 型转向架,由构架、轮对轴箱弹簧装置、摇枕弹簧装置、齿轮减速箱、齿式联轴器、基础制动装置和受流器等组成。

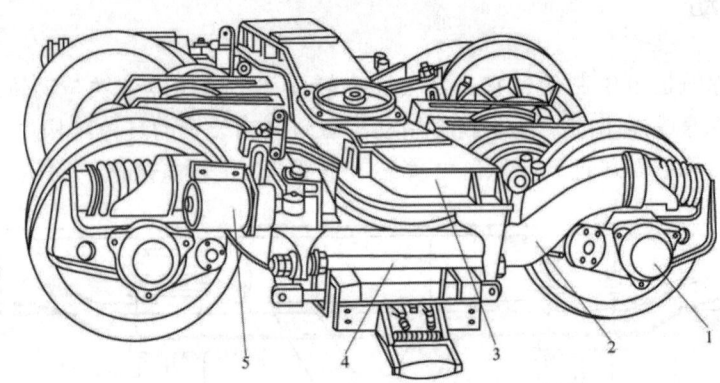

1—轴箱弹簧;2—构架;3—摇枕弹簧;4—纵向拉杆;5—基础制动装置。

图 3-73 北京地铁 DK3 型转向架

1. 轮对轴箱弹簧装置

轮对轴箱弹簧装置如图 3-74 所示。DK3 型转向架轮对轴箱弹簧装置的特点是轴箱弹簧水平放置,采用金属橡胶弹性铰式轴箱定位装置。DK3 型转向架采用非标准 RC0 型车轴,车轴两端尺寸与 RC0 型车轴相同,轴身加粗并设内轮减速箱安装座。为了降低车辆重心、充分利用地铁车辆限界,采用直径为 840 mm 的车轮轴箱,轴承采用 42724T、152724T 型滚动轴承。金属橡胶弹性铰式轴箱定位装置允许轴箱相对构架绕金属橡胶弹性铰的中心弹性转动,也允许轴箱相对构架在前后方向有少许位移。轴箱的一侧有角形弯臂,轴箱弹簧水平地放置在构架和轴箱弯臂之间。当构架的载荷增加时,构架便逐渐下降,金属橡胶硫化套连同心轴也随着下降,于是轴箱就绕车轴转动,弯臂开始压缩轴箱弹簧。

转向架上安装轴箱弹簧前,弹簧两端用端盖预压缩。为调整转向架四角高和弹簧水平(自重下弹簧外端应比内端低 14 mm),应用后端盖的垫板调整。调整时,可在落车前先将弹簧预压缩至自重下高度 231 mm,视前后左右偏差而垫之。选好垫板后,为便于安装,可预压缩至小于自重下高度。

转向架落成后必须松开预压螺母至开口销挡住为止。弹簧前端盖与轴箱之间装有直径为 60 mm 的钢球,形成铰接。

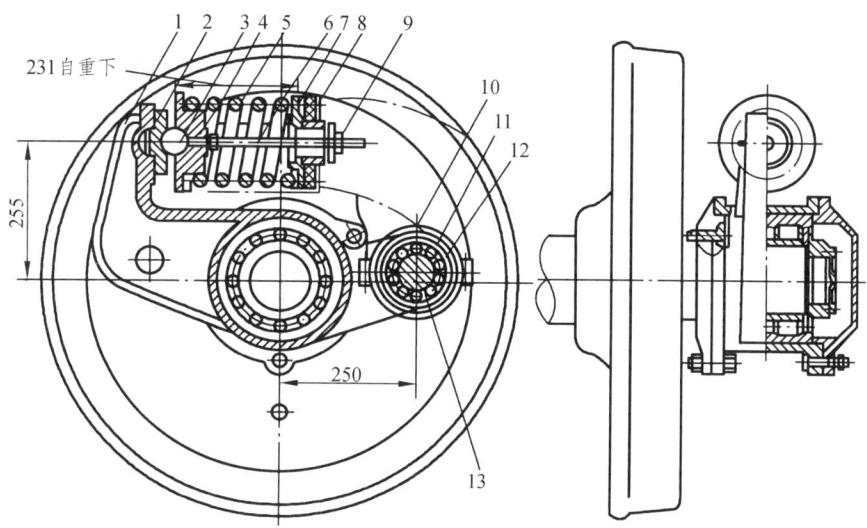

1—轴箱体;2—滚道座;3—钢球;4—弹簧前盖;5—轴箱弹簧;6—螺栓;7—弹簧定位座;
8—橡胶缓冲垫;9—螺母;10—外套;11—硫化橡胶;12—内套;13—心轴。

图 3-74　北京地铁 DK3 型转向架轮对轴箱弹簧装置

2. 转向架构架

转向架构架如图 3-75 所示。构架由两根侧梁和两根横梁组成,在水平面呈 n 字形,各

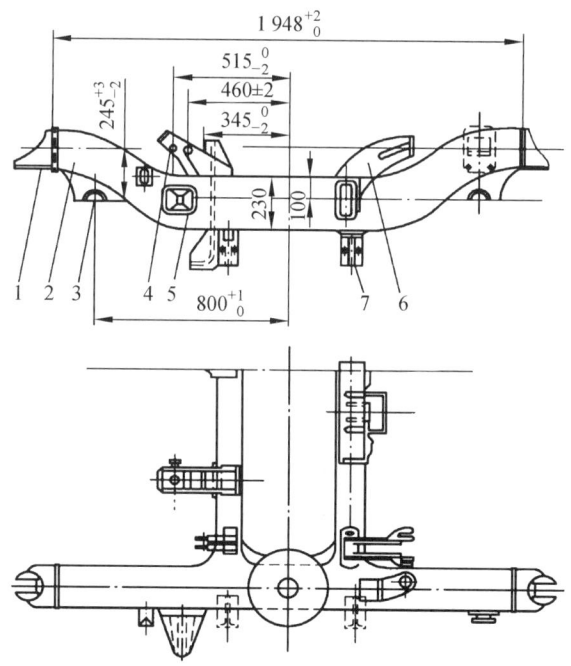

1—轴箱弹簧座;2—构架;3—节点座;4—齿轮箱吊座;5—牵引拉杆座;
6—制动吊座;7—受流器座。

图 3-75　转向架构架

梁均为封闭矩形断面。两根横梁上焊有牵引电动机座、齿轮箱吊座和制动吊座等。两根侧梁是构架的主体梁。在两根侧梁中央上平面各开有一个直径为 60 mm 的空气簧安装孔，侧梁两端各有两个轴箱弹簧安装座，侧梁两端下部各有两个安装轴箱定位装置的半瓦，它应与瓦盖一起锉铣。侧梁上还有牵引拉杆座、制动吊座、受流器座等。为便于铸造和机械加工，各种座、吊座、座板均采用焊接或铸钢结构，组焊于构架各梁上。

3. 摇枕弹簧装置

摇枕弹簧装置如图 3-76 所示。DK3 型转向架摇枕弹簧装置为无摇动台结构，两个自封式自由膜式空气簧直接坐落在构架侧梁上，摇枕坐落在空气簧上，车体通过上下心盘坐落在摇枕上，以此传递着车体垂直载荷。

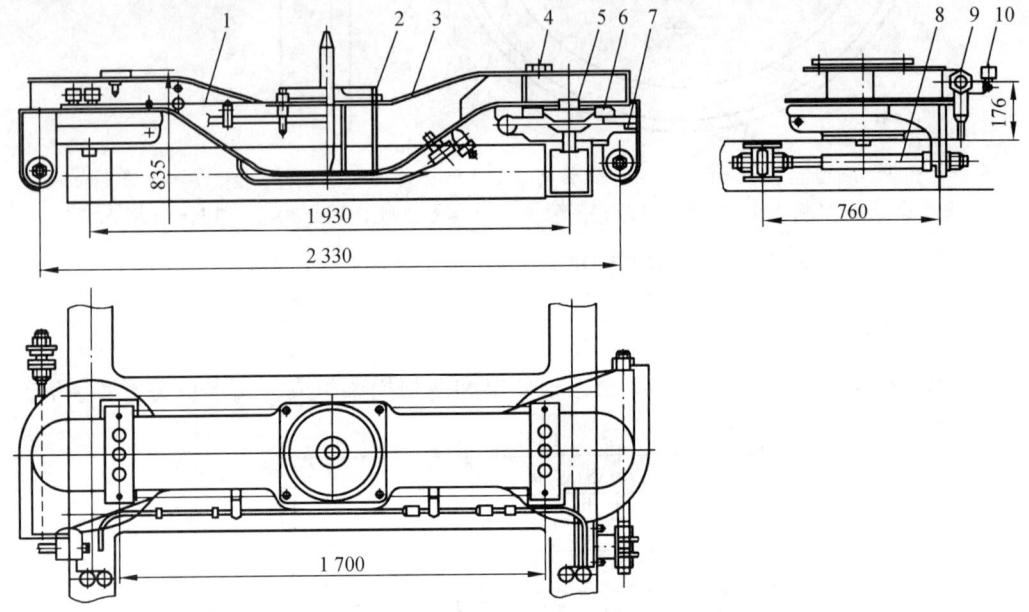

1—摇枕配管；2—下心盘；3—摇枕；4—下旁承摩擦板；5—密封环作；6—橡胶垫；
7—空气弹簧；8—牵引拉杆；9—高度控制装置；10—电磁阀及单向阀组成。

图 3-76 摇枕弹簧装置

空气簧由上盖、下盖、碗形橡胶垫和橡胶囊等组成，如图 3-77 所示。它的主要特点是橡胶囊和下盖之间无螺栓连接，靠橡胶囊内的空气压力自封。橡胶囊变形时不受上下盖的形状约束，故称自由膜式空气簧。利用空气流经节流孔所产生的阻力来衰减垂直振动，故不用设置专门的垂直减振器。由于膜式空气簧具有横向复原力，DK3 型转向架不再设置摇动台。空气簧充气前，上盖落在下盖的碗形橡胶垫上，可避免车体遭受硬性冲击，车辆可以低速运行。

摇枕弹簧装置中设置的高度控制装置可以自动调整空气簧高度，当乘客数量变化时，它能保证地板面高度基本不变。DK3、DK4 型转向架采用电磁式高度调整阀，后来的转向架采用机械式高度调整阀。左右两个空气簧之间设置压差阀，用螺栓固定在摇枕底部。胀差阀的两孔分别与摇枕中分隔的两个附加空气室相通。当转向架任一侧空气簧爆破或压差超过 80 140 kPa 时，压差阀被打开，两侧连通，从而避免车体过分倾斜，保证列车安全运行。摇枕与构架之间装有牵引拉杆用来传递牵引力。

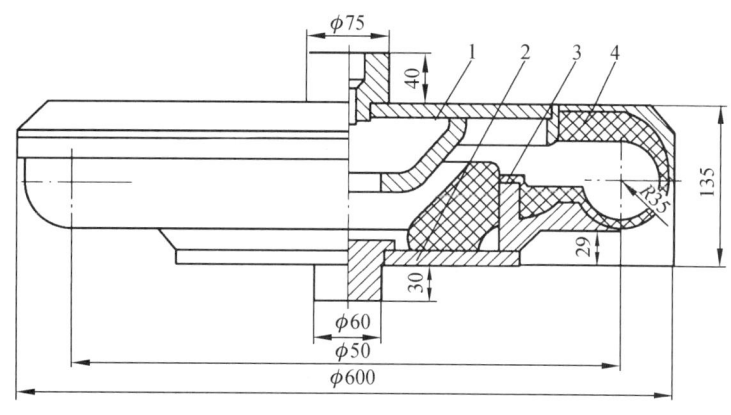

1—上盖；2—下盖；3—碗形橡胶垫；4—橡胶囊。

图 3-77 空气簧

4. 基础制动装置

基础制动装置如图 3-78 所示。基础制动装置采用吊挂式单侧塑料闸瓦踏面制动。有两个直径为 178 mm 的制动缸分别安装在构架侧梁上，每一个制动缸控制转向架一侧车轮的制动。当使用空气制动时，制动缸推动水平杠杆、移动杠杆及两轮之间的水平下推杆，使移动杠杆中部的塑料闸瓦压紧相应的车轮，起制动作用。转向架制动倍率为 5.8；制动缸行程为 70~90 mm，它可用下推杆的螺母进行调整。闸瓦托上设有横向挡，用来限制塑料闸瓦横向移动，保证闸瓦与踏面正常接触，使磨耗均匀。

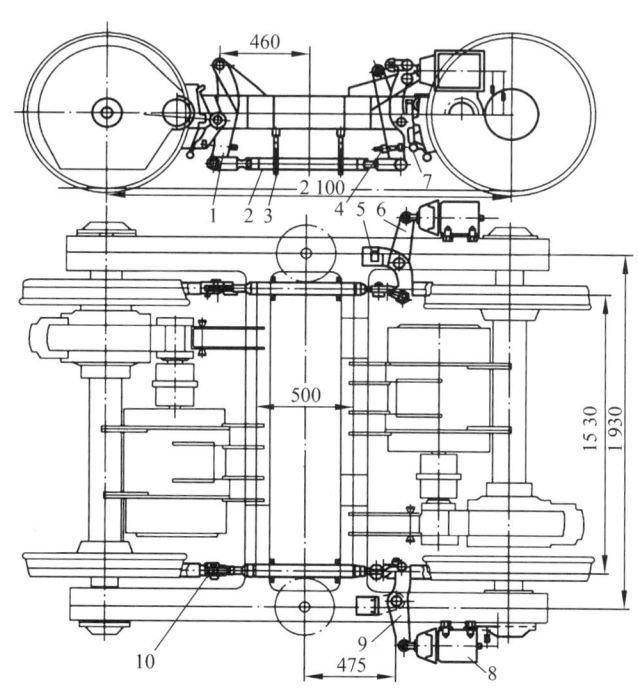

1—固定拉杆；2—下推杆；3—安全吊；4、5—移动杠杆座；6—水平杠杆；7—闸瓦及吊；8—闸缸；9—水平杠杆；10—固定杠杆。

图 3-78 基础制动装置

5. 驱动装置

驱动装置如图 3-79 所示。每台转向架配置两台牵引电动机，电动机与轮对平行，用 3 枚 M27 螺栓紧固在构架横梁的电动机吊座上。牵引电动机通过齿式联轴器、齿轮减速箱将扭矩传给轮对。

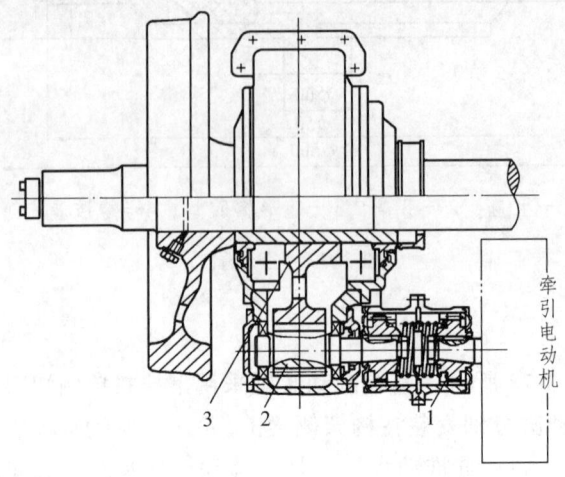

1—齿式联轴器；2—主动齿轮；3—被动齿轮。

图 3-79 驱动装置

齿式联轴器由两个半联轴器、两个齿轮套及两个弹簧等组成。齿轮减速箱采用圆柱斜齿轮传动及迷宫式密封装置。减速箱体为分箱式铸钢结构。箱体内放有一定量的润滑油，箱体上还设有油针、放油堵、检查盖、透气塞等，如图 3-80 所示。减速箱悬吊装置将减速箱体一端弹性地吊挂在构架横梁的齿轮箱吊座上，吊杆下部设有球面关节轴承。

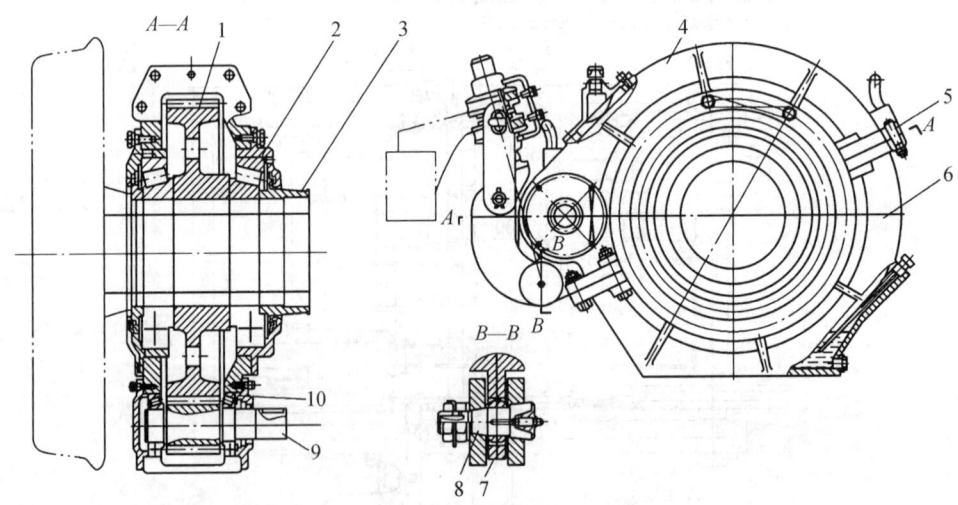

1—被动齿轮；2—7244 轴承；3—集电环；4—上箱体；5—定位销；6—下箱体；
7—关节轴承；8—销轴；9—主动齿轮；10—7215 轴承。

图 3-80 齿轮减速箱

3.8.2 天津滨海快速轨道交通车辆转向架

天津滨海快速轨道交通车辆动车转向架如图 3-81 所示。

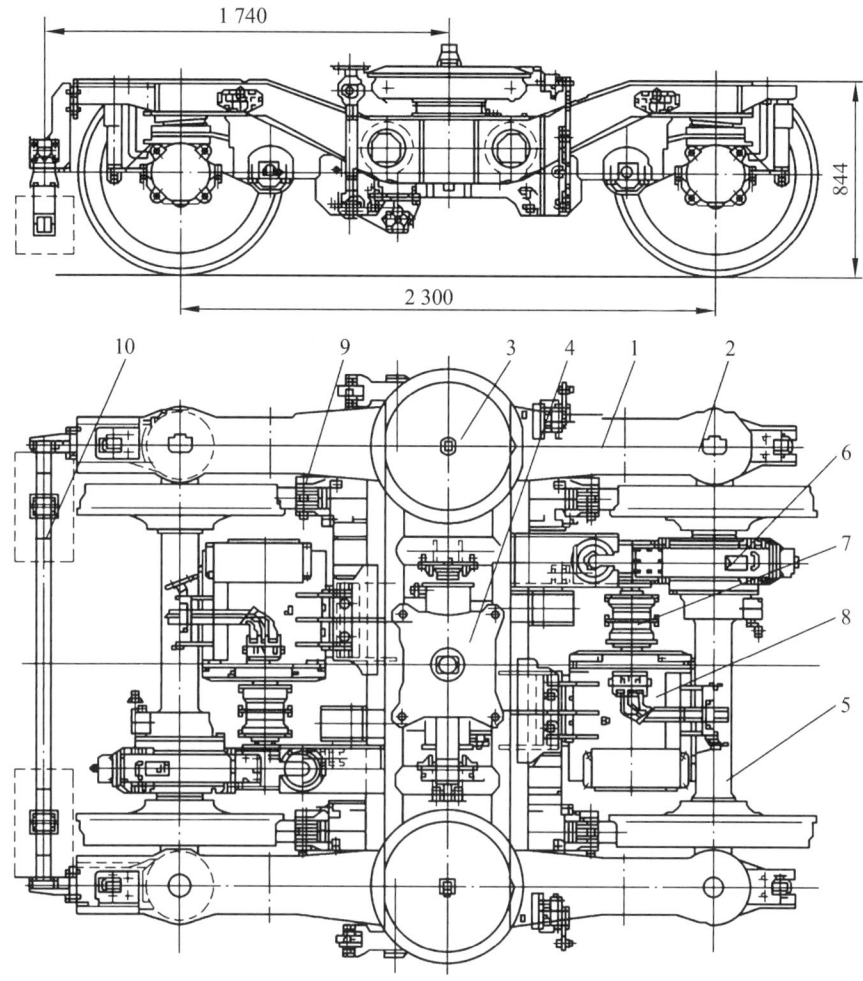

1—转向架构架；2—系悬挂装置；3—二系悬挂装置；4—牵引装置；5—轮对；6—齿轮减速箱；
7—齿式联轴器；8—牵引电动机；9—基础制动装置；10—ATP 安装梁。

图 3-81 动车转向架

1. 构 架

构架分为动车转向架构架（见图 3-82）和拖车转向架构架，它们的主要结构相同，属于 H 形构架，都是钢板焊接结构的箱形侧梁、与侧梁相贯通的无缝钢管作横梁，且尺寸一致。主要区别在于所安装的设备不同，如动车构架带有电动机吊座、齿轮箱吊台等。为降低构架质量，简化结构，采取如下措施：

（1）横梁用无缝钢管制成。
（2）侧梁作空气簧附加气室。
（3）侧梁和无缝钢管焊接处用环形加强板。

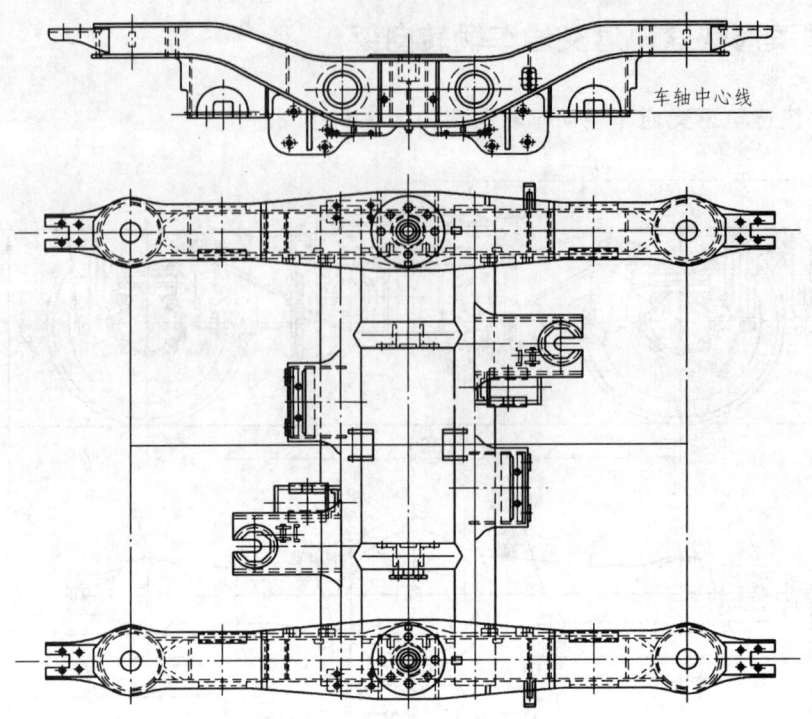

图 3-82 动车转向架构架

2. 二系悬挂装置和牵引装置

（1）二系悬挂装置如图 3-83 所示，主要包括空气簧、高度调整阀、压差阀、抗侧滚扭杆等。

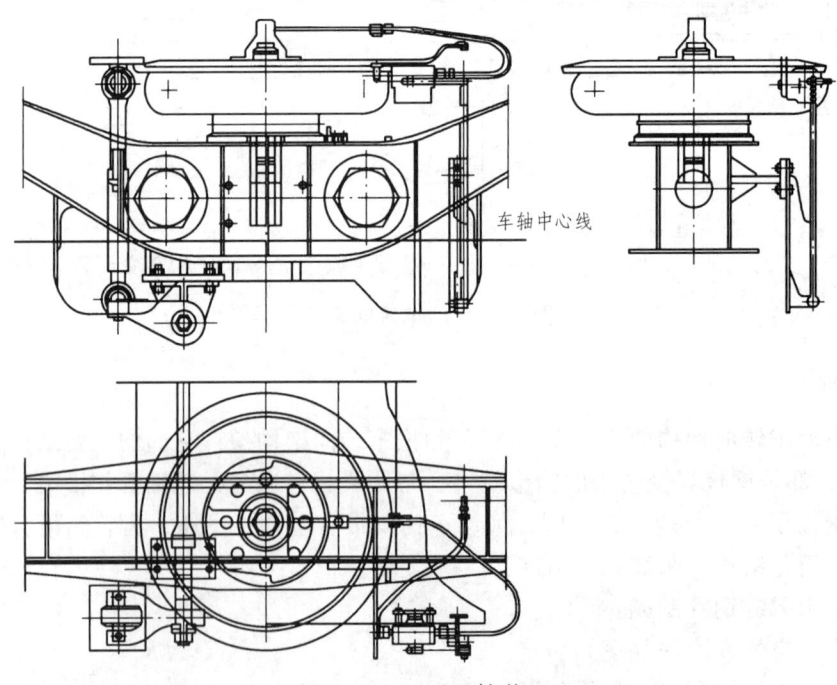

图 3-83 二系悬挂装置

① 空气簧。

为了改善车辆的乘坐舒适性和通过曲线的性能，天津滨海快速轨道交通车辆采用了低横向刚度的新结构空气簧，能缓和车体的垂向和横向振动。构架侧梁内腔作空气簧的附加气室，空气簧的下部通风口与附加空气室连接，上部进风口与车体上的空气簧充气管路连接。空气簧气囊与附加气室设有节流孔，对车体的垂向振动起到衰减作用，因此二系不需要加装垂直油压减振器。

气囊下部的叠层橡胶堆可以减小车辆通过曲线时气囊的载荷。当空气簧内无空气压力时，橡胶堆能起到一定的垂直减振作用，保证车辆安全行驶（需要限速）。空气簧的正常工作高度为（200±2）mm，其高度是通过测量车体底架的工艺块下平面（与空气簧上平面共面）与构架的工艺块之间的距离来确定。

② 高度调整阀。

在每辆车的转向架和车体之间安装 4 个高度阀，调节空气簧的充气、排气。高度阀用来检测车体与转向架之间由于乘客负载引起的高度变化，使车辆地板面与站台面保持高度一致。它不能用于补偿车轮和转向架等零件的磨损引起的车辆高度变化。高度阀误差带为±5 mm。

③ 压差阀。

当一个空气簧失压时，两空气簧内部的压差达到限度时，压差阀就会发生动作，将两个附加空气室导通，使另一个空气簧也同时卸压防止车辆倾翻。

④ 抗侧滚扭杆（见图 3-84、图 3-85）。

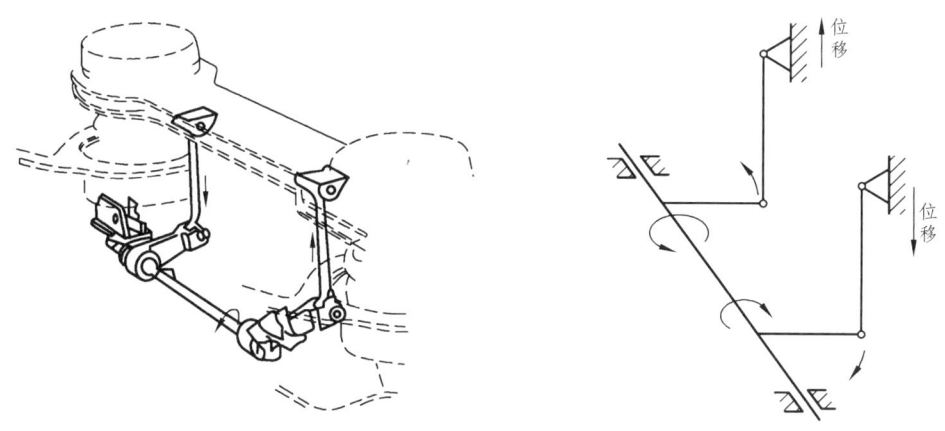

图 3-84　抗侧滚扭杆装置示意图

抗侧滚扭杆横向贯穿转向架，扭杆臂上端与车体联结，在构架的下方靠近枕梁外侧有其安装座。该装置能抑制车辆的侧滚，对车辆的垂向、横摆、点头、摇头及沉浮等振动不产生影响。

（2）牵引装置簧、牵引梁、牵引装置包括横向止档、中心销、复合弹牵引拉杆、横向减振器等。中心销的上端通过定位脐和 4 个螺栓固定在车体的枕梁中心，下端插入牵引梁内，通过复合弹簧将中心销与牵引梁结合在一起，牵引梁和构架之间通过两个呈"Z"布置的牵引拉杆连接。复合弹簧是由钢圆弹簧和橡胶硫化在一起，通过挤压复合弹簧，消除中心销、复合弹簧、牵引梁之间的间隙，实现无间隙牵引，复合弹簧的橡胶变形还可以满足车体和转向架之间的相对转动，从而消除磨耗。

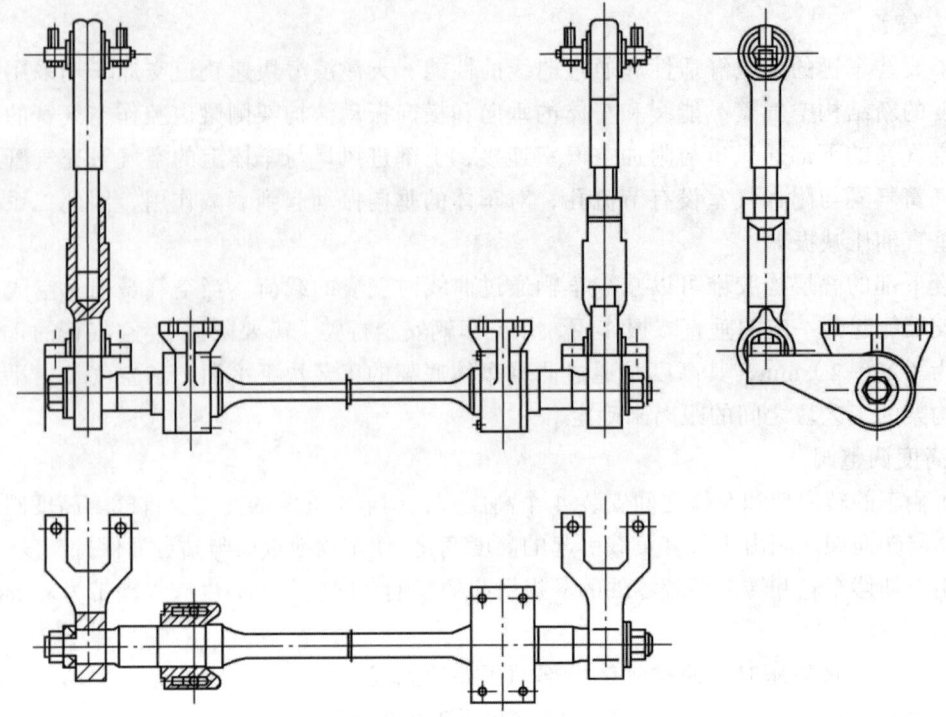

图 3-85 抗侧滚扭杆组成

① 横向止挡。为适应于低横向刚度的空气簧,横向止挡采用柔性横向缓冲器,能有效地抑制车辆的横向振动。横向止挡的特性曲线如图 3-86 所示。

② 牵引梁。牵引梁通过两根拉杆悬挂在构架。

③ 牵引拉杆。每台转向架使用两个呈 "Z" 布置的牵引拉杆。它的两端为弹性橡胶节点。牵引拉杆的一端与构架相连,另一端与牵引梁相连。

④ 横向减振器。在车辆发生横向振动时,横向减振器会施加适当的阻尼力来改善车辆的横向特性。

⑤ 整车起吊功能。在牵引梁和构架之间设有垂向止挡,在一系设有安全吊。车辆起吊时,转向架连同轮对也一同被吊起。

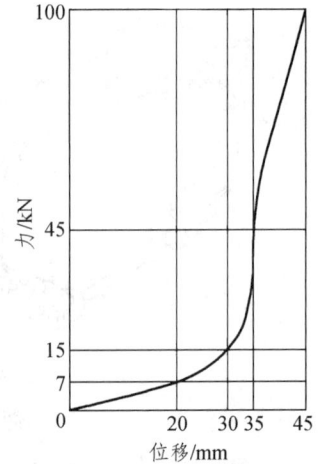

图 3-86 横向止挡的特性曲线

⑥ 车轮踏面磨耗时车体高度的调整。车轮经过维修后需要对车辆的地板面高度重新调整,主要通过增加调整垫来实现:在空气簧和构架上的空气簧座之间加调整垫;安装调整垫后,缝隙处须添密封胶,以免雨水渗入而引起空气簧座生锈;在中心销与车体枕梁之间加调整垫。

3. 一系悬挂装置

一系悬挂装置主要部件有转臂节点装置、轴箱弹簧、垂向减振器、安全吊等,如图 3-87 所示。

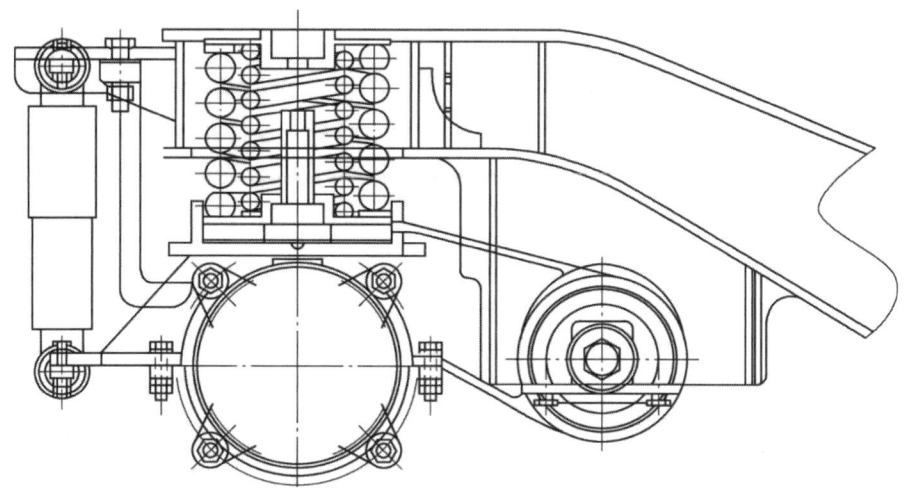

图 3-87 一系悬挂装置

一系悬挂采用双圈螺旋弹簧、转臂式轴箱定位，加装垂向减振器。安全吊在转向架整车起吊时，连接一系簧下部分将转向架整体起落，保护垂向减振器不受损坏。

4. 轴箱和轴承

轴箱主要由箱体、前盖、轴端压板、防尘挡圈和密封垫等组成，圆柱滚子轴承安装在轴箱内。轴箱结构组成根据所安装的设备不同有 4 种（见图 3-88）：普通轴箱组成、安装 ATP 测速电机的轴箱组成（ATP）、安装防滑测速装置的轴箱组成（防滑）、安装接地回流的轴箱组成（接地）。动、拖车的每根轴都安有防滑装置。

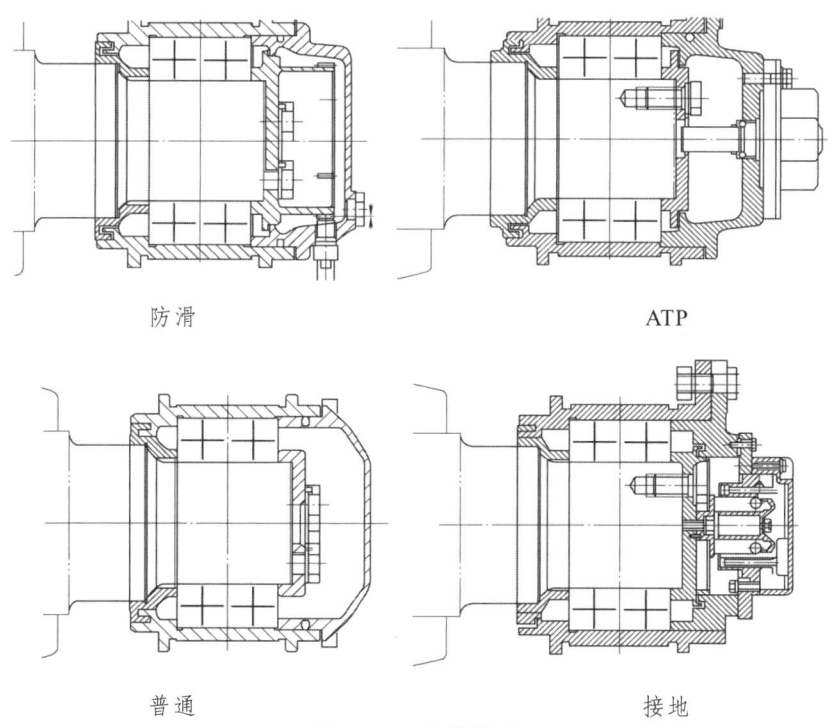

防滑　　　　　　　　　　　ATP

普通　　　　　　　　　　　接地

图 3-88 轴箱组成

5. 轮 对

车轮采用整体辗钢车轮，LM 磨耗形踏面，踏面硬度 256~310 HB，车轮直径是 840+100 mm，其主要目的是保证车轮具有 70 mm 的维修量，保证车轮的使用寿命。4 个车轮为一组，同一转向架的轮径之差不大于 0.5 mm，同一辆车的轮径之差不大于 2 mm，在车轮上钻有一注油孔，在注油压装完成后，在注油孔加注油螺堵，以防污物进入孔内。

对于动车轮对须在动车轴上热装传动齿轮的全套零、部件之后，再注油压装车轮。

6. 基础制动装置

基础制动装置采用单侧踏面单元制动缸。每台转向架设有 4 个单元制动缸，分为两个具有停放功能的单元制动缸和两个不具有停放功能的单元制动缸，使用高磨地铁闸瓦。单元制动缸对闸瓦间隙能自动调整，还设有手动复原装置，通过手动复原装置也可以调整车轮及闸瓦间的间隙使制动闸瓦和车轮踏面之间的距离保持在 5~10 mm。

7. ATP 安装梁

如图 3-89 所示，ATP 安装梁仅安装在动车车辆的一位端转向架，通过螺栓固定，在空载状态下，通过加调整垫调整 ATP 下端面距轨面的高度。

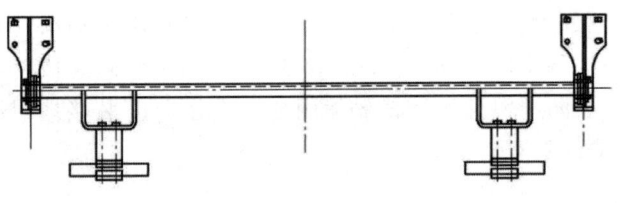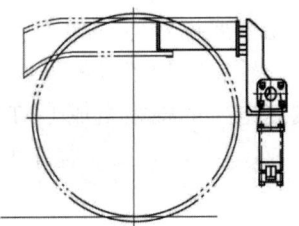

图 3-89 ATP 安装梁

8. 驱动装置

驱动装置安装于动车转向架上，它包括齿轮减速箱、交流电动机、齿式联轴器，如图 3-90 所示。

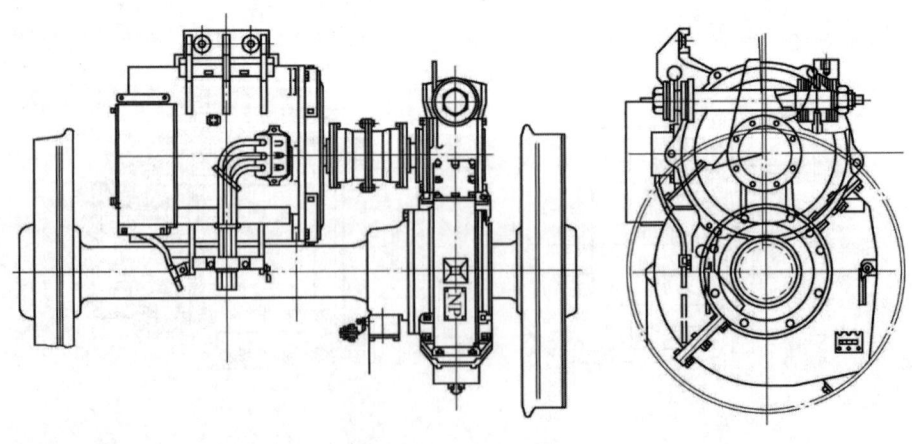

图 3-90 驱动装置

3.8.3　上海、广州地铁 1 号线电动客车转向架

上海、广州地铁 1 号线电动客车转向架均是德国 DueWag 公司制造的无摇枕空气簧转向架，结构基本相同，与其相似的还有上海地铁 2 号线及新加坡地铁的转向架。每辆车装有两台转向架，转向架分为动车转向架和拖车转向架两种，两者的主要区别是前者装有两套驱动装置，如图 3-91 所示。

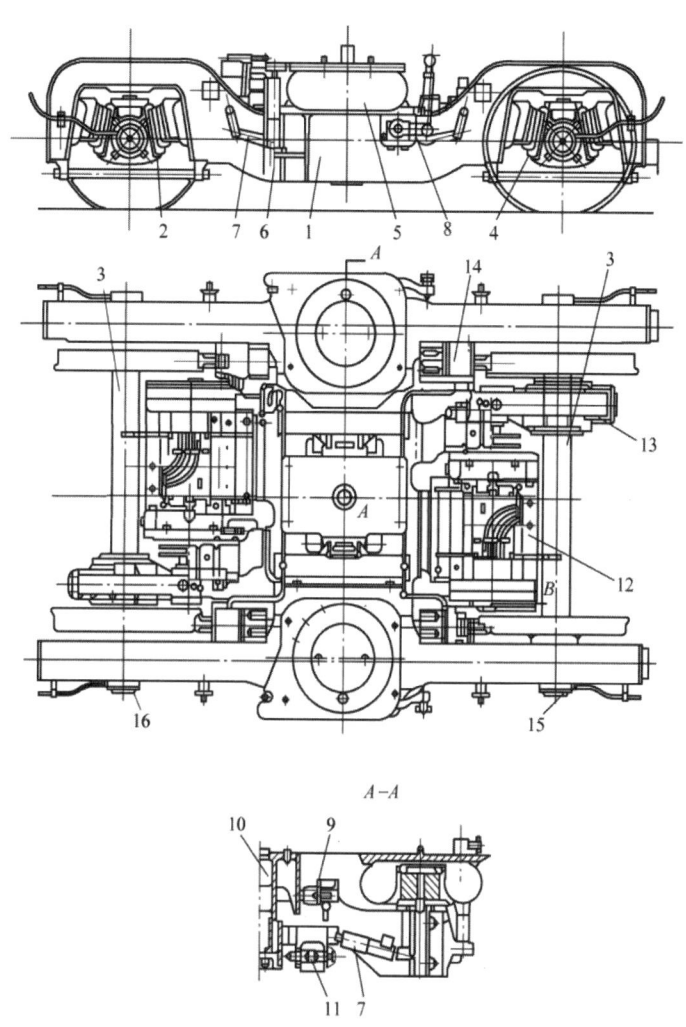

1—构架；2—轴箱装置；3—轮对；4—叠层橡胶弹簧；5—空气簧和弹性元件；6—垂向油压减振器；7—横向液压减振器；8—抗侧滚扭杆；9—横向橡胶缓冲挡；10—中心销；11—形拉杆；12—牵引电动机；13—齿轮减速箱；14—基础制动装置；15—速度传感器；16—接地装置。

图 3-91　上海地铁动车转向架

1. 构　架

构架如图 3-92 所示，由钢板压制成形、经焊接而成，在水平面呈"Ⅱ"字形，其侧梁和横梁为封闭箱形结构。两侧梁的两端设有导框 4，用来安装八字形叠层橡胶弹簧；侧梁中

部设有空气簧安装座 8。两横梁 3 的中部设有牵引电动机安装座 9 和齿轮箱吊座 11；横梁的下部设有牵引拉杆安装座。构架上还设有连接抗侧滚扭杆、自动高度调整阀及单元制动机等部件的安装座。

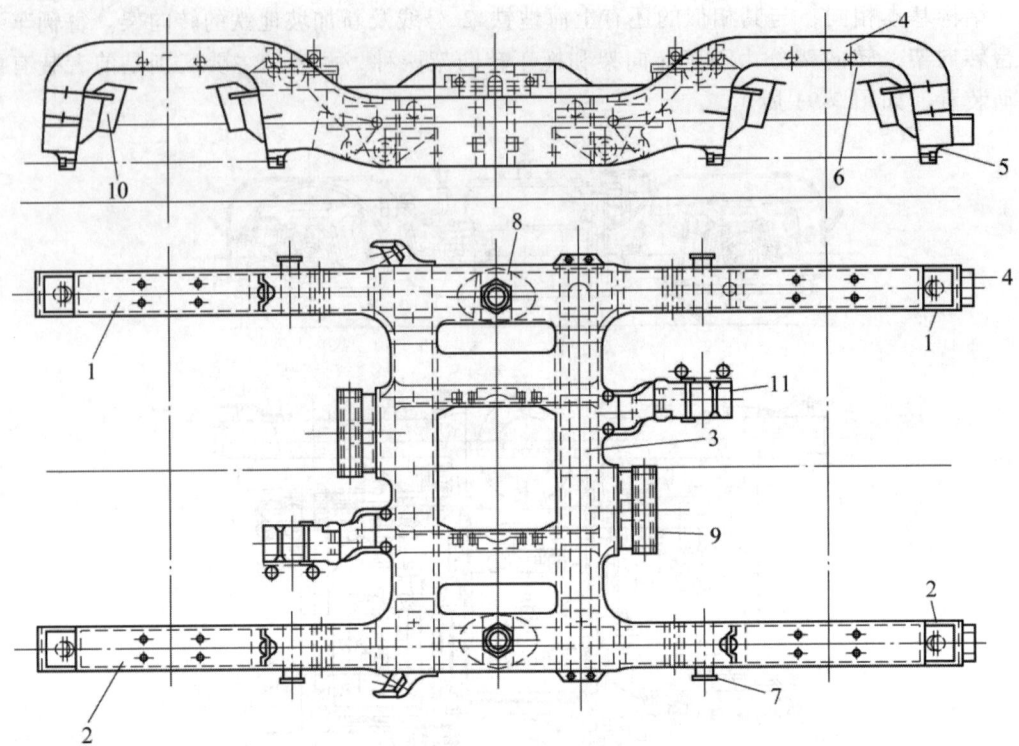

1、2—侧梁；3—横梁；4—导框；5—轴箱拉杆座；6—轴箱圆弹簧安装座；7—起吊座；8—空气簧安装座；9—牵引电动机安装座；10—轴箱橡胶减振器安装座；11—齿轮箱吊座。

图 3-92 构架

2. 轮对轴箱装置

轮对由整体辗钢轮和车轴压装而成，车轮滚动圆直径为 840 mm，允许磨耗最小直径为 770 mm。动车转向架轴身上装有齿轮减速箱 13，将牵引电动机的扭矩传递给轮对，牵引车辆沿轨道运行。

轮对两端装有轴箱装置，采用 SKF 双排单列圆柱滚子轴承，轴箱体为铝制品。轴箱装置的作用是将轮对和构架联系在一起，使轮对沿钢轨的滚动转化为车体沿线路的平动，并把车辆的重力以及各种载荷传递给轮对，保证良好的润滑性能，减少磨耗，降低运行阻力，防止燃轴。在轴箱盖上还装有速度传感器 15 和接地装置 16 等。

3. 弹簧减振装置

弹簧减振装置包括一系悬挂（八字形叠层橡胶弹簧）、二系悬挂（空气簧）、垂向液压减振器、横向液压减振器、抗侧滚扭杆及横向橡胶缓冲挡等。

八字形叠层橡胶弹簧 4 安装在轮对轴箱和构架之间，它是由多层橡胶和钢板经硫化而制成的弹性元件。根据八字形的倾角和橡胶的层数，可达到所要求的轴箱弹簧的静挠度，并且能做到保证轴箱和构架之间在纵向和横向不同定位刚度的要求。

在车体和构架之间装有空气簧和叠层橡胶堆组合而成的弹性元件，它起着传递载荷、减振、消音等作用。当空气簧失效时，叠层橡胶堆还起着应急、保障车辆低速安全运行的要求。在车体和构架之间还装有垂向油压减振器和横向油压减振器，分别用来衰减车辆垂向和横向振动。

为了保证车辆地板面距轨面的高度不受乘客多少的影响，在车体和构架之间装有自动高度调整阀，它调节空气簧橡胶囊内的压缩空气（充气、排气或保持压力），使车辆地板面不受车内乘客多少和分布不均的影响，始终保持水平，并和轨面保持规定的距离。

为了衰减车辆的侧滚振动，在构架的横梁中横穿有一根抗侧滚扭杆，两端装有力臂杆和连杆，并与车体连接。当车体发生侧滚振动、向一侧倾斜时，在转向架两侧的两力臂杆端部作用有一力偶，使抗侧滚扭杆产生扭转变形，扭杆的抗扭刚度对车体的侧滚振动起着抑制和衰减作用。

为了限制车体和构架之间的横向位移，在构架横梁中部的上方与中心销座之间装有横向橡胶缓冲挡。

4. 牵引装置

牵引装置位于转向架中部，起着连接车体和转向架的作用。在车辆经过曲线时彼此可作少许转动，并能有效地传递纵向力（牵引力和制动力），其结构如图3-93所示。它由中心销1、中心销座2、复合弹簧3、牵引梁4、牵引拉杆6等组成。

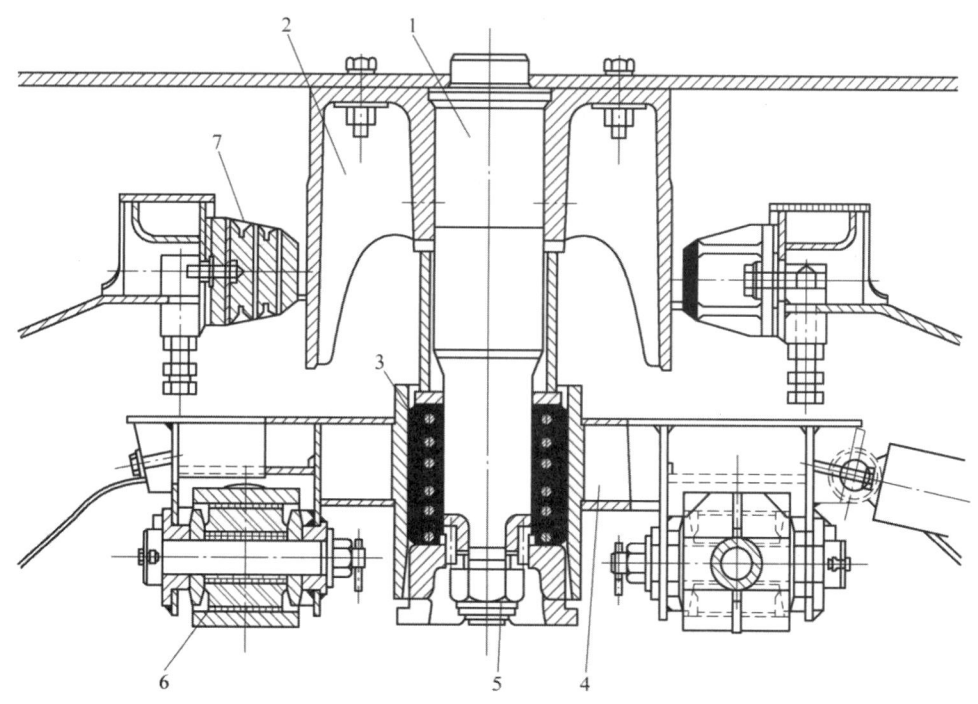

1—中心销；2—中心销座；3—复合弹簧；4—牵引梁；5—螺母；
6—牵引拉杆；7—横向橡胶止挡。

图3-93 牵引装置

对中心销采用过盈配合，压装在中心销座上。中心销座通过螺栓固定在车体底架上，中心销与牵引梁之间设有复合弹簧。相对中心销呈斜对称布置有两根牵引拉杆，其一端与牵引梁相连，另一端与构架相连，牵引拉杆接头设有橡胶弹性缓冲套。为了限制车体与转向架之间的横向位移，在中心销座与构架之间装有横向橡胶止挡，每侧自由间隙为 10 mm。

5. 基础制动装置

基础制动装置采用德国克诺尔制动机公司生产的 PC7Y 型和 PC7YF 型踏面单元制动器，制动传动效率高，如图 3-94 所示闸瓦为合成材料，质量轻、耐磨耗。该踏面单元制动器带有闸瓦间隙调整器，可以自动调整闸瓦间隙，使制动缸活塞行程始终保持在规定范围内，空气消耗量稳定。闸瓦更换后，一般不需要再调节行程，即可进行下一次制动。其中，PC7YF 型踏面单元制动器集停车制动的弹簧制动器与单元制动器于一体，结构紧凑、维修方便，并带有手动辅助缓解装置。

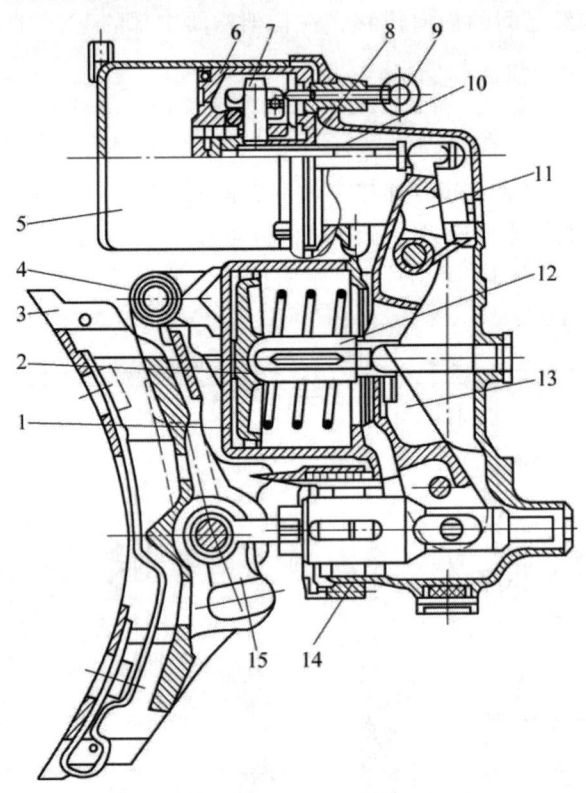

1—制动缸；2—制动活塞；3—闸瓦托；4—缓解活塞；5—缓解风缸；6—活塞；7—弹簧；8—螺纹套筒；9—缓解拉环；10—活塞杆；11、12—制动杠杆；13—活塞；14—瓦间隙调；15—闸瓦托吊节。

图 3-94 基础制动装置（PC7YF 型踏面单元制动器）

6. 传动装置

每台动车转向架装有两台牵引电动机，电动机平行于车轴吊挂在构架横梁的电动机吊座上，并用螺栓紧固。每一根车轴均装有单级齿轮减速箱，电动机轴经弹性联轴器与齿轮减速箱的小齿轮相连，减速后驱动轮对。

为了减少轮轨磨耗,广州地铁在第一列车和第五列车的前后轮对上分别装有一套轮缘润滑装置,利用压缩空气将润滑油从喷嘴喷射到轮缘上,从而使钢轨和轮缘之间的磨耗得到改善。

南京地铁车辆的走行部由两台轴承外置式的无摇枕转向架组成二转向架,其主要由构架、轮对和轴箱、驱动装置(仅限动车转向架)、减振装置、中央牵引装置、基础制动装置和其他辅助装置组成。在南京地铁列车的下面安装了 12 个转向架,其中 8 个动力转向架和 4 个拖车转向架。

这些转向架有以下标识:PBW——动力转向架,配备 WSP——车轮轮缘润滑器;PB——动力转向架,如图 3-95 所示;TBEX——先行拖车转向架,如图 3-96 所示;TBIN——中间拖车转向架,如图 3-97 所示。

对于六节车厢的结构,转向架的位置如表 3-3 所示,转向架主要技术参数如表 3-4 所示。

表 3-3 六节车厢的转向架配置

TBEX	PBW	PBW	PB	PB	TBIN
TBIN	PB	PB	PBW	PBW	TBIN

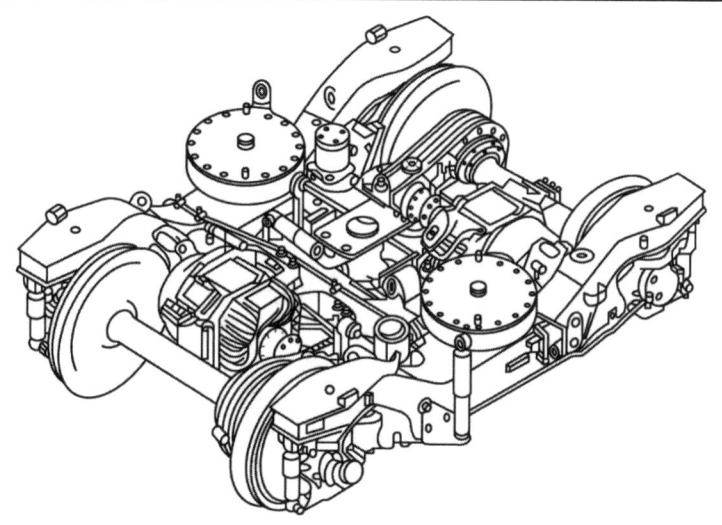

图 3-95 动力转向架(PB)

表 3-4 转向架主要技术参数

轴数	2
固定轴距/mm	2 500
中心距/mm	15 700
轮对内侧距/mm	1 353
动车转向架和拖车转向架长/mm	3 400(不包含特殊装置)
动车转向架和拖车转向架宽/mm	2 590
车轮直径/mm	新轮 840
磨耗到限轮/mm	770

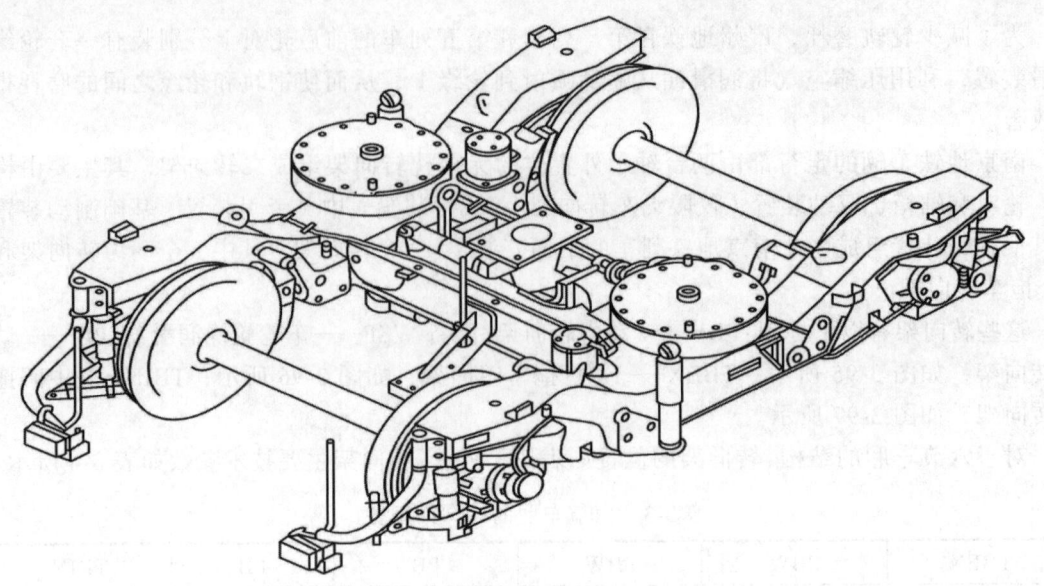

图 3-96 先行拖车转向架（TBEX）

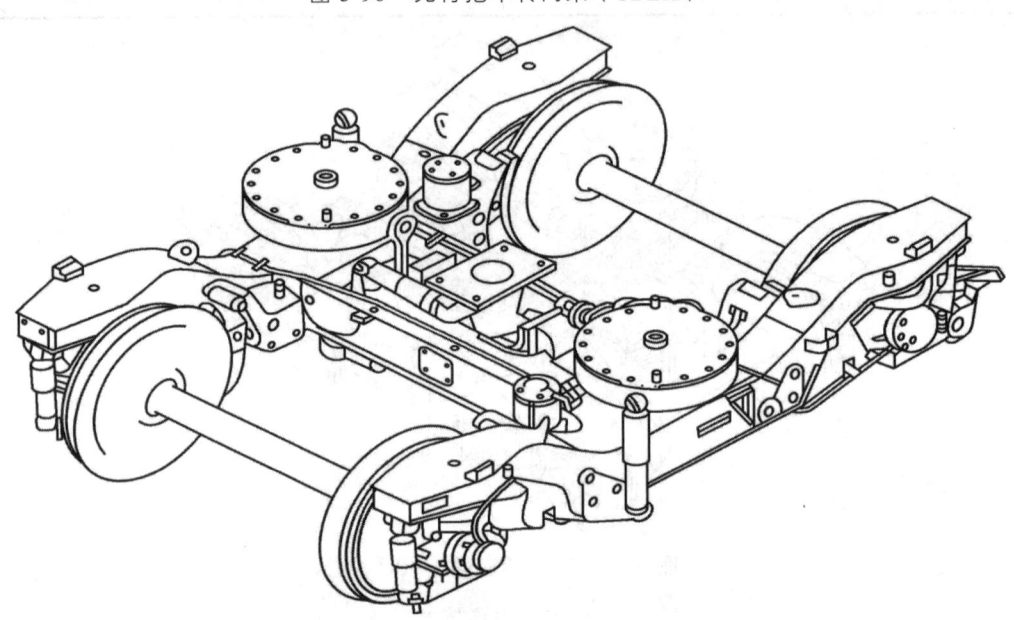

图 3-97 中间拖车转向架（TBIN）

3.9 小　结

　　城市轨道交通车辆的转向架主要由构架、轮对轴箱装置、弹性悬挂装置、基础制动装置、牵引电机与齿轮变速传动装置和中央牵引连接装置等部件组成。本章分别对构架、轮对轴箱装置、弹簧装置及减振器、牵引连接装置、传动装置、的相关结构、部件的位置、功能和工作原理进行了介绍。最后，介绍了国内主要城市的地铁及轻轨车辆转向架结构。

复习思考题

（1）简述城市轨道交通车辆转向架的组成部分及其作用。
（2）简述城市轨道交通车辆的车轮踏面呈锥形的原因。
（3）解释一系悬挂与二系悬挂。
（4）简述高度控制阀如何保持车体距轨面的高度不变。
（5）简述空心轴传动装置的结构与特点。
（6）简述轴箱结构与作用。

4 车辆连接装置

4.1 车钩缓冲装置简介

车钩缓冲装置的作用是供车辆编组连接成列,同时传递牵引力,缓和纵向冲击力(如起动、制动等)。在车钩连接的同时,两车的风路(制动及开关车门用高压空气通路)、电路一并连接。车辆连挂时,两车的制动主管和总风缸连通管自动接通,并将制动主管上的塞门自动打开。同时各车之间的控制线路自动接通(也有手动接通控制线路)。如图4-1所示分别是车钩缓冲装置3D模型图和实际安装的车钩缓冲装置。

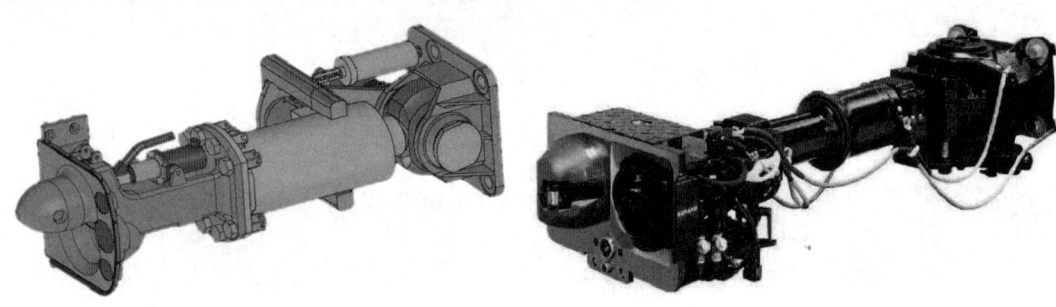

(a) 车钩缓冲装置3D模型　　　　　(b) 车钩缓冲装置实际模型

图 4-1　车钩缓冲装置

4.1.1 车钩缓冲装置的作用

车钩缓冲装置是车辆最基本的部件,也是最重要的部件之一。它是用来连接列车中各车辆使之彼此保持一定的距离,并且传递和缓和列车在运行中或在调车时产生的纵向力过冲击力的装置。

如果上述的作用是由同一装置来承担的,那么该装置称为牵引缓冲装置。如果它们分别由不同的装置来承担,则分别称为牵引连挂装置和缓冲装置。牵引连挂装置用来保证车辆和车辆的彼此连接,并且传递和缓和纵向力;缓冲装置用来传递和缓和压缩力,并且使车辆彼此之间保持一定的距离。

4.1.2 车钩连挂装置的分类

按照车辆牵引连接装置的连接方法不同,可分为非自动车钩和自动车钩。非自动车钩要由人工来完成车辆的连接，而自动车钩则不需要人参与就能实现连接。

根据两连接车钩间是否有垂直位移，车钩可分为刚性车钩和非刚性车钩。

非刚性车钩如图 4-2（a）所示，允许两个相连接的车钩钩体在垂直方向上有相对位移。当两个车钩的纵轴线存在高度差时，两个车钩呈阶梯形状，并且各自保持水平位置，由于钩体的尾端相当于销接，这就保证了车钩在水平面内的位移。非刚性车钩较普遍地应用于一般铁路客车、货车上。

刚性车钩如图 4-2（b）所示，也称为密接式车钩，它的连接不允许两连挂车钩存在相对位移，而且对前后的间隙要求应限制在很小的范围之内。如果在车辆连挂之前两车钩的纵向轴线高度已有偏差，那么在连挂后，两车钩的轴线处在同一条直线上并呈倾斜状态。两钩体之间完全销接，这就能保证两连挂车辆之间可以具有相对的平移和角位移。

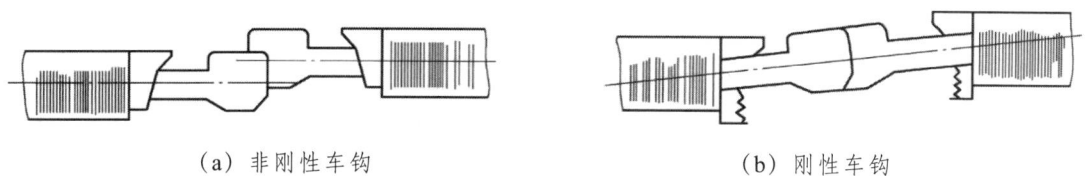

（a）非刚性车钩　　　　　　　　（b）刚性车钩

图 4-2　非刚性车钩与刚性车钩

刚性车钩与非刚性车钩相比有如下优点：

（1）减小了两个车钩连接表面之间的间隙，从而也降低了列车中的纵向力，提高了列车运行的平稳性。

（2）由于车钩零件的位移减小了，并且在这些零件上作用的力也减小了，因此改善了自动车钩内部零件的工作条件。

（3）减小了车钩连接表面的磨耗。

（4）减小了由于两连挂车钩相互冲击而产生的噪声，这对于城市轨道车辆和客车尤为重要。

（5）避免在意外撞车事故时，发生一个车辆爬到另一个车辆上的危险。

非刚性车钩与刚性车钩相比有如下优点：

（1）简化了两车钩纵向中心线高度偏差较大的车辆相互连挂的条件（例如，不同类型的车辆，车轮及其他部件磨耗程度不同的车辆，以及空车和重车）。

（2）车钩强度大。

（3）不需要复杂的钩尾销连接结构和复杂的对心装置。

（4）车钩钩体的结构和铸造工艺较为简单。

以上这些特点决定了刚性车钩主要用于城轨车辆以及高速动车组上。我国地铁车辆普遍采用了密接式车钩。

4.2　车　钩

城轨车辆用车钩基本上可分为自动车钩、半自动钩和永久性牵引杆 3 种。

4.2.1 自动车钩

自动车钩位于列车端部，其电气和风路连接装置都组装在钩头。当车辆连挂时，车钩的机械、风路、电路系统都能自动连接；解钩时，可在驾驶室控制自动解钩或采用手动解钩。解钩后车钩即处于待挂状态；电气连接器通过盖板自动关闭，以防止水和尘土进入；主风针连接器也自动关闭，防止压缩空气泄漏。

我国城轨车辆用自动车钩主要有两种：一种是国产密接式车钩，采用半圆形钩舌；另一种是 Scharfenberg 式自动车钩，采用拉杆式连接结构。

1. 国产密接式车钩缓冲装置（见图 4-3 和图 4-4）

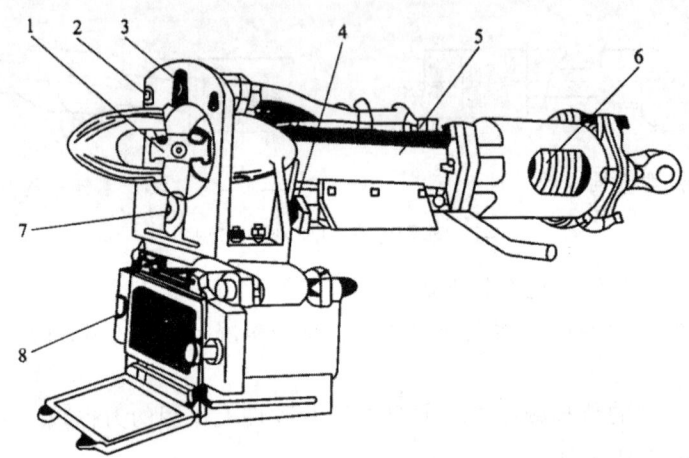

1—钩舌；2—解钩风管连接器；3—总风管连接器；4—截断塞门；5—钩身；
6—缓冲器；7—制动风管连接器；8—电气连接器。

图 4-3 国产密接式车钩缓冲装置

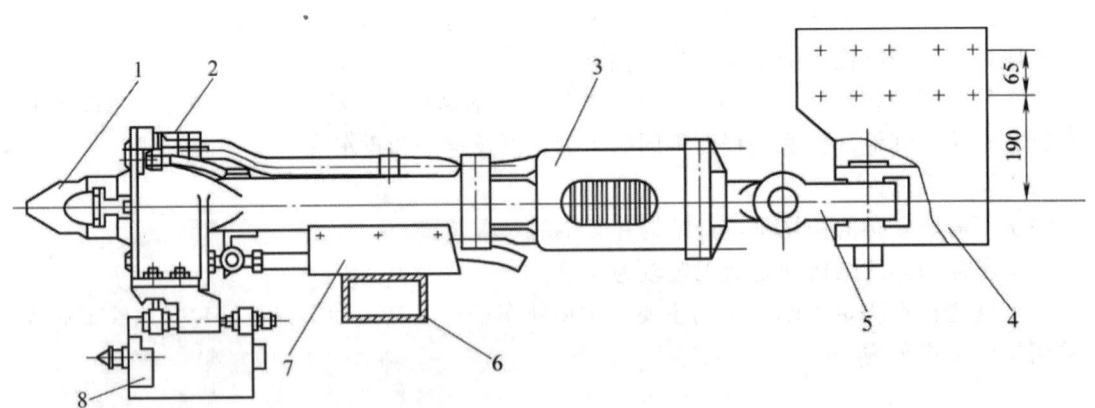

1—密接式车钩钩头；2—风管连接器；3—橡胶金属片式缓冲器；4—冲击座；5—十字头；
6—托梁；7—磨耗板；8—电气连接器。

图 4-4 国产密接式车钩缓冲装置

国产密接式车钩的具体工作过程（即作用原理）包括以下 3 个方面，如图 4-5 所示。

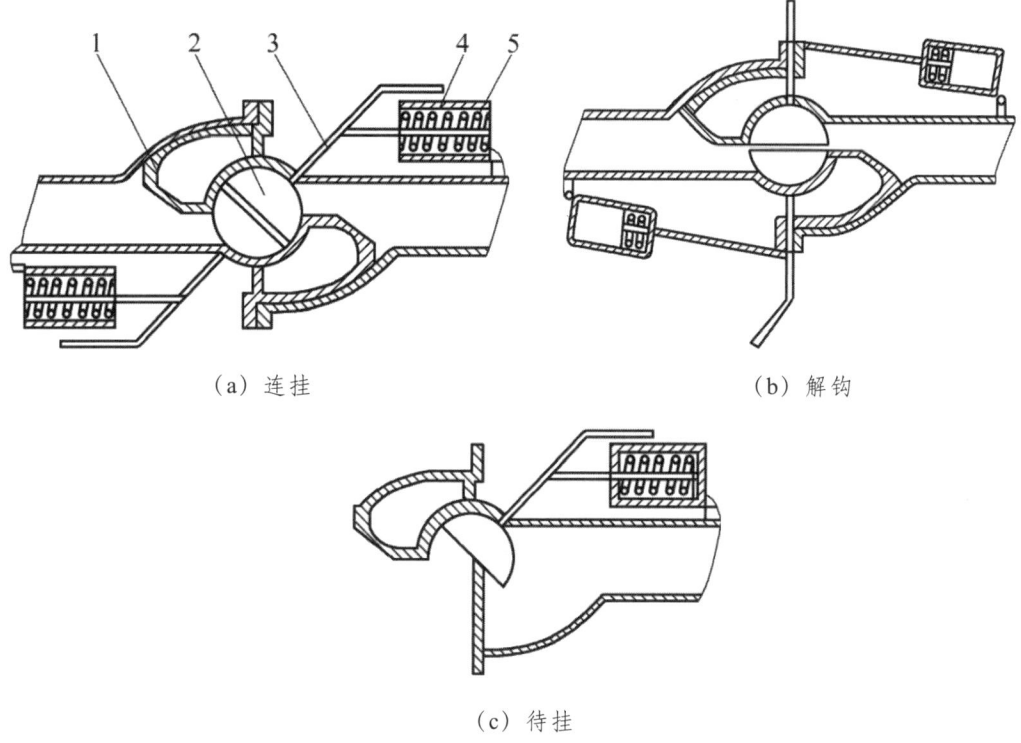

(a) 连挂　　　　　　　　　　　(b) 解钩

(c) 待挂

1—钩头；2—钩舌；3—解钩杆；4—弹簧；5—解钩风缸。

图 4-5　密接式车钩内部结构与作用原理

（1）连挂状态。

两钩连挂整备过程：首先钩头插进对方车钩相应的凹锥孔中［见图 4-6（a）］，这时凸锥的内侧面在前进中压迫对方的钩舌转动，使解钩风缸的弹簧受压，钩舌沿逆时针方向旋转 40°［见图 4-6（b）］。当两钩连接面相接触后，凸锥的内侧面不再压迫对方的钩舌，此时，由于弹簧的作用，使钩舌恢复到原来的状态，即处于闭锁位置［见图 4-6（c）］；钩头完全进入钩舌腔内的同时，弹簧拉动解钩杆并带动钩舌顺时针转动，待转动停止后，球形钩舌和钩舌腔相互嵌套，完成连挂。

此时两车钩的状态［见图 4-6（d）］，具有以下特点：

① 车钩连挂密接后，解钩杆在复位弹簧拉力作用下自动回到连挂位置。

② 半圆形钩舌与钩舌腔相互嵌套，两车钩完全密接。

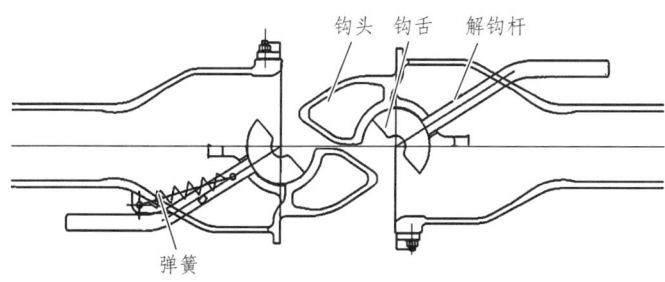

(a) 连挂前状态

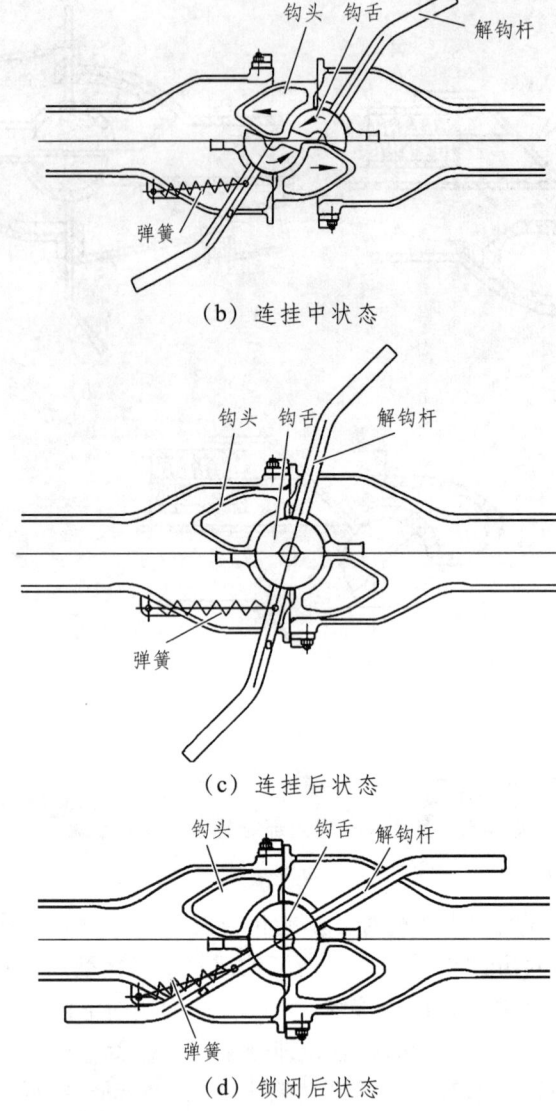

(b) 连挂中状态

(c) 连挂后状态

(d) 锁闭后状态

图 4-6 密接式车钩连挂完备过程

(2) 解钩状态。

自动解钩，即要使两钩分解，需由驾驶员操纵解钩阀，压缩空气由总风管进入前车（或后车）的解钩风缸，同时经解钩风管连接器送入相连挂的后车（或前车）解钩风缸，活塞杆向前推并带动解钩杆，使钩舌转动至开锁位置，此时两钩即可解开。两钩分解后，解钩风缸的压缩空气迅速排出，解钩弹簧得以复原，带动钩舌顺时针方向转动 40°恢复到原始状态，为下次连挂做好准备。整个解钩步骤如图 4-7 所示。

① 钩舌锁放在解钩位，如图 4-7（a）所示箭头方向拉解钩杆（通过向解钩风缸充气由风缸推动，当然也可手拉，但采用手动拉解钩杆的车钩属于半自动车钩），使车钩处于解钩前的准备状态。

② 继续拉动解钩杆，直到限位，此时钩舌锁会自然地挂在对方解钩杆的凸台上，解钩杆被固定，呈解钩状态。此时两车钩的状态如图 4-7（b）所示。

③ 让车辆后退，逐步释放车钩［见图4-7（c）］。通过车辆的后退，钩舌锁从对方的解钩杆上自然分离，直到车钩完全脱开。

④ 解钩后两车钩的状态如图4-7（d）所示。

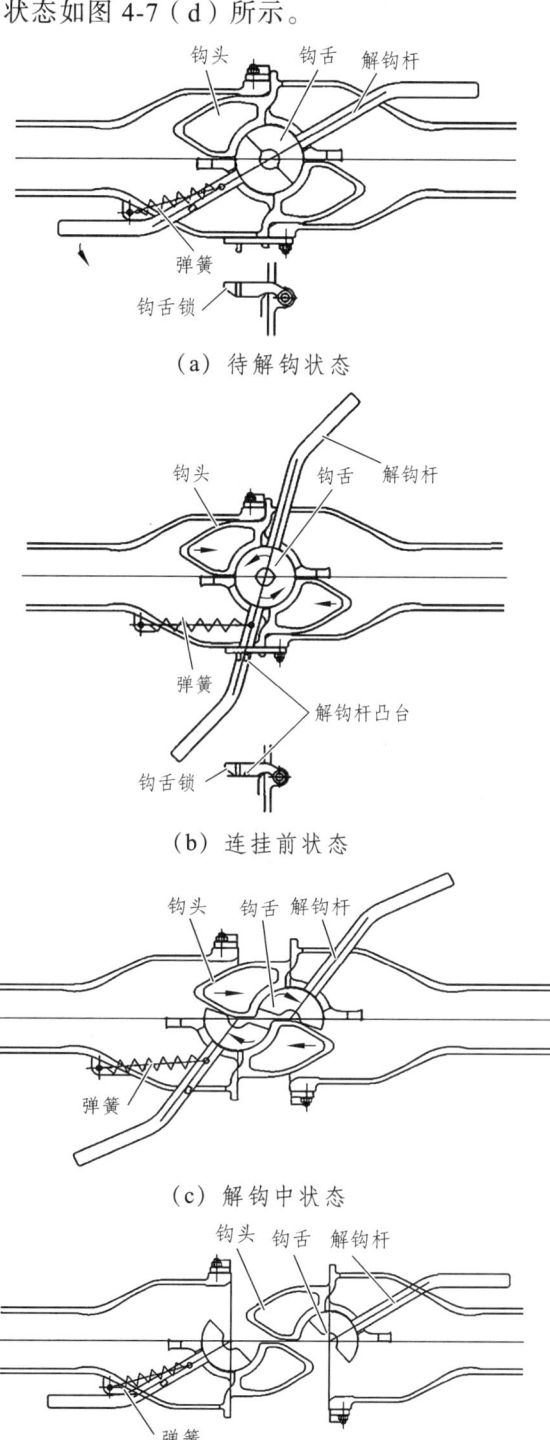

图 4-7　密接式车钩解钩完备过程

在车钩分离的过程中,拉力弹簧、解钩杆和钩舌会做以下运动:
① 解钩开始后,通过拉力弹簧的动作,拉动解钩杆自然向连挂准备位置运动。
② 解钩杆的运动同时带动了钩舌向顺时针方向回转,直至回到其自然连挂准备位置,解钩过程完成。

(3) 待挂状态。

车钩连接前的准备状态,此时钩舌定位杆被固定在待挂位置,解钩风缸活塞杆处于回缩状态,此时半圆形钩舌的连接面与水平面呈 40°。我国早期北京地铁和天津地铁车辆均采用了这种国产密接式车钩形式。

2. Scharfenberg 密接式车钩缓冲装置

Scharfenberg 密接车钩的原理是德国人 Karl Scharfenberg 在 1903 年发明的,在欧洲铁路和城市轨道交通已经成为标准配置,近年在中国铁路高速动车和城市轨道交通中也得到了广泛应用,有 CRH 1、CRH 3、CRH 5、上海地铁、广州地铁、深圳地铁等。Scharfenberg 密接式车钩缓冲装置如图 4-8 和图 4-9 所示,它主要由车钩钩头、缓冲器、风管连接器、电气连接器和风动解钩系统等组成,缓冲器位于钩头的后部。车辆连挂时依靠两车钩相邻钩头前端的锥形喇叭口引导彼此精确地对中,实现两车钩的紧密连接;同时自动将两车之间的电气线路和空气通路接通。在两车分解时,亦可由驾驶员控制解钩电磁阀自动解钩,并自动切断两车之间的电气线路和空气通路。

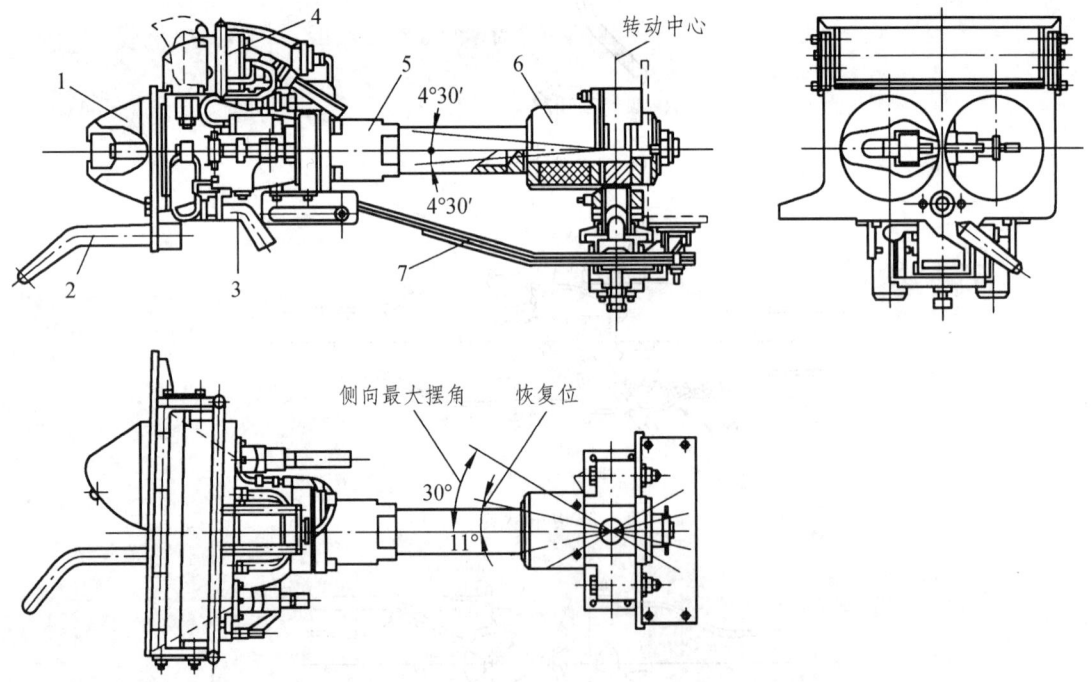

1—密接式车钩钩头;2—引导对准爪把;3—风管连接器;4—电气连接器;
5—钩身;6—橡胶弹簧;7—支撑弹簧。

图 4-8 Scharfenberg 密接式车钩缓冲装置

车钩结构车钩由钩头壳体、闭锁机构、弹簧等组成,具体如图 4-10 所示。钩头壳体为焊接件，它由两部分组成，前面为一带有锥体和喇叭口的凸缘，后面为连接法兰。当两钩连接时，前端的锥体和喇叭口用来作为引导对准之用，伸出在前面的爪把用来扩展车钩的连接范围。前端的圆孔用来安置空气管路连接器，在钩头壳体中配置有车钩锁闭零件和解钩风缸。钩头借助钩头壳体后部的法兰将钩头与牵引缓冲装置连成一体。

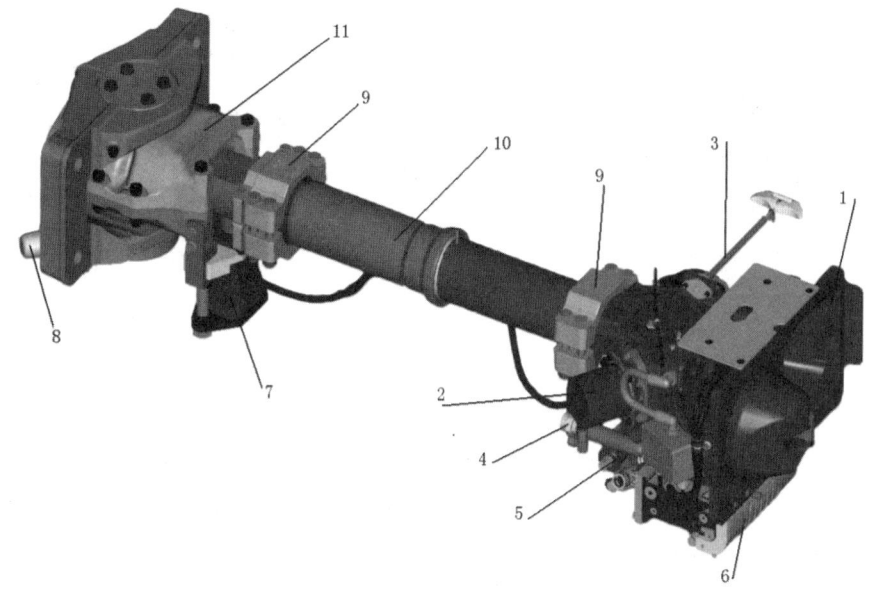

1—车钩头；2—解钩风缸；3—手动解钩装置；4—空气管路连接；5—电钩驱动装置；6—电钩头；7—垂直支撑；8—对中装置；9—卡环连接；10—压溃管钩身；11—钩尾座。

图 4-9　Scharfenberg 密接式车钩缓冲装置实物

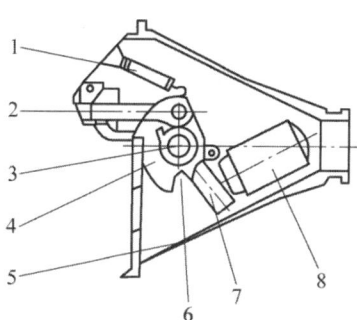

1—壳体；2—钩舌；3—中心轴；4—钩锁连接杆；5—钩锁弹簧；
6—钩舌定位杆；7—钩舌定位杆弹簧；8—定位杆顶块。

图 4-10　Scharfenberg 密接式车钩钩头结构

具体工作原理如图 4-11 所示。

（1）连挂状态。

原来处于连挂准备位的两钩相互接近并碰撞时，在钩头前端的锥形喇叭口引导下彼此精确地对中，两钩向前伸出的钩锁杆由于受到对方钩舌的阻碍，各自推动钩舌绕顺时针方向转动，直至在弹簧拉力作用下钩锁杆滑入对方钩舌的嘴中，并推动钩舌绕逆时针方向返回到原来位置为止。这时两钩的钩锁杆与两钩的钩舌构成平行四边形，力处于平衡状态，两钩刚性地无间隙地彼此连接，处于闭锁状态。在连挂闭锁位时，钩舌和钩锁杆的位置与连挂准备状态完全相同，钩舌在弹簧作用下力图保持处于闭锁位。当两钩受牵拉时，拉力均匀地分配在由钩锁杆和钩舌组成的平行四边形两对边即钩锁杆上。当两钩冲击时，冲击力由两钩壳体喇叭口凸缘传递。

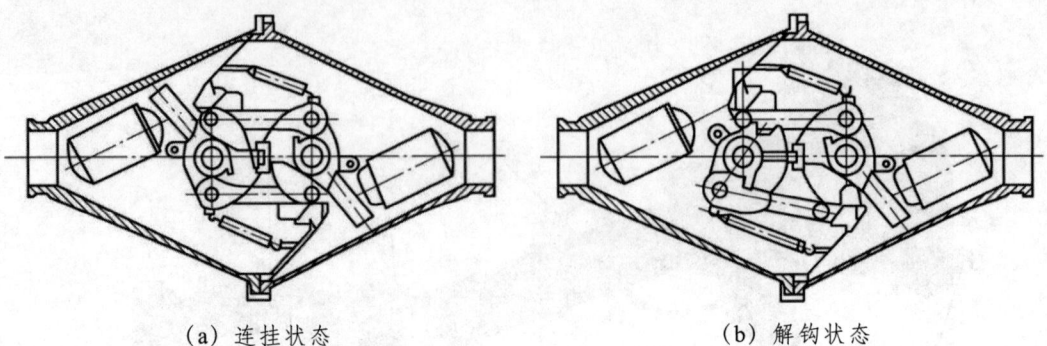

(a) 连挂状态　　　　　　　　　　(b) 解钩状态

图 4-11　Scharfenberg 密接式车钩工作状态与原理

（2）解钩状态。

气动解钩：由驾驶员操作解钩控制阀达到解钩。这时压力空气经过解钩管充入钩头中的解钩风缸中，推动活塞向前运动，压迫在解钩杆上所设置的滚子上，两钩头中的钩舌被同时推至解钩位置。达到解钩后再排气，风缸中受压弹簧使活塞返回到原始位置。

手动解钩：通过拉动钩头一侧的解钩手柄，经钢丝绳、杠杆和解钩杆使两钩的钩舌转动，直至钩锁杆脱出钩舌的嘴口，由此使两钩脱开，处于解钩位。

全自动车钩车钩缓冲装置参数具体如表 4-1 所示。

表 4-1　全自动车钩缓冲装置参数

压缩强度（屈服强度）			1 250 kN
拉伸强度（屈服强度）			850 kN
车钩长度（从连挂面到安装面）			1 454±5 mm
EFG3 橡胶缓冲装置	冲程	缓冲	≈55 mm
		牵引	≈40 mm
	最大阻抗力	缓冲	≈680 kN
		牵引	≈390 kN
	能量吸收	缓冲	≈14.1 kJ
		牵引	≈7.075 kJ
可压溃筒体	冲击负载	缓冲	800 kN
	行程	缓冲	300 mm
	能量吸收（动态）	缓冲	≈240 kJ
过载保护装置	冲击负载	缓冲	≈950 kN
车钩的最大摆动		水平	±25°
		垂直	±6°
定心装置		重定心角	±15°

4.2.2 半自动车钩

半自动车钩与全自动车钩类似，机械部分和气路软管均为全自动连挂。机械头部设有凹凸锥体，具有导入特性。当两车单元连接时，即使连挂速度很低，无须手工操作也可保证实现无间隙的刚性连接。从而确保车辆在不同高度和垂直/水平曲线时实现完美连接。当车辆机械连接时，空气管路自动连接，解钩则通过轨旁手动操作实现。车辆解钩分离后，车钩又处于准备挂钩状态。

半自动车钩分为半自动车钩Ⅰ[见图 4-12（a）]和半自动车钩Ⅱ[见图 4-12（b）]，两种半自动车钩配套使用。两种车钩的区别在于，半自动车钩Ⅰ设有电钩箱接口，牵引杆包含有压溃管，半自动车钩Ⅱ的车钩牵引杆为刚性杆。

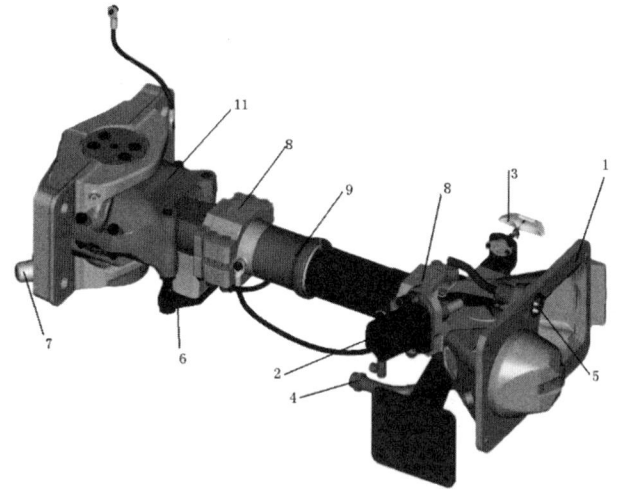

（a）半自动车钩Ⅰ

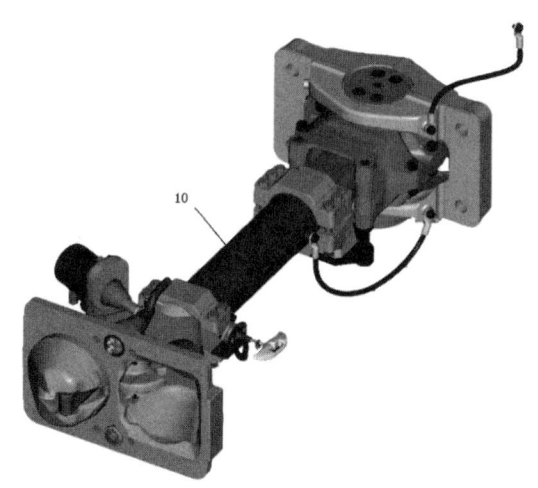

（b）半自动车钩Ⅱ

1—车钩头；2—解钩风缸；3—手动解钩装置；4—空气管路连接；5—四触点连接器；6—垂直支撑；7—对中装置；8—卡环连接；9—压溃管钩身；10—刚性杆钩身；11—钩尾座。

图 4-12 半自动车钩缓冲装置

全自动车钩车钩缓冲装置参数具体见如表 4-2 所示。

表 4-2　半自动车钩缓冲装置参数

压缩强度（屈服强度）			1 250 kN
拉伸强度（屈服强度）			850 kN
车钩长度（从连挂面到安装面）			1 125±5 mm
EFG3 橡胶缓冲装置	冲程	缓冲	≈ 55 mm
		牵引	≈ 40 mm
	最大阻抗力	缓冲	≈ 680 kN
		牵引	≈ 390 kN
	能量吸收	缓冲	≈ 14.1 kJ
		牵引	≈ 7.075 kJ
可压溃筒体（半自动车钩 1）	冲击负载	缓冲	800 kN
	行程	缓冲	100 mm
	能量吸收（动态）	缓冲	≈ 80 kJ
车钩的最大摆动		水平	± 25°
		垂直	± 6°
定心装置		重定心角	± 15°

4.2.3　半永久性牵引杆

半永久性牵引杆用于同一单元内车辆之间的编组，使之编组成列车单元，在运行过程中一般不需要分解，通常只在维修时才分解。当两车连挂时即形成刚性连接，其连接间隙最小，垂向运动和转动也很小。这样的连接形式可以保证列车在出轨时车辆之间仍然可以保持相对位置，防止车辆重叠和颠覆，减少列车起动及制动时的冲动。每个半永久牵引杆间均有贯通道支撑座，用于车辆运行过程和解钩之后支撑贯通道。支撑座可以承受车辆正常运行时超员情况下贯通道所承受的载荷。半永久牵引杆只是将两车的连接方式由车钩连接改为牵引杆连接，取消了风路和电路的连接。风路和电路的连接只能依靠手动连接。不同种类的车辆所安装的半永久性牵引杆结构可能有所不同，连接原理是一致的。

如图 4-13 所示为国产地铁车辆半永久性牵引杆结构。其主要特征为半永久性牵引杆，是将两车的连接方式由车钩连接改为用一根牵引棒代替，将自动车钩中的两个车钩钩体取消，牵引杆的两端直接与两个缓冲器相连，同时取消了风、电路的连接。

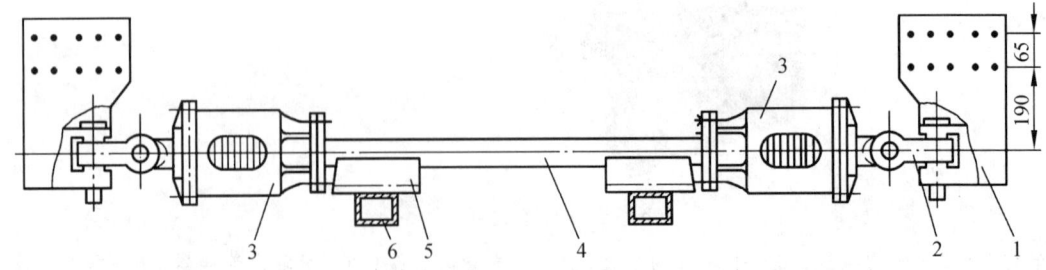

1—连接座；2—十字头；3—缓冲器；4—牵引杆；5—磨耗板；6—车钩托梁。

图 4-13　国产地铁车辆半永久性牵引杆

上海地铁车辆半永久性牵引杆结构如图 4-14 所示。其主要特征是将两相邻车钩中的一个车钩钩体和另一车钩钩体、缓冲器总成分别由两个牵引杆代替，两牵引杆的端部各有一个锥孔和锥柱，在连挂时起定位作用，通过套筒式联轴节将两个牵引刚性相连，其电气、气路通过机械紧固获得永久连接，通常只在维修时才分解。在半永久性牵引杆上设有贯通道支撑座。

图 4-15 所示为深圳地铁车辆半永久性牵引杆的结构形式，它的连接方式与上海地铁相似，主要特征是在两个半永久性牵引杆中设置一个能量吸收装置。

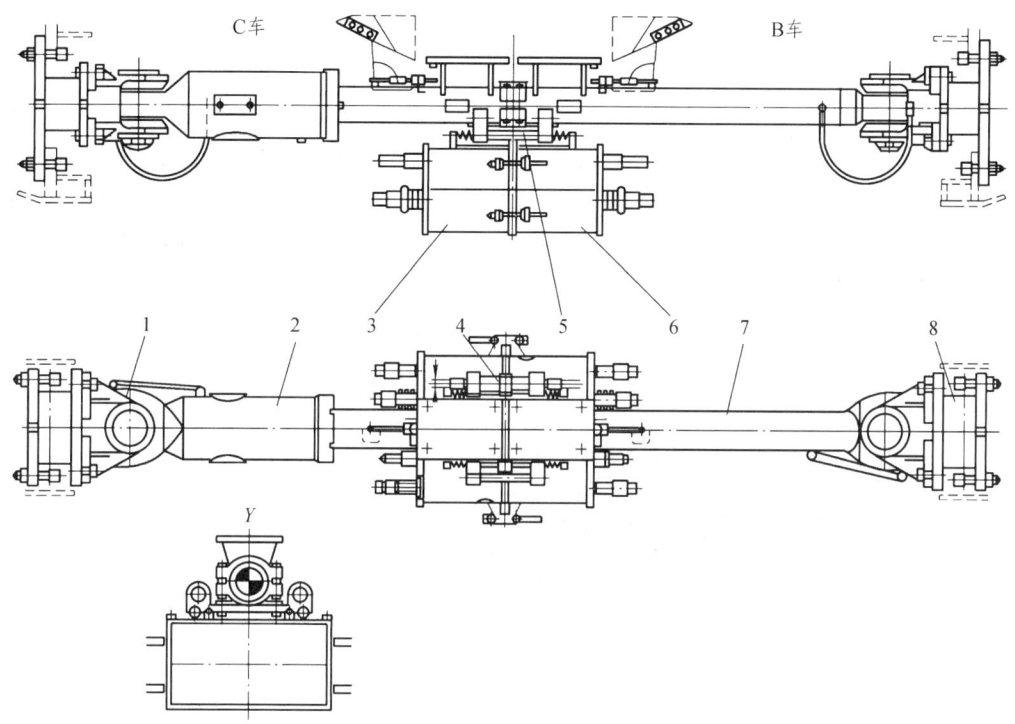

1—支撑座；2—具有双作用环弹簧的牵引杆；3、6—电气连接盒；4—风管；
5—套筒式联轴节；7—牵引杆；8—过渡板。

图 4-14　上海地铁车辆半永久性牵引杆结构

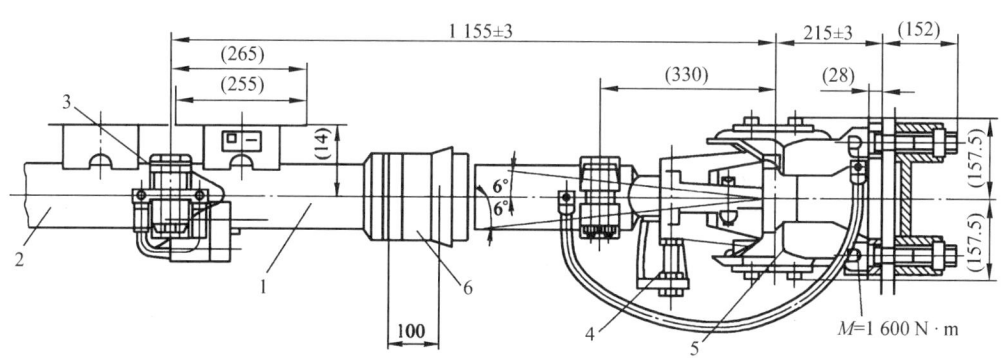

1—牵引杆以（1）；2—牵引杆（2）；3—套筒式联轴节；4—垂直支撑装置；
5—橡胶缓冲装置；6—可压溃变形管能量吸收装置。

图 4-15　深圳地铁车辆半永久性牵引杆结构

4.3 缓冲装置

缓冲装置是车辆牵引联挂装置的重要组成部分，主要用来传递和缓和纵向冲击力。城轨车辆采用的缓冲装置主要有以下形式。

4.3.1 层叠式橡胶金属片缓冲器

1. 层叠式橡胶金属片缓冲器的结构及原理

如图 4-16 所示，其作用原理是当车辆受到压缩载荷时，缓冲器体和牵引杆受压后力的传递方向：牵引杆 3→压缩后从板 7→橡胶金属片 1→前从板 2→缓冲器体 6 的前端。橡胶金属片受到压缩，起到缓冲作用。在牵引载荷工况下，缓冲器体和牵引杆受拉，此时力的传递方向：牵引杆 3→前从板 2→橡胶金属片 1→后从板 7→缓冲器后盖 4，从而起到缓冲作用。此种缓冲器用于国产地铁车辆上。

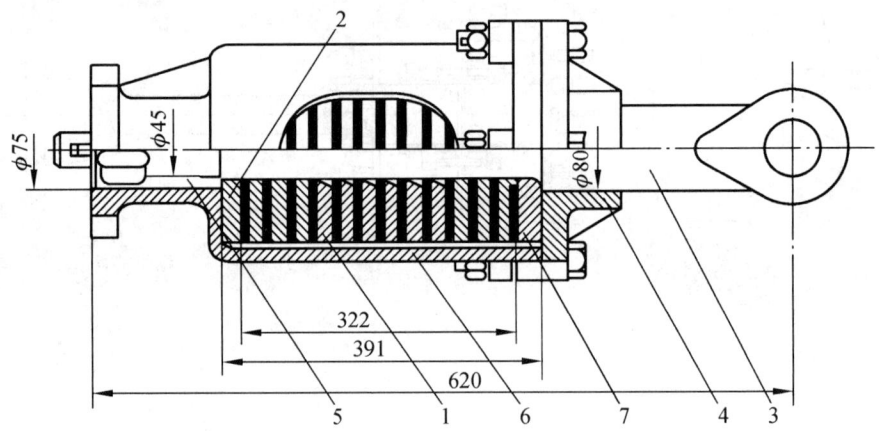

1—橡胶金属片；2—前从板；3—牵引杆；4—缓冲器后盖；5—滑套；
6—缓冲器体；7—后从板。

图 4-16 层叠式橡胶金属片缓冲器

2. 主要技术参数

层叠式橡胶金属片缓冲器主要技术参数如表 4-3 所示。

表 4-3 层叠式橡胶金属片缓冲器主要技术参数

最大牵引力/kN	150
最大冲击力/kN	250
允许最大冲击速度/(km/h)	3
缓冲器容量/kJ	5.63

4.3.2 环弹簧缓冲器

1. 环弹簧缓冲器的结构及原理

环弹簧缓冲器由弹簧盒、弹簧前后从板、外环弹簧（共 7 片）、内环弹簧（5 片内环弹簧、1 片开口环弹簧和 2 片半环弹簧组成）、端盖、球形支座、牵引杆等组成，其结构如图 4-17 所示。其作用原理：当车钩受冲击时，牵引杆推动弹簧前从板向后挤压环弹簧；当车钩受牵拉时，拧紧在牵引杆后端的预紧螺母带动弹簧后从板向前挤压环弹簧。所以无论车钩受冲击或牵拉，环弹簧均受压缩作用。由于内、外环弹簧相互接触的接触面均做成 V 形锥面，受压缩相互挤压时，外环扩张，内环压缩，这样就产生了轴向变形，起到缓冲的作用。同时，内、外环弹簧接触面产生相对滑动，摩擦力做功消耗了部分冲击能。

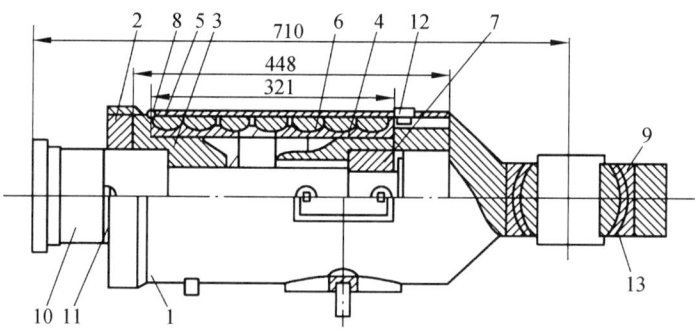

1—弹簧盒；2—端盖；3—弹簧前从板；4—弹簧后从板；5—外环弹簧；6—内环弹簧；
7—开口弹簧；8—半环弹簧；9—球形支座；10—牵引杆；11—标记环；
12—预紧螺母；13—橡胶嵌块。

图 4-17 环弹簧缓冲器

环弹簧缓冲器的前端通过一组对开连接套筒与钩头连接，后端的球形支座通过销轴与车钩支撑座相连接。整个车钩缓冲装置在水平面内可绕销轴左右摆动 40°，在垂直面内借助球形轴套嵌有橡胶件可上下摆动 5°，以满足车辆运行于水平曲线和垂直曲线的要求。上海地铁 1 号线车辆就采用了这种缓冲装置。

2. 主要技术参数（见表 4-4）

表 4-4 环弹簧缓冲器主要技术参数

最大作用力/kN	580
最大行程/mm	58
缓冲器容量/kJ	18.7
水平摆角	±40°
垂直摆角	±5°
能量吸收率	65%

4.3.3 环形橡胶缓冲器

1. 环形橡胶缓冲器的结构及原理

环形橡胶缓冲器主要由牵引杆、缓冲器体、环形橡胶弹簧等组成,属于免维护的橡胶缓冲装置。缓冲器安装在车钩安装座上,可以吸收拉伸和压缩能量,半自动车钩和牵引杆均用相同的方法安装固定,如图 4-18 所示。

缓冲装置间不存在间隙,在承受拉伸和压缩载荷的同时,可以承受较大的剪切力。缓冲装置允许车钩做垂向摆动和扭转运动。该缓冲装置目前主要用于深圳地铁车辆。

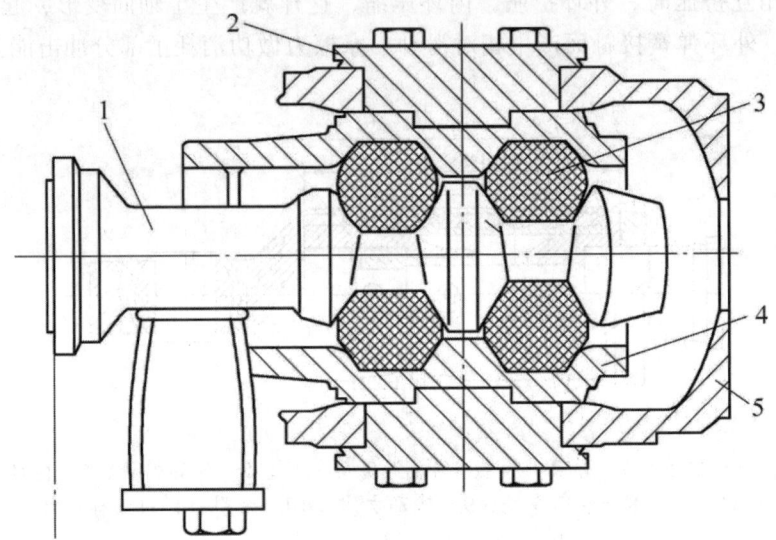

1—牵引杆;2—安装座;3—环形橡胶;4—缓冲器体;5—支撑座。

图 4-18 环形橡胶缓冲装置

2. 主要技术参数(见表 4-5)

表 4-5 环形橡胶缓冲器主要技术参数

允许水平最大压缩力/kN	1 250
允许水平最大拉深力/kN	850
水平摆角	±11°
垂直摆角	±5.5°

4.3.4 弹性胶泥缓冲器

弹性胶泥缓冲器与传统意义上的缓冲器类似,在列车运行过程中起到吸收冲击能量、缓和纵向冲击和振动的作用。其后端通过钩尾销连接在安装座上,前端通过连接环与连挂系统连接。弹性胶泥缓冲器性能先进,缓冲器的可靠性和动态吸收性能较好。

1. 弹性胶泥缓冲器的结构及原理

弹性胶泥缓冲器由牵引杆、弹簧盒、内半筒、端盖和弹性胶泥芯子等组成，其中，弹性胶泥芯子是其接受能量的元件，如图 4-19 所示。车钩受拉时，纵向力传递顺序为牵引杆→内半筒 3→弹性胶泥芯 2→弹簧盒 1→车体；车钩受压时，纵向力传递顺序为牵引杆→弹性胶泥芯 2→内半筒 3→弹簧盒 1→车体。由此可见，无论车钩受拉或是受压，缓冲器始终受压。

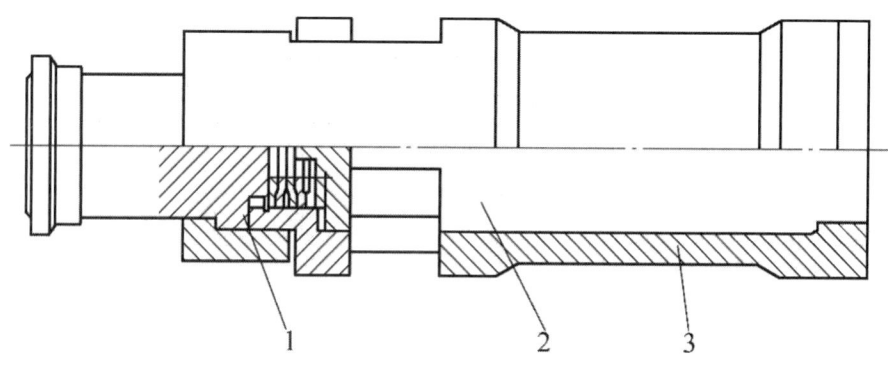

1—牵引杆；2—弹性胶泥芯；3—内半筒。

图 4-19　弹性胶泥缓冲器

2. 主要技术参数

弹性胶泥缓冲器主要技术参数如表 4-6 所示。

表 4-6　弹性胶泥缓冲器主要技术参数

缓冲器容量/kJ	≥30
缓冲最大行程/mm	73
能量吸收率	≥80%
缓冲器阻抗力/kN	800
车钩联挂最大速度/（km/h）	5

4.3.5　带变形管的橡胶缓冲器

如图 4-20 所示，带变形管的橡胶缓冲器由拉杆、轴套、锥形环圈、法兰、垫圈、橡胶弹簧以及变形管组成。轴套与钩头壳体螺纹连接，并由法兰紧固使之不致松动，轴套用来作为拉杆、锥形环圈和变形管支承和导向，拉杆穿过两个弹簧 6 和 7，其端部通过碟形螺母将弹簧压紧。

在正常运行时，车辆之间产生的牵引和压缩力主要由两橡胶弹簧来承担。这时车辆连挂冲击速度小于 3 km/h。如图 4-21 所示力-行程图中作用力小于 100 kN 时，行程小于 58 mm，橡胶弹簧在变形中所吸收的功如图中所示的阴影线面积。

当车辆在事故冲击时，车辆的碰撞速度超过 5~8 km/h，这时车钩受到的冲击压缩力超过橡胶弹簧的承载能力，靠近钩头的冲击吸收装置起作用，变形管 3 与锥形环圈 4 彼此相互挤压，把冲击能转变为变形管和锥形环圈的变形功和摩擦功，变形管产生永久变形，吸收冲击功可达 16.1 kJ，从而达到对乘客和车辆的事故附加防护作用。产生永久变形的变形管必须予以更换，只要将法兰 2 松开，并将轴套 1 从钩体中拧出，就不难将变形管 3 从锥形环圈 4 中拉出。

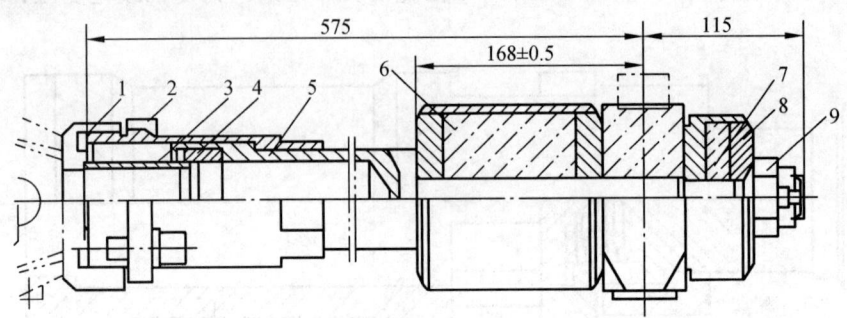

1—轴套；2—法兰；3—变形管；4—锥形环圈；5—拉杆；6、7—橡胶弹簧；8—垫圈；9—螺母。

图 4-20 带变形管的橡胶缓冲器

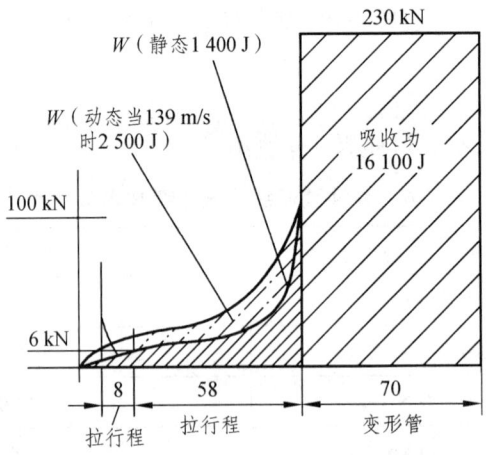

图 4-21 橡胶缓冲器冲击衰减力-行程图

4.3.6 可压溃变形管

可压溃变形管可作为车钩缓冲装置的重要部件，用来吸收车辆冲击能量，如图 4-22 所示。当两列车相撞时，将会产生可恢复的和不可恢复的变形。

能量吸收可分为 3 级：第一级，速度最大为 8 km/h 时，车钩内的缓冲、吸收装置吸收全部能量，产生的变形可以恢复；第二级，速度为 8~15 km/h 时，可压溃变形管产生的变形不可恢复；第三级，速度超过 15 km/h 时，自动车钩的过载保护系统产生不可恢复的变形，车辆前端将参与能量吸收以保护乘客。同时通过可压溃变形管的能量吸收还可以保护车体钢结构免受破坏。当冲击速度过大，导致可压溃变形管变形时，必须更换。

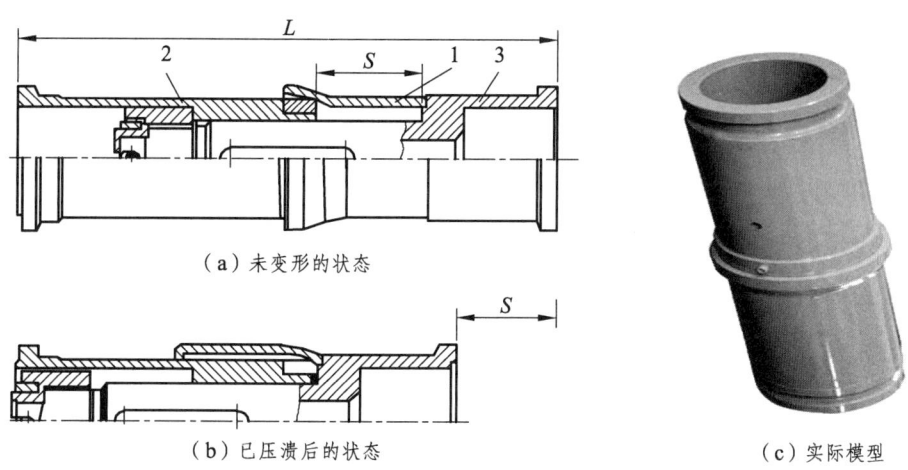

（a）未变形的状态

（b）已压溃后的状态

（c）实际模型

1—可压溃变形管；2，3—可压溃筒体。

图 4-22 可压溃变形管的能量吸收情况

撞车事故发生后，必须对车辆进行检查，尤其是电气连接和机械连接部分。车钩的事故率相对较低，但可压溃变形管是必备的备件，另外如钩舌弹簧、固定和活动触头及风管连接器等也是相对容易损坏的部件。

4.4 附属装置

4.4.1 风管连接器

1. 不带自闭装置的风管连接器

如图 4-23 所示为不带自闭装置的风管连接器，当车钩互相连挂时，密封圈互相接触受

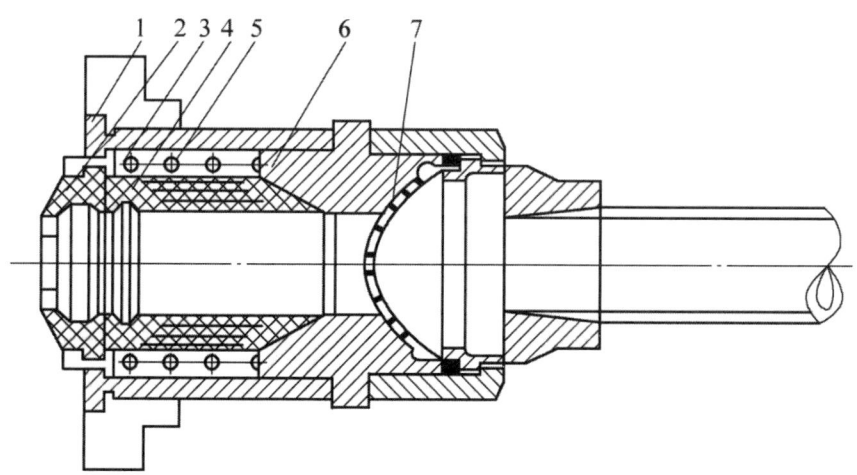

1—阀壳；2—密封圈；3—滑套；4—橡胶套；5—前弹簧；6—后接头；7—滤尘网。

图 4-23 不带自闭装置的风管连接器

·117·

压，借助于滑套、橡胶套和前弹簧使压力达到 70~160 N，保证气路开通时不会泄漏。在该连接器后端的管路上装有一个截止阀。正常解钩时，首先将截止阀关闭，以防止制动主管排风而产生紧急制动。

2. 自动开闭式风管连接器

如图 4-24 所示为自动开闭式风管连接器，该装置具有自动开闭功能。当两车钩连挂时，顶杆与密封圈同时受压，密封圈在防止泄漏的同时，顶杆压缩阀垫、滑阀和顶杆弹簧，阀垫和滑阀后退，使阀垫与阀体脱开，气路开通。解钩时由于密封圈和顶杆失去压力，在弹簧的作用下，各部件恢复原位，风路断开。

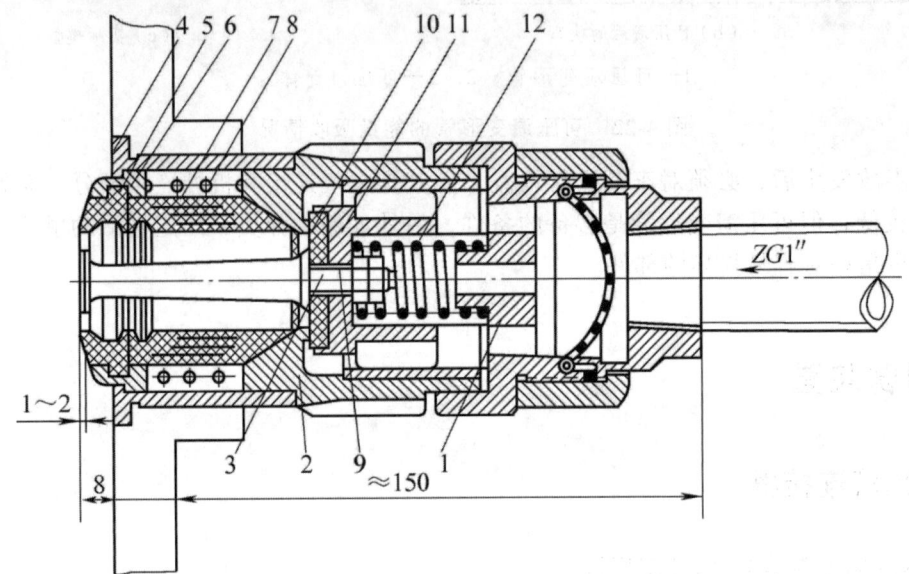

1—后接头；2—阀体；3—顶杆；4—阀壳；5—密封圈；6—滑套；7—橡胶套；
8—前弹簧；9—调整垫片；10—阀垫；11—滑阀；12—顶杆弹簧。

图 4-24 自动开闭式风管连接器

4.4.2 电气连接器

电气连接器如图 4-25 所示，通过悬吊装置使钩体与电气连接器成弹性连接。两车钩连挂时，箱体可退缩 3~4 mm，靠弹簧压力，保证良好接触；触头上焊有银片，以减小电阻电气连接器触头与箱体成弹性连接，靠弹簧压力保证触头处于可伸缩状态，相互接触良好，保证电流畅通。箱体的一侧有一个定位销，对称侧有定位孔，两钩连挂时定位销插入对应的定位孔，以保证触头的准确连接；密封条是防雨水和灰尘的。解钩时，将盖盖好，防止触头损坏。箱体内还设有接线板，使触头的引线和从车上来的引入线对应相连；在它后部有电线孔，为防止电线磨损，设有塑料套。

电气连接器外装有保护罩，当两钩连接时，电气连接器可推出，使其端面高于车钩端面，此时保护罩自动开启；当解钩后，电气连接器退回至原位置，保护罩自动关闭。电气连接器内的触点分别为固定触点和弹性触点,保证电气连接时密接可靠,主要应用于自动车钩上。

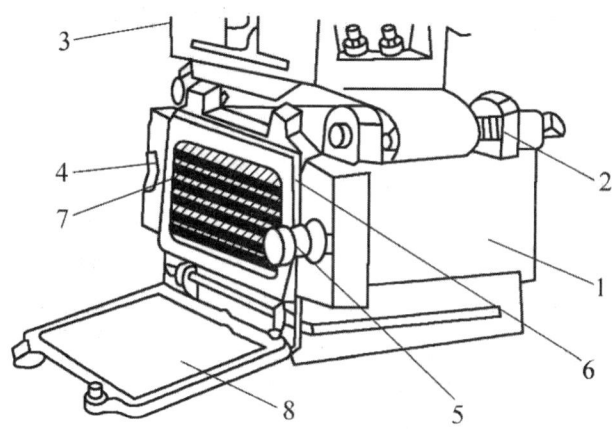

1—箱体;2—悬吊装置;3—车钩;4—定位孔;5—定位销;6—密封条;7—触头;8—箱盖。

图 4-25 电气连接器

4.4.3 车钩对中装置

对中气缸的充气和排气是通过钩头心轴顶部的凸轮来驱动二位五通阀的阀芯,从而对中气缸进行充气或排气。当车钩处于待挂状态时,对中气缸充气使车钩自动对中;当车钩处于连接状态时,对中气缸处于排气状态。对中气缸排气,车钩可自由转动,有利于列车过弯道。

当车辆在弯道上进行连挂时,则必须将对中装置关闭,否则无法进行连挂。这时只需将车钩下方的进气阀门关闭即可对中气缸排气,使车钩处于自由状态;而在进行连挂时,可利用钩头法兰前的导向杆(俗称象鼻子)进行对中,从而顺利地进行连挂。

4.4.4 安装吊挂系统

安装吊挂系统的作用是为整个车钩缓冲装置提供安装和支撑,保证列车通过所有平竖曲线所需的各个方向自由度,保证整套装置在不连挂状态时保持水平。车钩中心线与车辆中心线重合,以便于连挂。车钩通过该装置可以方便地调整车钩中心线的高度。

4.5 贯通道及渡板

4.5.1 概 述

贯通道装置也就是风挡装置,位于两节车厢的连接处,是两车辆通道连接的部分,它有良好的防雨、防风、防尘、隔音、隔热等功能,能够使旅客安全地穿行于车厢之间。风挡装置分为整体式和分体式。深圳地铁采用的是分体式风挡装置，即风挡装置的一半装在每辆车的端部，在该装置的下部还设有分开式渡板，渡板连接处有车钩支撑。上海地铁1、2号线，广州地铁1号线均选用这种风挡装置，其内部高度为1 900 mm，宽1 500 mm。

4.5.2 贯通道的结构

贯通道风挡侧向断面的结构如图4-26所示。

1. 波纹折棚

折棚由多折环状篷布缝制而成，每折环的下部设有两个排水孔。折棚体选用特制的阻燃、高强度、耐老化人造革制作，在-45~+100℃范围内能够正常使用，抗拉强度≥3000 N/cm²。棚布采用双层夹心结构，大大提高了风挡的隔音、隔热性能。折棚体各折缝和边用铝合金型材镶嵌，折棚体的一端连接在车体端部，另一端与连接座连接固定。

2. 紧固框架

紧固框架是由铝型材焊接而成，通过固定在框架上的螺钉将波纹式风挡牢固地与车辆端部连接。在该部件的上面还设有固定内墙板和内顶板的连接装置。

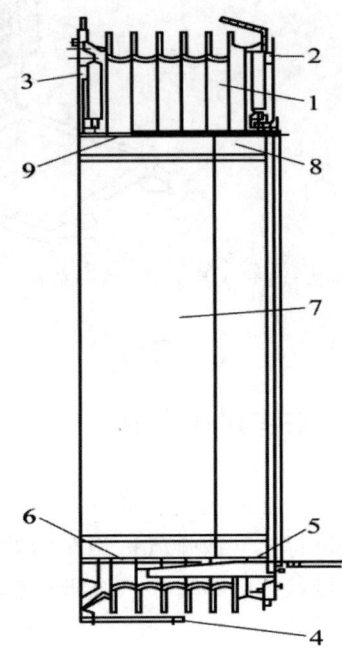

1—波纹折棚；2—紧固框架；3—连接框架；4—滑动支架；5—渡板组成（1）；6—渡板组成（2）；7—内侧板；8—单层顶板；9—顶板。

图4-26 风挡侧向断面

3. 连接框架

连接框架也由铝合金骨架焊接而成，与紧固框架外形相似，但其内部结构和实现的功能是不同的。

（1）在框架的侧面和顶部设有两个定位孔和定位销，当连挂时，定位销插入对应框架的定位孔中而实现准确连挂。

（2）在框架上设有4个锁钩和锁钩机构，连挂后用手工将锁钩插入对应锁闭中，实现风挡的惯性连接。

4. 滑动支架

滑动支架采用钢板焊接而成，落在车钩的贯通道支座上，实现支撑贯通道的功能。它的上部与支撑金属板相连。

5. 侧护板

侧护板的通道表面为镶有凯德板的罩板，内有铝型材与弧面橡胶条镶嵌而成的边护板，可实现拉伸和压缩，护板内表面设有连杆支承机构，使护板有足够的刚度，旅客可依靠护板；护板的两端与车体端部连接，可用专用钥匙快速打开、拆卸护板。

6. 顶　板

每个通道顶板由两个边护板和一个中间护板组成，顶板内侧设有连杆机构，使车辆运行时中间护板始终保持在中间位置，不会偏移。顶板通过边框用螺钉固定在车体端墙上。贯通道的锁钩、滑动支架、活动地板和镶边及波纹折棚都是容易损坏的部件。

北京地铁 1 号线车辆之间不是采用直接贯通道的形式，而是在车辆端墙中部设有端门，早期的车辆只在门口下部设有渡板，门口两边加装扶手，在 1 号线延长线（即原复八线上）又增加了一个整体式波纹折棚。

4.5.3　渡板装置组成

在紧固框架和连接框架侧各有一组渡板，在紧固框架一侧的渡板组成 I 靠托架支撑，而在连接框架一侧的渡板 B 的一端通过安全支撑座与支撑金属板相连接，另一端支撑在渡板组成 I 上。渡板组成 I 由车厢侧相互铰接的固定连接板和活动连接板组成，渡板 II 由地板、活动地板和镶边组成，如图 4-27 所示。地板为不锈钢板，活动地板为花纹不锈钢板，各相对滑动面间设有磨耗板。渡板装置能够保证追随与适应连挂车辆运行过程中的各种复杂运动，具有足够的强度与刚度，能够确保乘客安全通过，并为站立的旅客提供安全地方，能承受 9 人$/m^2$ 的压力负荷，表面无凸起物及障碍物。

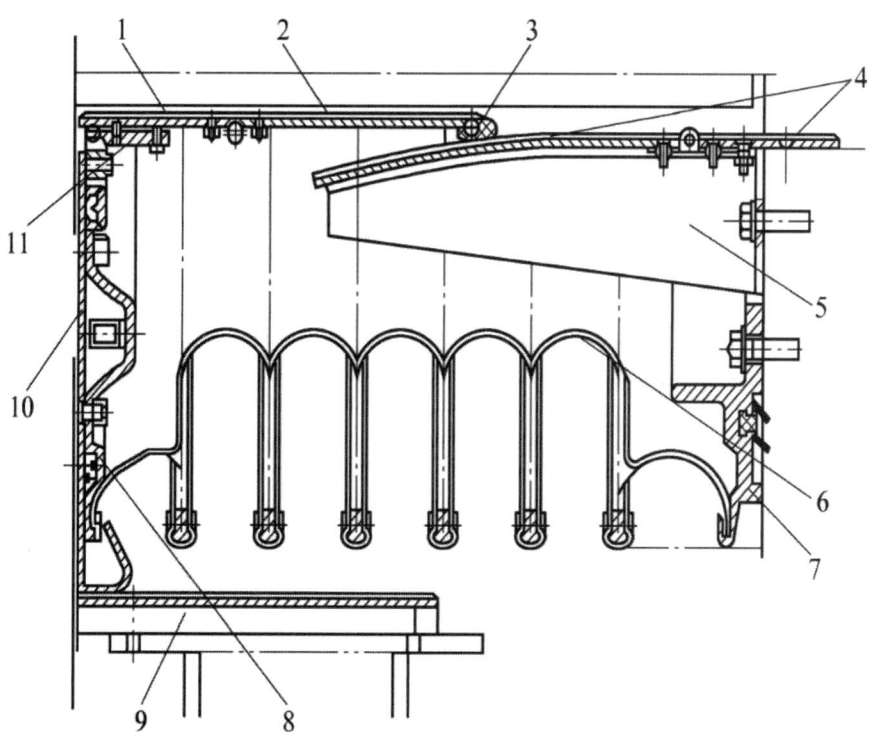

1—地板；2—活动地板；3—镶边；4—固定连接板和活动连接板；5—托架；6—衬油毡的纤维织物；7—旋紧架；8—连接架；9—活动支架；10—支撑金属板；11—安全支撑座。

图 4-27　渡板装置组成

4.6 小 结

车辆连接装置主要包括车钩缓冲装置和贯通道装置，通过它们使列车中车辆相互连接，实现相邻车辆之间的纵向力传递和通道的连接。城市轨道车辆上使用的车钩缓冲装置，基本分为全自动、半自动和半永久车钩。3种类型的车钩在编组列车上具有相对固定的配置形式，从而实现不同的车辆连接作用。我国城市轨道交通车辆自动车钩主要有两种：一种是国产密接式车钩，另外一种是Scharfenberg密接式车钩。

复习思考题

（1）简述城市轨道交通车辆车钩的种类及其特点。
（2）简述风管连接器与电气连接装置的结构。
（3）简述贯通道的结构。

5 城轨车辆动力学基础

5.1 车辆动力学概述

车辆系统动力学指导人们如何设计制造出运营安全、对轨道作用力较小的车辆或者动车组。研究车辆运动主要目的有两个：一个是了解车辆各部分的位移及车轮作用在轨道上的力等，另一个是指导车辆的振动状态。车辆的振动状态可分为自由振动和强迫振动两大类。

自由振动是指在短时间内，由于某种瞬间或过渡性的外部干扰而产生的振动，其振动振幅如果逐渐变小，该系统将趋于稳定；相反，若振幅越来越大，则系统将不稳定。铁路车辆最低限度是要保证不能出现不稳定情况。强迫振动是指由外界激扰引起的振动，其核心是研究轨道不平顺、强风或者其他因素引起的车辆持续振动特性。

车辆系统动力学涉及车辆运行安全性、稳定性、舒适性和曲线通过能力，特别是在设计、制造铁道车辆时，需要考虑多种因素对车辆系统的影响。因此车辆动力学的用途及所考虑问题主要包括以下方面。

1. 蛇行运动

铁路车辆存在一种称为蛇行运动的不稳定振动现象，这是一种列车行驶时突然出现车体和转向架开始剧烈左右偏转的不稳定振动。蛇行运动不仅会降低乘坐舒适性，而且还会破坏轨道甚至发生脱轨、倾翻等安全事故。因此，在设计制造新车或提高列车运行速度时，为使产生蛇行失稳现象的临界速度大大高于正常运行速度，应该如何设计车辆系统呢？另外，当部件老化或车轮出现磨损时，如何防止蛇行失稳的发生，使列车仍能够稳定、安全地行驶？

2. 曲线通过

车辆曲线通过时，为了能够减少车轮作用于轨道的作用力，并使车辆能够顺利转向，曲线外侧车轮需要比内侧车轮多行驶一段距离，且最好是车轮能够沿曲线切线方向运行。因此，与防止蛇行运动的要求相反，最好能够增大车轮踏面斜度。如何平衡这两种运动特性，设计制造出既能抑制蛇行运动，又能顺利通过曲线的车辆呢？

3. 舒适度

影响车辆乘坐舒适度的因素主要来自轨道激扰。这些激扰主要包括轨道随机不平顺、轨道冲击不平顺（如轨道接缝、道岔等轨道面的不连续部位、曲线轨道半径的不规则、倾斜过度或不足）等。另外一些因素是车辆自身产生的干扰。这些因素主要包括由发电机、电动机、空气压缩机和鼓风机等车辆上机械装置运动引起的干扰；由车轮偏心及刹车时车辆滑行产生的前后冲击；隧道内气流和车辆交会时的空气力学干扰等。

以上干扰引起车辆何种振动？如何来评价它们对车辆安全性和乘坐舒适度的影响？尽可能排除这些干扰并进行有效地振动隔离和振动截断时，应构建怎样的振动系统？另外，车辆部件经过长期运转后出现老化现象会给运行安全性和乘坐舒适度造成什么样的影响？车体轻量化后产生的颤振会达到怎样的程度？

4. 交　会

列车交会时车辆受到的气动力主要有起动横向力和气动升力。研究表明，车辆横向力、升力及倾覆力矩均与侧向风速的平方成正比。列车尾部流场，长大型高速动车组产生的尾流，对行车安全和环境带来不利影响，列车高速运行时，处于列车尾流影响范围内的人员和物品有可能卷入尾流中，造成人员伤亡或列车受损事故；而当列车在某些区域（气候干燥而又多沙地段）运行时，列车尾部卷起的气流，对周围环境会造成一定程度的污染。

过去，中国列车时速较低时，列车空气动力学问题并不突出。列车提速后，列车运行阻力急剧增加，能耗过大。列车高速交会产生的空气压力瞬变，导致客车侧墙变形过大，并伴有强烈的空气爆破声能击碎车窗玻璃。

因此，当列车与对面列车交汇行驶时会产生多大程度的振动？同时会产生多大的横向压力？在新建供各种不同速度车辆行驶用的线路时，如何考虑复线间隔、舒适度和安全上的限制？这些问题在车辆设计和线路修建时，均需要系统地研究。

5. 脱轨安全性

如何保证列车既能高速行驶而不至于脱轨？当外界因素如地震、泥石流等引发大面积轨道偏移时，车辆能否保证不脱轨？对于目前脱轨安全评价标准体系中仍然无法评估的振动，将如何保证铁路运营安全性？有鉴于此，人们试图弄清楚脱轨的机理，制定出最新测定方法的评价指标。

6. 倾覆安全性

轻量化列车，在曲线上的行驶速度会有所提高，当遭受横风时，是否能够倾覆列车倾覆，如何提高安全性呢？

7. 运动与控制

传统的列车悬挂采用被动悬挂控制，被动悬挂由弹性元件和阻尼组成，其刚度和阻尼是在设计过程中确定下来的，在车辆运行过程中一般无法进行调整，因此具有一定的局限性。首先，由于被动悬挂系统的参数不随线路激扰变化，使其不能同时很好地满足车辆运行平稳性、稳定性和曲线通过性能对悬挂参数的要求。其次，由于悬挂参数不能调节，就使得经过最优设计的悬挂只能对某一特定激扰条件产生最优响应，一旦激扰或车辆参数发生变化，衰减性能就会恶化。

针对被动悬挂的局限性，早在20世纪50年代末便有学者提出了主动悬挂的概念。主动悬挂实际上是一个闭环控制的动力驱动系统，通过合理调节输入减振系统的能量来抵消外界的激扰，从而达到减振的目的。主动悬挂的控制器按照某些设计好的控制方案，根据车辆和/或线路激扰状态实时确定出应该施加给车体的目标悬挂力，再由作动器直接施加给车体，实现对车体振动的控制。

被动悬挂的悬挂参数在车辆运行过程中固定不变，不能根据线路不平顺和外界因素的状况进行调整，自适应性很差，只能在一定条件下有效地衰减车体的振动，已不能满足高速列车的发展需要。从理论上说，主动悬挂能够实时地将某种指标下最优的悬挂力施加给车体，其减振性能是"最优"的。但是主动悬挂的稳定性和可靠性难以保证，控制作用的实现需要消耗大量的能源；此外，成本过高也是限制主动悬挂应用到高铁列车上的重要因素。半主动悬挂力的方向取决于悬挂两端的相对速度和/或相对位移，大小依赖于可控减振器和/或可控弹簧的参数可调范围，从理论上说不能实时地产生"最优"的悬挂力，减振效果不如主动悬挂好。但与主动悬挂相比，半主动悬挂具有很多优点：结构简单、成本低、能耗小，更重要的是在控制失效的情况下半主动悬挂能够自然转换为被动悬挂，确保列车的运行安全。半主动悬挂的减振效果要明显好于被动悬挂，能够满足高速列车的发展需求。近年来，控制技术已经被广泛应用到列车控制系统中。通过控制技术和手段，能够在多大程度上提高列车运行安全性和舒适性？是否实现了减低列车对轨道压力的目的？这是车辆系统动力学关注的另一个重点。

5.2 城轨车辆的振动形式

通常，在建立用于研究城轨车辆或列车动力学特性的数学模型时，系统中除了弹性元件外的各个部件如车体、构架、摇枕和轮对等都视作刚体，只有在分析其结构弹性振动或弹性变形时才考虑其弹性。

具有弹簧悬挂装置的车辆是一个多自由度的刚体，此刚体就称为簧上质量，这通常是指车体（包括载重）的质量。而弹簧以下的质量就称为簧下质量，这通常是指轮对轴箱装置和大多数火车转向架侧架的质量。研究车辆振动时，可以通过车体的重心 O 点引 3 个互相垂直的坐标系 x、y、z，此时车体具有 6 个独立的运动形式，即沿 x、y、z 轴 3 个方向的直线运动，以及绕 x、y、z 轴的 3 个回转运动。其中车体沿 3 个坐标轴的振动分别称为伸缩振动、横移（横摆）和沉浮运动，而车体绕 3 个坐标轴的振动分别称为侧滚振动、点头振动和摇头振动，其回转振动幅角分别用 $\pm\phi$、$\pm\varphi$ 和 $\pm\psi$ 表示。于是车体在空间的位置完全由 6 个自由度的运动系统来描述，如图 5-1 所示。

（1）伸缩运动，即车体沿着 x 轴方向所做的纵向振动，在某一瞬间，车体各点的纵向位移相等，车体平行于原有的平衡位置。

（2）横移（横摆）振动，即车体沿 y 轴方向所做的横向振动，在某一瞬间，车体各点的横向位移相等，车体平行于原有的平衡位置。

（3）浮沉振动，即车体沿着 z 轴方向所做的铅垂振动，在某一瞬间，车体各点的铅垂位移相等，车体平行于原有的平衡位置。

（4）侧滚振动，及车体绕 x 轴作幅角为 $\pm\phi$ 的回旋振动。

（5）点头振动，即车体绕 y 轴作幅角为 ±φ 的回旋振动。

（6）摇头振动，即车体绕 z 轴作幅角为 ±ψ 的回旋振动。

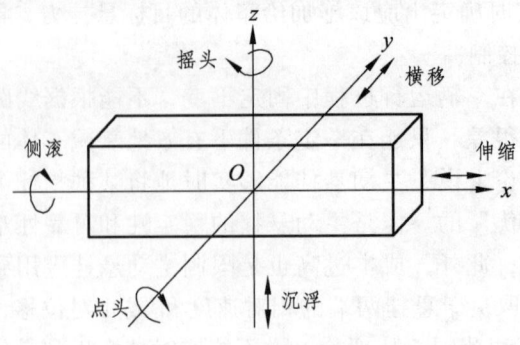

图 5-1　车体振动自由度

车辆在运动过程中，即存在自由振动，又存在强迫振动。对于各种车辆，上述 6 种振动形式都可以同时存在。但由于车辆的机构形式、弹簧装置参数和装载状态、运行速度的不同，以及运行在不同结构状态的线路上，所以它们各自出现的主要振动形式也是不同的。或者说，上述每种振动形式都不一定是单独出现的，车辆复杂的振动在大多数情况下是上述 6 种基本振型按不同组合耦合在一起发生的。在研究车辆振动时，因为浮沉和点头振动的组合发生在车体的纵向铅垂平面 xOz 内而称为垂直振动；车辆的摇头和滚摆振动的组合发生在水平面 xOy 和车体横向铅垂平面 yOz 内而称为横向振动；车辆的伸缩振动沿车体纵向振动产生而称为纵向振动。

研究表明，在车辆的垂向和横向运动之间仅存在弱耦合的情况下，研究车辆的垂向运动时只需考虑其浮沉和点头，而不必考虑横向运动；讨论横向运动只需考虑其侧滚、侧摆和摇头，不必考虑垂向运动。城轨车辆和列车动力学研究基本上可分为两个范畴：

（1）响应问题，即预测车辆在轨道不平顺或通过曲线时所引起的动力特性。

（2）稳定性问题，即研究系统在不同运行工况下的稳定性和动力特性。

5.3　引起城轨车辆振动的原因

城轨车辆是一个多自由度的振动系统，作用于该系统的各种激扰力使其产生复杂的振动过程。引起车辆振动的主要原因可概括为

（1）与轨道有关的激扰因素；

（2）与车辆结构有关的激扰因素。

由于这些激扰大多是随城轨车辆速度的增大而加剧的，所以城轨车辆的高速振动问题就显得比较突出。为了保证城轨车辆运行平稳舒适，减轻对城轨车辆本身和线路的破坏作用，确保行车安全，需要用理论分析和试验相结合的方法，研究城轨车辆在运行过程中产生的力学过程，掌握城轨车辆车体、转向架的振动规律，以便合理设计城轨车辆有关结构，正确选定弹簧装置、轴箱定位装置、制动装置和减振器等的参数，并为有关零部件的强度计算提供必要数据。同时，线路和城轨车辆是一个统一体，两者相互依存，互相影响，必须共同提高。所以，研究城轨车辆必须结合线路条件，并为线路结构、强度和养护标注等

提供依据。当要求大幅度提高线路质量或要求改进城轨车辆动力学性能时，首先应致力于后者，因为前者耗资大，而且往往不容易实现。

5.3.1 与轨道有关的激振因素

1. 钢轨接头处的钢轨冲击

车轮通过钢轨接头时，车轮上收到的冲量为 S（见图 5-2）：

$$S = M_w \Delta V = M_w V_a \theta \tag{5-1}$$

式中，M_w——每个车轮的簧下质量；θ——车轮通过钢轨接头前后轮轨接触点与轮心所张的角。

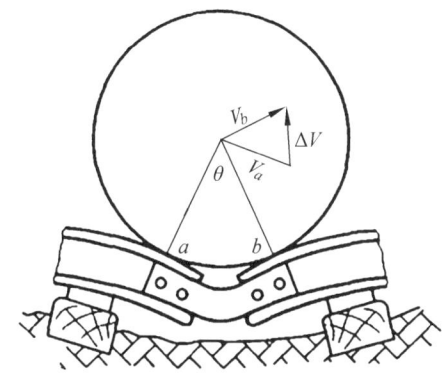

图 5-2　车轮通过钢轨接头

2. 钢轨的垂向变形

在车辆动力学计算中，为了分析方便，将轮轨接触点垂向轨迹简化为半个正弦波或者整个余弦波（见图 5-3），即

$$z_t = -\left|2a \sin \frac{\pi V t}{L_r}\right| \text{ 或 } z_t = a\left(\cos \frac{2\pi V t}{L_r}\right) \tag{5-2}$$

式中，$2a$——一根钢轨的端部和中部下沉量之差；L_r——轨条长度；V——车辆运行速度；
　　　t——自某初始位置经历的时间。

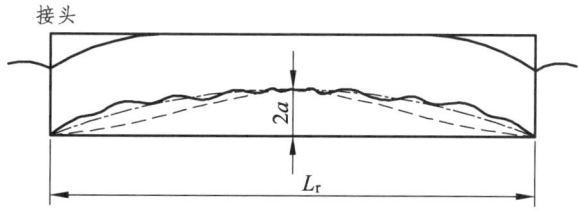

图 5-3　有缝线路的垂向变形

3. 钢轨的局部不平顺

轨道局部不平顺包括

（1）车辆通过曲线时轨道在垂向的超高及其顺坡，横向的方向变换、曲率半径变换和轨距的变化。

（2）车辆通过道岔辙叉部时，由于存在有害空间，钢轨是不连续的，所以轮对过辙叉时有上下运动。同时，由于道岔中有导曲线而无超高和缓和曲线，在横向有骤加的方向变化和曲率半径变化，如图 5-4 所示。

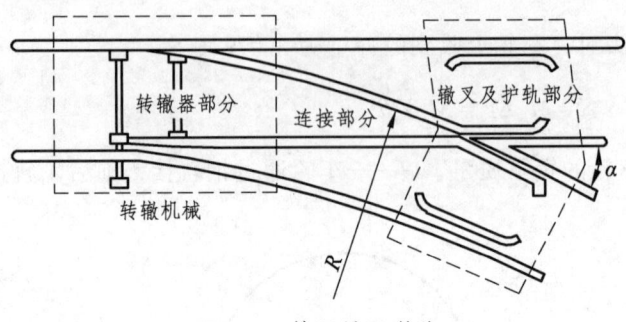

图 5-4　普通单开道岔

（3）此外，轨道还存在上坡下坡、钢轨局部磨损、损伤，路基局部隆起和下沉，气温变化引起轨道膨胀等。

4. 钢轨的随机不平顺

对于轨道的不平顺，有些可以用确定的形式来描述，但是有些线路不平顺是不确定的，是随时随地变化的——这些不能用确定形式表达，但可以用数学统计方法来描述的不平顺称为轨道的随机不平顺（见图 5-5）。通常将轨道的随机不平顺分为水平、轨距、高低和方向 4 种不平顺。

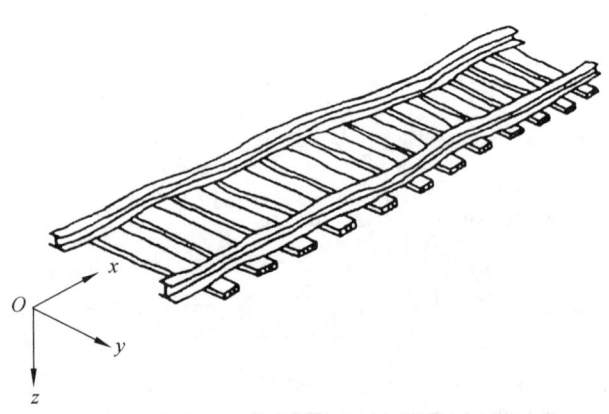

图 5-5　轨道不平顺的状态

（1）水平不平顺。

在直线区段，左右钢轨顶面对应点的高差形成的沿轨长方向的不平顺称为水平不平顺，如图 5-6（a）所示。在轨道上有两种不同性质的水平误差，对行车危害程度是不同的。第 1 种称为水平差，即在相当长的范围内，一股钢轨轨顶面始终高于另一股钢轨。第 2 种称为三角坑，例如在 18 m 线路长度范围内，先是一股钢轨（左轨）轨顶面高于另一股钢轨（右轨），然后另一股钢轨（右轨）轨顶面高于一股钢轨（左轨）。轨道水平不平顺的数值 z_c 由下式表示：

$$z_c = z_1 - z_2 \tag{5-3}$$

此外，也有将轨道水平不平顺按左右两轨高差所形成的倾角来表示，即

$$\theta_c = \frac{z_c}{2b} \tag{5-4}$$

轨道水平不平顺是引起机车车辆横向滚摆耦合振动的重要原因。

（2）轨距不平顺。

左右两轨的轨距沿轨道长度方向上的偏差，称为轨距不平顺，如图 5-6（a）所示。其数值 y_g 以实际轨距与名义轨距之差来表示，即

$$y_g = y_2 - y_1 - g \tag{5-5}$$

式中，g 为名义轨距，在直线上名义轨距为 1 453 mm，而曲线上根据曲线半径大小对轨距加宽。无论在直线上或者曲线上，容许偏差最宽不超过名义轨距 6 mm，最窄不超过名义轨距 2 mm。轨距不平顺是由左右两轨的方向不平顺所派生的，轨距大小对钢轨磨耗和车辆运行稳定性、安全性都有一定影响。

（3）高低不平顺（垂直不平顺）。

轨道中心线上下的不平顺称为高低不平顺，如图 5-6（b）所示。线路经过长期运用后，由于路基捣固坚实程度、扣件松动、钢轨磨耗等引起轨道高低不平顺。一般伸展很长的坑洼（几米或者十几米），主要由路基下沉和枕木腐朽形成的。轨道高低不平顺的数值 z_v 以左右轨的平均值来表示，即

$$z_v = \frac{z_1 + z_2}{2} \tag{5-6}$$

式中　z_1，z_2——左右钢轨高低不平顺的数值。轨道高低不平顺是激起车辆垂向振动的主要因素，例如长度在 4 m 以下的高低不平顺会引起轮轨间很大的作用力，使机车车辆振动和道床加速变形。而长度在 100~300 mm 的高低不平顺是由于钢轨波浪形磨耗、焊接接头低陷或轨面擦伤形成的。据试验，如果长度在 100~300 mm 范围有 3 mm 的高低不平顺，当车辆以 90 km/h 通过这些不平顺时所产生的轮轨冲击力可高达 300 kN，为轮轨静压力的 3 倍。

（4）方向不平顺。

方向不平顺是指左右两根钢轨沿长度方向在横向平面内呈现的弯曲不直，其数值 y_a 以实际轨道中心线与理想轨道中心线的左右偏差来表示，如图 5-6（c）所示，即

$$y_a = \frac{y_1 + y_2}{2} \tag{5-7}$$

式中　y_1，y_2——左右钢轨的横向坐标值。轨道方向不平顺激发轮对产生横向运动，是引起机车车辆左右横摆和侧滚振动的主要原因。轨道方向不平顺一般由轨道铺设时的初始弯曲、养护和运用中积累的轨道横向弯曲变形等原因引起。

上述各种轨道不平顺是连续的、不间断的，同时也是随机变化的。通过大量的线路试验，并经过数理统计方法整理，可以得出轨道的各种不平顺谱，利用这些轨道谱可以计算机车车辆通过线路时的随机响应，并可以测算车辆的运行平稳性和结构疲劳性能，同时也可计算线路上所受的轮轨作用力。

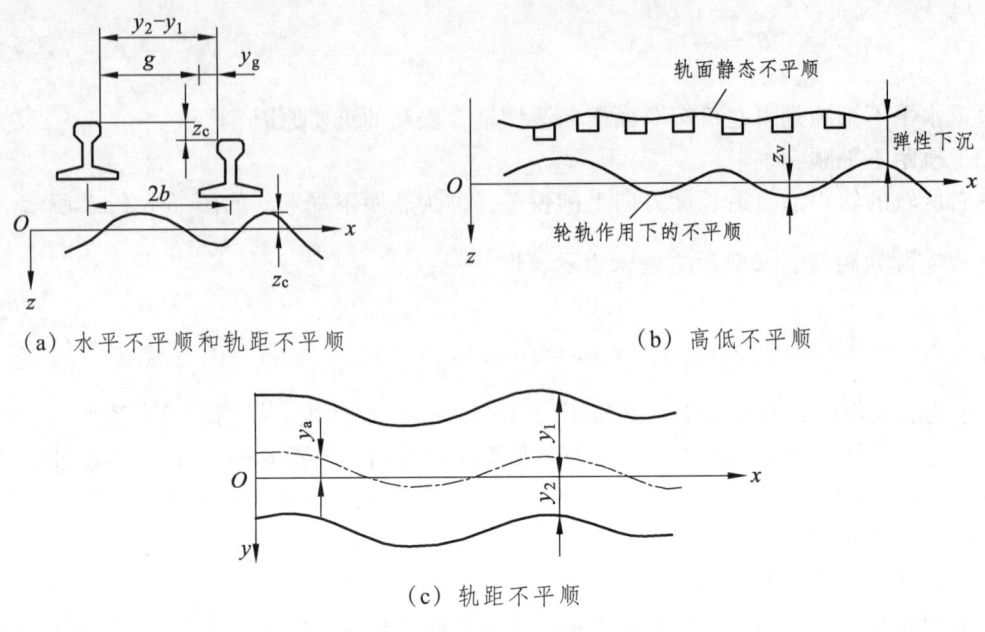

图 5-6 轨道随机不平顺的种类

5.3.2 轨道不平顺的数值模拟

1. 轨道不平顺的数值模拟方法

由于轨道不平顺具有随机性特征，是与轨道长度有关的随机性过程，只能用统计量从时域、频域等方向进行描述。功率谱密度函数具有直观性，同其他一些统计量具有变化关系，成为描述轨道不平顺特征的主要统计特性。由于轨道不平顺分为 4 类，相应的轨道谱功率谱也有 4 类，即垂直不平顺、方向不平顺、水平不平顺和轨距不平顺轨道谱。常用的轨道不平顺数值模拟方法有三角级数法、白噪声滤波方法、频域法等。仿真表明，三角级数法把轨道不平顺看作零均值的平稳高斯过程，这与实际情况不符；二次滤波法在模拟不同形式轨道谱时域样本时，都需要设计与功率谱密度相匹配的滤波器，缺乏通用性；频域功率谱方法精度高，通用性好，适合任何形式的轨道功率谱。本书采用频域功率谱方法来实现轨道不平顺的数值模拟。（基于频域功率谱的轨道不平顺数值模拟程序详见附录 1）

（1）利用双边谱密度函数确定时域序列的频谱幅值。设轨道不平顺信号双边功率谱密度 $S_x(f)$，采样点数为 N，频率采样间隔为 Δf，采样周期和总采样时间分别为 Δt 和 ts，则时域序列的频谱幅值为

$$|X(k)| = N\sqrt{S_x(f = k\Delta f)\Delta f} \ (k = 0, 1, 2, \cdots, N-1) \tag{5-8}$$

（2）为每一个幅值 $|X(k)|$ 对应一个随机相位 ξ_k。设 ξ_k 为复数，$\xi_k = 1$，$\varphi_k = 2\pi k/N$ $(k = 0,1,2,\cdots,N-1)$，则随机相位 ξ_k 表示为

$$\xi_k = \cos\varphi_k + i\sin\varphi_k = e^{i\varphi_k} \tag{5-9}$$

（3）利用傅立叶逆变换，得到轨道不平顺的时域模拟序列 $x(n)$。对由幅值 $|X(k)|$ 和相位 ξ_k 所构成的频谱序列进行傅立叶逆变换（IFFT），得到轨道不平顺的时域序列模拟样本 $x(n)$。

$$x(n) = \frac{1}{N}\sum_{k=0}^{N-1} X(k) \exp\left(\frac{i2\pi kn}{N}\right) (n = 0,1,2,\cdots,N-1) \tag{5-10}$$

2. 轨道不平顺数值模拟仿真

利用频率功率谱方法来模拟其轨道方向不平顺和水平不平顺，以某轨道谱的方向不平顺 S_a 为例，其功率谱密度函数表达式如下：

$$S_a = \frac{A_a\Omega_c^2}{(\Omega^2 + \Omega_r^2)(\Omega^2 + \Omega_c^2)} \tag{5-11}$$

其中，Ω 为空间角频率，Ω_c 和 Ω_r 为截断空间角频率，A_a 为粗糙度系数，并且有 $\Omega_c = 0.824\,6$ rad/m，$\Omega_r = 0.020\,6$ rad/m，$A_a = 2.119\times10^{-7}$ m·rad。设 $V = 100$ km/h，$f_{\min} = 0.5$ Hz，$f_{\max} = 200$ Hz，仿真时间 T 取 10 s，该轨道谱方向不平顺数值模拟如图 5-7 所示。

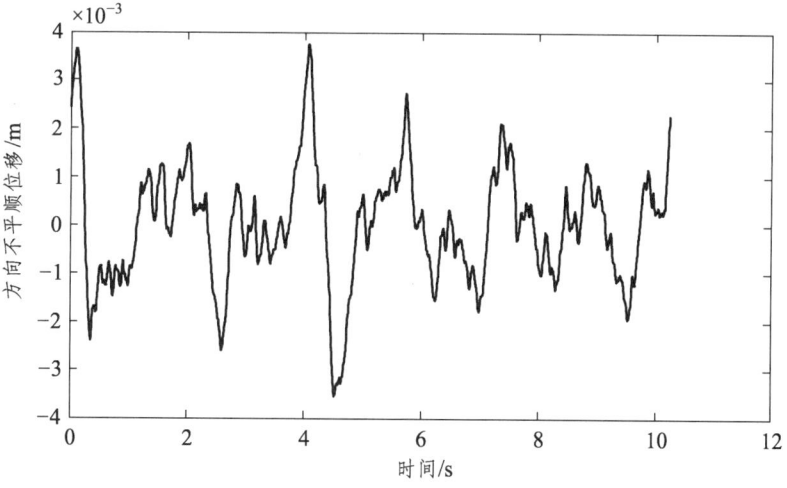

图 5-7　某轨道谱方向不平顺数值模拟

如图 5-8 所示画出了某轨道功率谱解析值与模拟值的比较，其中实点表示模拟值，实线表示解析值。从图中可知，两条曲线几乎完全重合，误差较小，表明基于频域功率谱方法所模拟轨道不平顺具有精度高的优点。

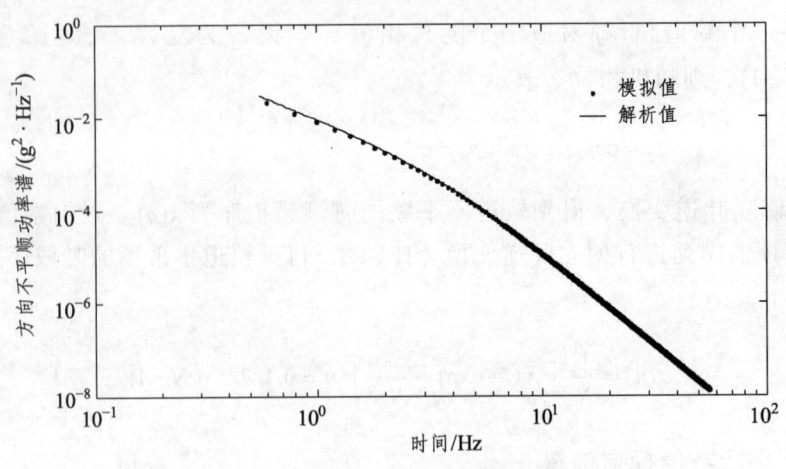

图 5-8　方向不平顺功率谱解析值与模拟值比较

5.3.3　与车辆结构有关的激振因素

1. 车轮偏心

轮对在制造和维修中，由于工艺和机床设备等原因，车轴中心与实际车轮中心之间可能存在一定的偏心。当车轮沿轨道运行时，车轴中心相对于瞬时转动中心会出现上下和前后的运动。这将激起车辆的上下振动和前后振动，如图 5-9 所示。

2. 车辆不均质（重）

如果车轮的质量不均匀，车辆的质心与其几何中心不一致，则当车轮转动时会在车轮上出现转动的不平衡力。车轮偏心和车轮不均质（重），均会引起轮轨间的动作用力，车辆运行速度越高，则引起的轮轨相互动作用力就越大。

3. 车轮踏面擦伤

车辆踏面存在擦伤时，车轮滚过擦伤处，轮轨间发生冲击，钢轨受到一个向下的冲量，而车轮受到一个向上的冲量，如图 5-10 所示。车轮踏面擦伤引起轮轨之间的冲击也是周期性的。

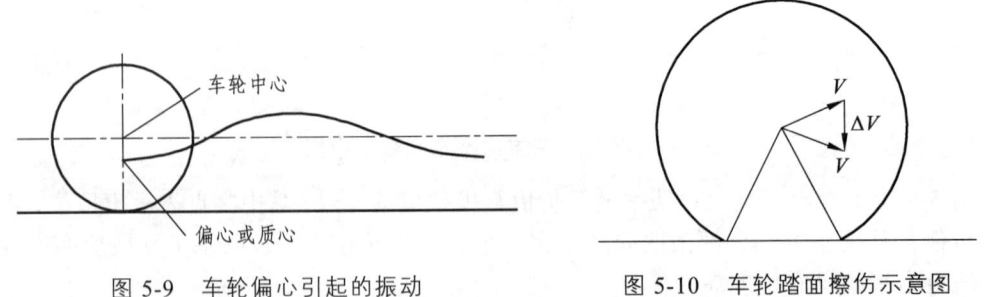

图 5-9　车轮偏心引起的振动　　　　图 5-10　车轮踏面擦伤示意图

4. 车轮踏面锥形

自从铁路在世界上出现以来，机车车辆车轮始终采用具有锥形外形的踏面，而锥形踏面一定会导致轮对的蛇行运动——即轮对沿轨道向前滚动的同时还环绕其中心垂轴左右回转。这就是铁路机车车辆所固有且无法消除的一种自激振动。当车辆沿轨道运行时，轮对有蛇行的倾向，轮对的蛇行运动将激起车辆簧上部分的振动，而车辆簧上部分的振动也将反过来影响轮对的蛇行运动。

5.4 车辆运行评定及其评估标准

5.4.1 车辆运行平稳性

1. Sperling 平稳性指标

用平稳性指标来评价车辆运行性能的方法在国际上获得广泛的应用。Sperling 是基于大量实验而制定的平稳性指标用于评定车辆本身的运行品质和旅客乘坐舒适度，运行品质由车辆本身来衡量，而舒适度还与旅客对振动环境的敏感度有关。因此，Sperling 平稳性指标的定义可描述为，基于大量实验而制定的，用于评定车辆本身的运行品质和旅客乘坐舒适度的指标，该指标 W 由下面的式子表示。

（1）用于运行品质的评价：

$$W = 0.986 \sqrt[10]{\frac{j^3}{f}} \tag{5-12}$$

（2）用于舒适度的评价：

$$W = 0.986 \sqrt[10]{\frac{j^3}{f} F(f)} \tag{5-13}$$

式中，j——振动加速度，cm/s^2；f——振动频率，Hz；$F(f)$——与振动频率有关的修正系数，由经验得出。$F(f)$ 的引入是考虑人体对各种振动频率的敏感度不同，在常用的频率范围内，垂向和横向的 $F(f)$ 值是不同的。

（1）对于垂向振动，修正系数 $F(f)$ 如下：

$$F(f) = \begin{cases} 0.325 f^2 & (f = 0.5 \sim 5.9\ \text{Hz}) \\ 400/f^2 & (f = 5.9 \sim 20\ \text{Hz}) \\ 1 & (f > 20\ \text{Hz}) \end{cases} \tag{5-14}$$

（2）对于横向振动，修正系数 $F(f)$ 如下：

$$F(f) = \begin{cases} 0.8 f^2 & (f = 0.5 \sim 5.4\ \text{Hz}) \\ 650/f^2 & (f = 5.4 \sim 26\ \text{Hz}) \\ 1 & (f > 26\ \text{Hz}) \end{cases} \tag{5-15}$$

以上是根据单一频率的等幅振动得到的，由于车辆振动实际上是随机的，其加速度和频率都随时间而变,此时需将振动波形按频率分组,统计每一频率中不同加速度的 W 值(平稳性指标程序详见附录 2),总的平稳性可按下式求得:

$$W_\Sigma = (W_1^{10} + W_2^{10} + \cdots + W_n^{10})^{\frac{1}{10}} \tag{5-16}$$

如图 5-11 和图 5-12 所示分别表示垂向和横向平稳性指标曲线,图中已计及 $F(f)$ 的影响,由振动频率及加速度可直接查出相应的平稳性指标值。

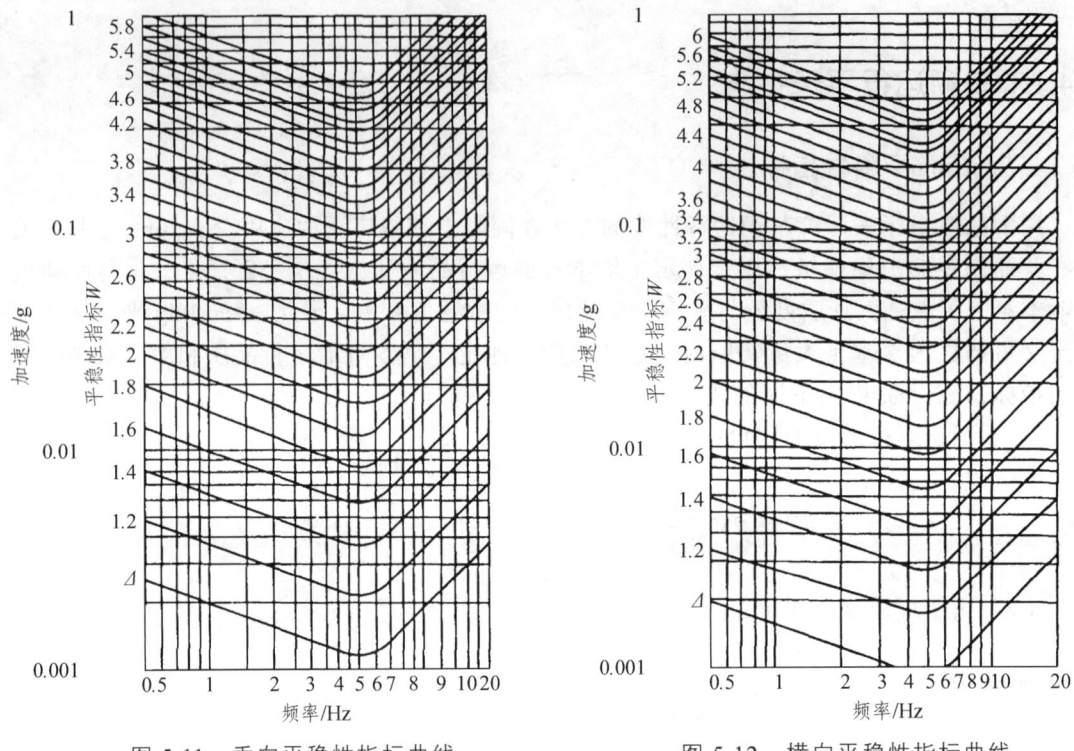

图 5-11　垂向平稳性指标曲线　　　　图 5-12　横向平稳性指标曲线

根据 W_Σ 值来评定平稳性的等级,如表 5-1 所示。我国主要也用平稳性指标来评定车辆的运行性能,但对等级做了简化,如表 5-2 所示。

表 5-1　车辆运行平稳性指标与等级

W 值	运行品质	W 值	乘客舒适度(对振动感觉)
1	很好	1	刚能感觉
2	好	2	明显感觉
3	满意	2.5	更明显,但并无不快
4	可以运行	3	强烈,不正常,但还能忍受
		3.25	很不正常
4.5	运行不合格	3.5	极不正常,可厌,烦恼,不能长时间忍受
5	危险	4	极可厌,长时间承受有害

表 5-2 我国车辆运行平稳性指标与等级（GB 5599—1985）

平稳性等级	评定	平稳性指标 W 值	
		客车	货车
1 级	优	<2.5	<3.5
2 级	良好	2.5~2.75	3.5~4.0
3 级	合格	2.75~3.0	4.0~4.25

2. ISO 指标

ISO（即国际标准化组织）把振动对人体的影响用疲劳强度 T 表示，从维持工作效能、健康和舒适度出发，相应地提出了下列 3 种限度：工效下降限度、承受限度、舒适度下降限度。当人体连续受到机械振动时，经一段时间后便因疲劳而使工作效能下降，至于疲劳到何种程度使工作效能下降取决于众多因素，且因人而异。从图 5-13 和图 5-14 中可以表明工效下降时间限度与振动加速度和频率间的关系，这是根据飞行员和汽车驾驶员大量测试研究而得到的。由图可见，就水平方向振动而言，人对频率 2 Hz 以下的振动最敏感；就垂向振动而言，人对频率在 4~8 Hz 振动最敏感。另外两种限度曲线都与工效下降限度曲线形状相同，将工效下降限度曲线的振动加速度乘以 2 即提高 6 dB，可得承受限度曲线；将工效下降曲线的振动加速度除以 3.15 即降低 10 dB，可得舒适度下降限度曲线。这些都是对各种运输工具的大量研究得出的。

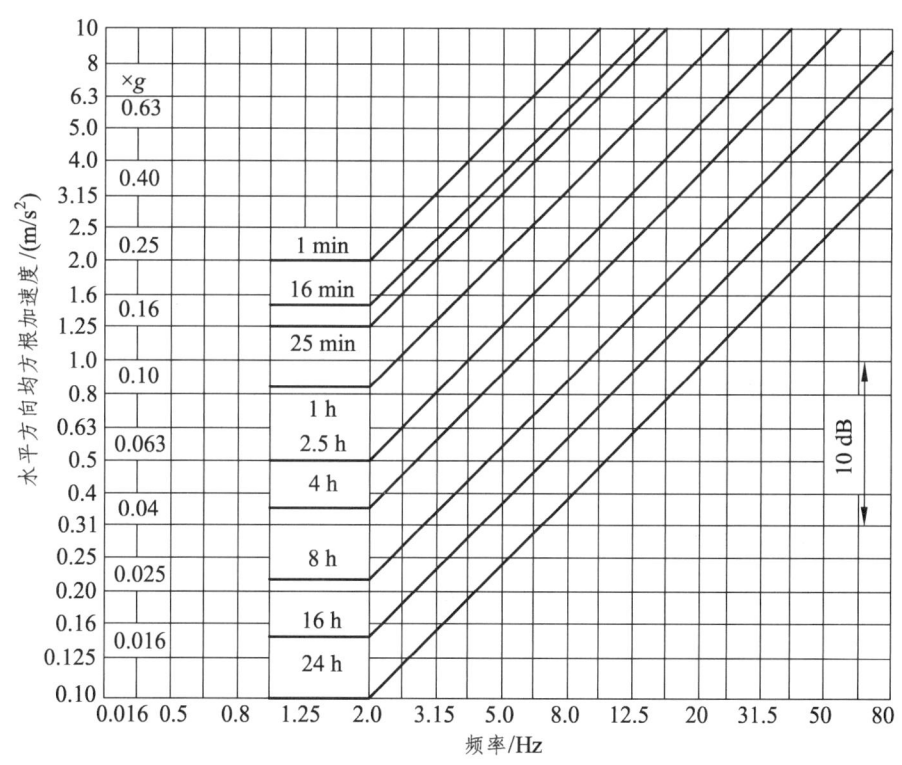

图 5-13 ISO 疲劳时间与水平向振动的关系

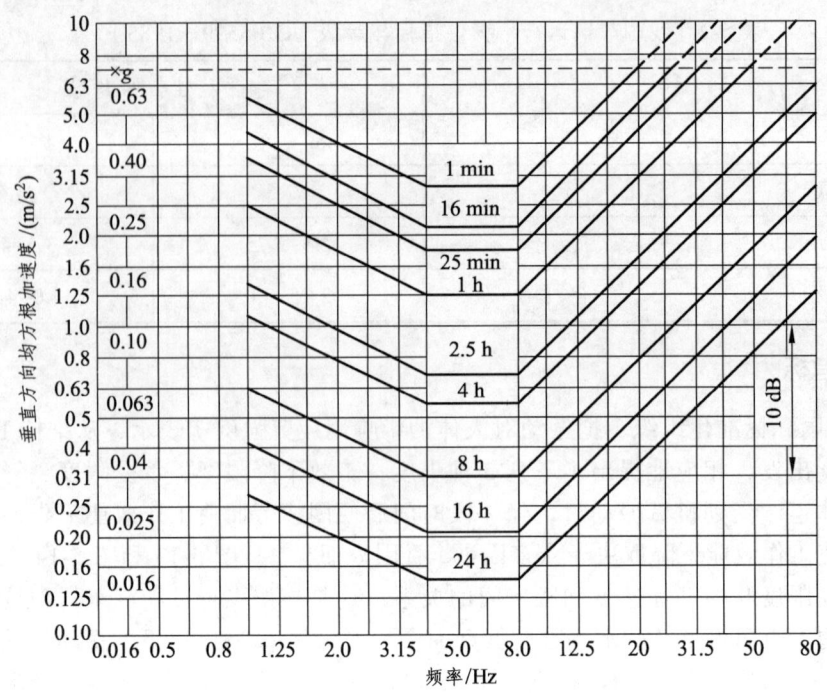

图 5-14 ISO 疲劳时间与垂向振动的关系

5.4.2 车辆运行稳定性

车辆运行稳定性主要包括防止蛇行运动的稳定性、防止脱轨的稳定性和车辆倾覆的稳定性，其评价限界分别阐述如下。

1. 防止蛇行运动的稳定性

在轮轨间蠕滑力的作用下，车辆运行到达某一临界速度时会产生失稳的自激蛇行运动。高速时的蛇行运动表现为轮对和转向架的激烈地横向运动，它威胁到运行安全。为此，要求车辆蛇行运动的临界速度 V_c 要远高于其最高运行速度 V_{max}，以保证有足够的安全裕量。即必须满足 V_{cmax}。

此外，一辆车即使有足够的速度裕量，但如果阻尼过小，仍有可能在运行中受到某些激励致使振动不能很快衰减。因此，要求车辆的各种振型在运动速度范围内应有足够的阻尼，一般阻尼在其临界值的 0.1~0.2 是合适的。

2. 防止脱轨的稳定性

车辆运行时，在线路状态、运行条件、车辆结构参数和装载等因素最不利的组合下可以导致车辆脱轨。评定防止车轮脱轨稳定性的指标"脱轨系数"，早已由 Nadal 给出计算脱轨系数的公式：

$$\frac{Q}{P} = \frac{\tan\alpha - \mu}{1 + \mu\tan\alpha} \tag{5-17}$$

式中 Q，P——作用在车轮上的横向力和垂向力（见图5-15）；α 和 μ 分别为车辆轮缘角和轮缘处的摩擦系数。

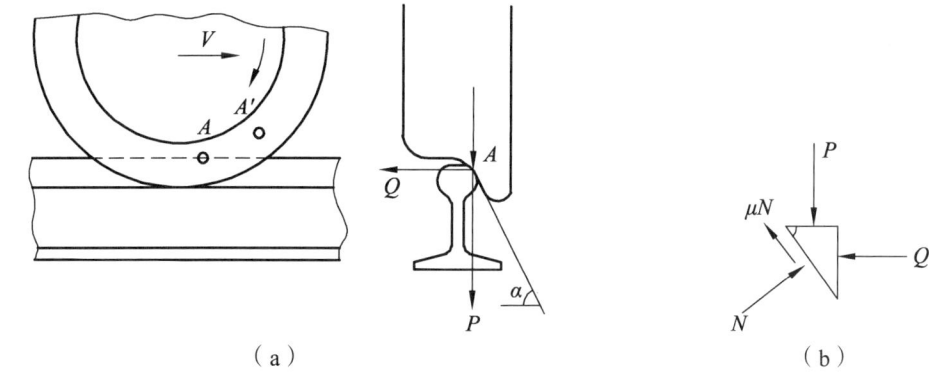

图 5-15 轮轨接触与作用力

式（5-17）表示车轮界于脱轨与不脱轨间的临界状态。脱轨系数的限界值与车轮的轮缘角 α 和轮缘处的摩擦系数 μ 有关，如图5-16所示。

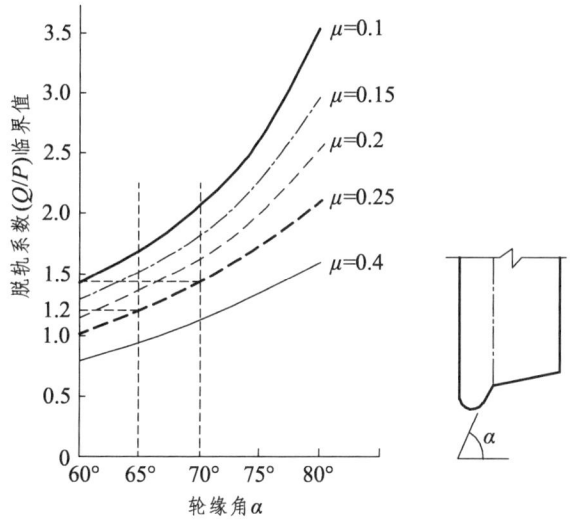

图 5-16 脱轨系数与 μ 及 α 的关系

由于各国车轮的轮缘角 α 和轮缘处的摩擦系数 μ 的值差别很小，所以脱轨系数的限界值也非常接近，我国制定的标准如表5-3所示，表中第1项为合格标准，第2项为增大安全裕度的标注。

表 5-3 我国脱轨系数标准

指 标	限 度	
	第 1 限度	第 2 限度
脱轨系数 Q/P	≤1.2	≤1.0
轮重减载率 $\Delta P/P$	≤0.65	≤0.60

此外，当车辆以低速通过曲线时，我国还用轮重减载率 $\Delta P/P$ 来衡量有无可能一侧车轮

减载率过大而导致脱轨，这里的 ΔP 为轮重减载率，P 为左右轮平均轮重。轮重减载率的限度值见上表。

3. 防止车辆倾覆的稳定性

车辆运行时，在侧向风力、离心力和横向振动惯性力的最不利组合下可使车辆向一侧倾覆，车辆是否倾覆用系数 D 来横向，即

$$D = \frac{P_d}{P_{st}} \tag{5-18}$$

当车辆一次总的车轮轮重减载率到 0 即 $D=1$ 时，车辆达到倾覆的临界状态，为防止车辆倾覆，国标 GB 5599—1985 中规定的 $D<0.8$。

5.5 车辆通过曲线时的舒适性和磨耗性能

5.5.1 车辆通过曲线时的舒适性及其评价标准

1. 未平衡的离心加速度及其评价标准

列车通过曲线时，车辆和旅客都要经受离心力和离心加速度。该离心加速度为

$$a_c = \frac{V^2}{R} (\mathrm{m/s^2}) \tag{5-19}$$

式中　V——列车通过曲线时的速度，m/s；R——曲线半径，m。离心加速度的量纲也可以用重力加速度的倍数来表示，此时离心加速度可写成

$$g_c = \frac{V^2}{gR} \tag{5-20}$$

式中　g——重力加速度，$g = 9.81 \mathrm{~m/s^2}$。为了减少列车通过曲线时旅客经受的离心加速度和轮轨间的相互作用力，国内外铁路都采用在曲线上设置超高的办法。曲线超过一般设置在外轨上，即把外轨抬高，而内轨保持原来高度不变。这样轨道平面不再保持水平面，而是与水平面之间呈一定夹角称为超高角。

当曲线上存在超高时，车辆及所载旅客本身重力有一个指向曲线内侧的横向分量，它使车辆产生重力加速度的横向分量，如图 5-17 所示。

有了超高以后，旅客承受的离心加速度和重力加速度力量可互相抵消一部分。这时旅客经过的未平衡离心加速度为

$$g_c = \frac{V^2}{gR} - \frac{h}{S} \tag{5-21}$$

式中，h——外轨超高量，mm；V——列车通过曲线时的速度，m/s；S——左右钢轨顶面中

心距离，mm，准轨铁路 $S = 1\ 500$ mm。若 $h_d > 0$，即离心加速度大于重力加速度横向分量，h_d 称为欠超高；若 $h_d < 0$，即离心加速度小于重力加速度横向分量，h_d 称为过超高；若 $h_d = 0$，则离心加速度恰好与重力加速度横向分量相平衡，此时的列车速度称为平衡速度或均衡速度。在客货运混跑的线路上，由于客货列车行车速度不同，在设置线路实际超高时要兼顾客货列车的运行速度，因此列车在实设超高的线路上运行时，旅客列车往往出现欠超高，而货物列车往往出现过超高。未平衡的离心加速度或欠超高过大，往往使旅客感到不适，尤其是在曲线较多的山区铁路，会造成旅客晕车。

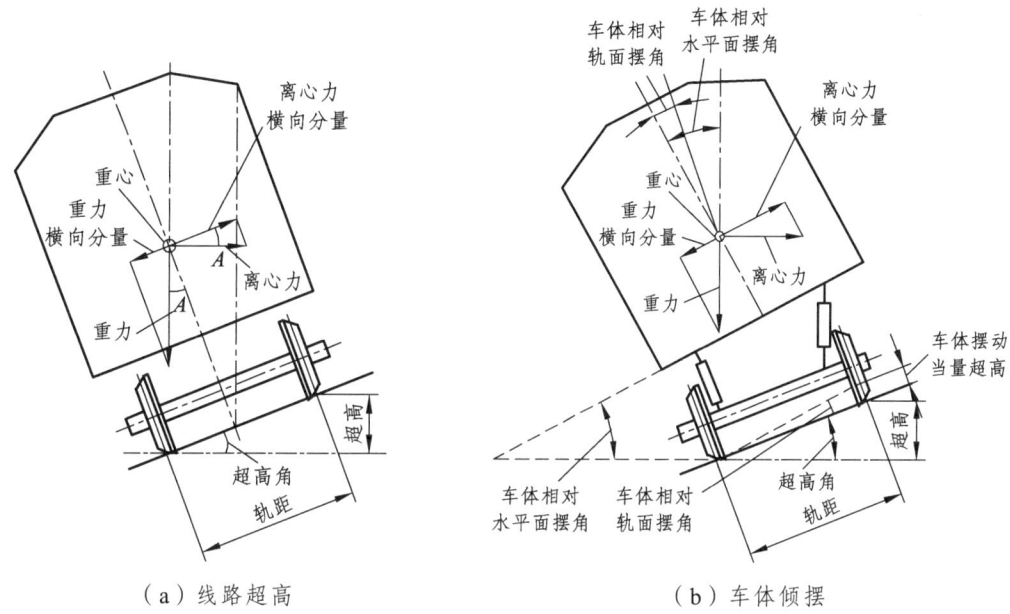

（a）线路超高　　　　　　　　（b）车体倾摆

图 5-17　车辆通过曲线时由于线路超高及车体倾摆车辆上作用的横向力

根据国内外铁路大量试验和实践证明，未平衡的离心加速度 g_c 有以下经验数据：

（1）$g_c < 0.04\,g$，旅客对未平衡的离心加速度无明显感觉。

（2）$g_c = 0.05\,g$，旅客觉察未平衡的离心加速度，但无不舒服的感觉。

（3）$g_c = 0.077\,g$，一般旅客能长时间承受这种未被平衡的离心加速度。

（4）$g_c = 0.1\,g$，一般旅客能承受不频繁的这种未平衡的离心加速度。

国外有些铁路按未平衡的离心加速度作为旅客通过曲线时的舒适度标准，并规定，在条件较好的线路上，旅客列车的未平衡离心加速度 $g_c < 0.05\,g$，而在山区和提速线路上 $g_c < 0.077\,g$，最大不超过 $0.1\,g$。

我国铁路用欠超高的形式来保证列车通过曲线时的安全性和旅客舒适度，按铁路设计规定，

（1）在等级较高的线路上，旅客列车的欠超高 $h_d < 70$ mm；

（2）在一般线路上，欠超高 $h_d < 90$ mm；

（3）在既有线路上提速，某些线路的超高量 $h_d < 110$ mm。

未被平衡的离心加速度与欠超高之间的关系如表 5-4 所示，从表中可知，我国的欠超高规定与国外采用的未被平衡的离心加速度标准比较接近，但我国的规定更严格一些。

表 5-4　未被平衡的离心加速度与欠超高之间关系

未被平衡的离心加速度 g_c	0.05g	0.073g	0.077g	0.1g
欠超高 h_d/mm	75	110	115.5	150

2. 曲线限速及提速措施

列车在曲线半径为 R 的曲线上行驶时，由于实设超高已定，而且欠超高量 h_d 不能超过规定标准，因此在列车在曲线上最大速度限制为

$$V_h = \sqrt{\frac{(h + h_d)R}{11.8}} \tag{5-22}$$

式中 h——实设超高，mm；h_d——规定欠超高限值，mm；R——圆曲线半径，m。由此可见，要提高列车在曲线上的限速，必须要加大曲线半径、增高线路超高或者增大容许欠超高量。但加大曲线半径，往往受地形地貌的限制，要改变地貌需要大量工程费用，不能轻易改变。而实设超高又必须兼顾客货列车速度，且根据列车过曲线时安全性要求，我国实设超高 $h<150$ mm，也不可能继续增加。另外，容许欠超高与旅客舒适度有关也不能轻易变更加大。为了进一步提高列车通过曲线时的速度，国内外发展了各种形式的摆式列车，亦即通过各种措施，使客车的车体在通过曲线时可向内侧倾摆，即车体相对于轨道平面转动一个角度，如图 5-16（b）所示。摆式车辆车体的倾摆角相当于增加轨道的实设超高。摆式车辆车体的倾摆角大小在一定范围内，可以随离心加速度的变化而变化，即离心加速度小，车辆车体倾摆角小；离心加速度大，车辆车体倾摆角亦大。这样可使旅客感受的未被平衡的离心加速度基本保持在容许范围之内。因此，采用摆式车辆可以比较高的速度通过曲线而不降低旅客的舒适度。考虑了摆式车辆车体倾角后，摆式列车通过曲线时限速公式为

$$V_h = \sqrt{\frac{(h + h_d + h_t)R}{11.8}} \tag{5-23}$$

式中 h_t——车体倾摆后的当超高量，mm。如表 5-5 所示列出了常规列车和倾角 3°、6.5° 的摆式车辆在不同半径曲线上时的曲线限速（计算中取 $h = 125$ mm，$h_d = 110$ mm）。从表中可见，采用摆式车辆可在不改变线路平面、不影响货物列车正常运行的条件下提高旅客列车通过曲线的限速，而且倾角越大，允许曲线限速越大。根据国外运用经验，采用摆式车体的车辆可以提高曲线限速 30%~40%，提高旅行速度 15%~20%。

表 5-5 常规车辆和倾角为 3°、6.5° 的摆式车辆在不同半径曲线上的限速 单位：km/h

曲率半径/m		250	300	350	400	500	600	1000	1500
常规车辆		71	77	83	89	100	109	141	172
摆式车辆	3°倾角	81	89	96	103	115	126	162	199
	6.5°倾角	93	101	110	117	131	143	185	226

3. 车辆通过缓和曲线时的舒适度标准

车辆通过缓和曲线时，外轨上的车轮逐渐上升而内侧钢轨上的车轮保持高度不变，如果不考虑弹簧的动态变形，则在缓和曲线上车体相对于轨道平面的侧滚角逐渐增大，车体侧滚角变化速度也影响旅客的舒适度，尤其是车辆通过反向曲线，车体反复滚动对旅客舒适影响最大。我国铁路设计标准规定如下。

（1）对于一般铁路：

$$V\frac{l_s}{9h_{\max}} \tag{5-24}$$

式中　$V_{\max}$——列车通过曲线时的最大速度，km/h；l_s——缓和曲线长度，m；h——实设超高，mm。若换成外侧车轮上升速度，即

$$\frac{h}{t} < 31 \,(\text{mm/s}) \tag{5-25}$$

式中　t——列车通过缓和曲线的时间。

（2）对于困难地段：

$$V\frac{l_s}{7h_{\max}} \tag{5-26}$$

若换成外侧车轮上升速度：

$$\frac{h}{t} < 40 \,(\text{mm/s}) \tag{5-27}$$

（3）国外采用摆式列车在既有线路上提速时，采用列车通过缓和曲线时车体侧滚速度作为旅客舒适度标准直以，并规定

$$\frac{\theta}{t} < \frac{5°}{s} \tag{5-28}$$

式中　θ——车辆通过曲线时相对于水平面的侧滚角，(°)；t——列车通过缓和曲线的时间。外侧车轮上升速度与车体侧滚速度之间存在如表5-6所示的换算关系：

表5-6　外侧车轮上升速度与车体侧滚速度之间的换算关系

$h/t/$（mm/s）	31	40	131
$\theta/t/$（°/s）	1.18	1.52	5

此外，国外对摆式车辆的车体倾摆角加速度还规定不小于15°/s²。

5.5.2　车辆通过曲线时的磨耗指数

车辆通过曲线时所产生的车辆踏面、轮缘和钢轨的磨耗是评价车辆技术经济指标的一个重要内容。美国和加拿大等国常采用"磨耗"指数来衡量轮轨的磨耗程度：

$$W_1 = \mu F \psi \tag{5-29}$$

$$W_2 = \mu F \left[\left(\frac{a}{R} \right)^2 + (\psi \tan \alpha)^2 \right]^{\frac{1}{2}} \tag{5-30}$$

式中 μ——轮轨间的摩擦系数；F——作用于轮缘上的法向力；ψ, α——车轮冲角和轮缘角；a——轮缘与钢轨侧面接触点至车轮踏面间的垂直距离；R——车轮半径。W_1 用于踏面与轨面接触的工况，W_2 用于轮缘和踏面同时与钢轨两点接触的工况。此外，也有用磨耗数 W 来衡量轮轨磨耗程度的，即

$$W = \frac{\mu}{0.6} \cdot \frac{(T_x v_x + T_y v_y)}{A} \tag{5-31}$$

式中 μ——轮轨间的摩擦系数；T_x, T_y——轮轨接触斑处的纵向和横向蠕滑力；v_x, v_y——轮轨接触斑处的纵向和横向蠕滑率；A——轮轨间接触斑的面积；$\mu/0.6$ 是对 Kalker 的修正。磨耗数 W 的物理意义是，在一定的速度下，单位轮轨接触斑面积上的蠕滑功率，它能够比较确切地衡量轮轨的磨耗量级。上式中的各参数可用车辆通过曲线理论计算来求得。

5.6 轮对的蛇行运动

具有一定踏面形状的轨道车辆轮对，即使沿着平直轨道滚动，受到微小激扰后就会产生一种振幅保持或继续增大直到轮缘受到约束的特有运动。此时轮对向前滚动，一面横向往复摆动，一面又绕铅垂中心线来回转动，其轮对中心轨迹呈现波浪形，称蛇行运动。当激扰消失而剧烈的蛇行运动不能收敛时，则称之为蛇行失稳。表面上轮对并未受到钢轨的纵向或横向位移激振，实际上这是一种自激振动。这是轮对对钢轨的相对运动产生了内部激振力，由这种激振力维持着轮对的运动。由机车牵引力提供的非振动能量由于轮轨间的自激机制（理）转换为蛇行运动的能量。当车辆运行提高到某速度，车辆系统中的阻尼无法耗散这种能量时，蛇行运动就呈现失稳，该速度称为蛇行失稳临界速度。轮轨间的蛇行运动是由具有等效斜率的踏面产生的。这种踏面是为避免轮对的轮缘始终贴靠轨侧运动而采取的自动取中措施，正是这种取中的能力在一定条件下转化为失稳的动力。

早期对蛇行运动的认识是表面的。在纯黏着滚动的假设条件下，由锥形踏面轮对与钢轨间的几何关系可以推导出一个无约束自由轮对的蛇行运动频率 ω_ω 及波长 L_ω 的公式，之后又推出了轴距为 $2L_1$ 的刚性二轴转向架的蛇行波长 L_t 及蛇行频率 ω_t 的相关关系式

$$\omega_\omega = 2\pi v / L_\omega \tag{5-32}$$

$$L_\omega = 2\pi \sqrt{\frac{br_0}{\lambda_e}} \tag{5-33}$$

$$\omega_t = 2\pi v / L_t \tag{5-34}$$

$$L_t = L_\omega \sqrt{1 + \left(\frac{L_1}{b}\right)} \tag{5-35}$$

随着对蠕滑现象的研究和认识，了解到轮对在钢轨上的蠕滑运动及这种蠕滑产生的蠕滑力是车辆水平振动的重要原因。在引入蠕滑与蠕滑力关系后，轮对及车辆运动方程中产生了自激振动的因素，因此可以从运动微分方程直接推导出自激蛇行运动的解。从此，对车辆蛇行运动稳定性的研究进入了崭新的阶段。

在 20 世纪 60 年代，英国及日本首先将蠕滑理论运用于高速车辆蛇行稳定性的研究，成功地指导了高速列车的开发。车辆蛇行失稳将恶化运行品质，引起轮轨磨耗并扩大动载荷，严重时还会导致脱轨。因而车辆的蛇行稳定性的裕量大小是衡量车辆是否能始终满足正常运行的条件之一。如图 5-18 所示表示了通常情况的轮对蛇行运动轨迹。

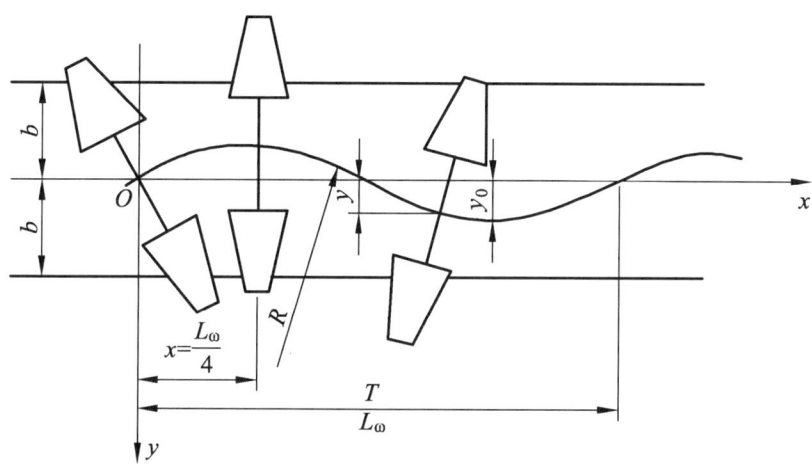

图 5-18 通常情况的轮对蛇行运动轨迹

5.6.1 自由轮对的蛇行运动

在研究整个车辆蛇行运动之前，先研究最基本、也最简单的自由轮对蛇行运动。现作如下简化假定：

（1）刚体自由轮对沿平直轨道作等速运动；

（2）轮对的运动属微幅振动，其轮轨接触几何形状与面积、蠕滑率（力）关系均为线性，纵横向蠕滑系数近似相等，即 $f_{11} = f_{22} = f$；

（3）轮对具有小锥角踏面、较小等效斜率 λ_e，暂不计重力刚度和角刚度的因素；

（4）轮对横摆、摇头自由度为 y_ω、ψ_ω，不考虑车滚惯性及旋转蠕滑影响。

设轮对前进速度 v，名义滚动圆半径 r_0，滚动角速度 ω，左右滚动圆半径距离为 $2b$，轮对蛇行运动产生的蠕滑率与蠕滑力如表 5-7 所示。自由轮对所受踏面蠕滑力与惯性力平衡，得如下运动微分方程组：

$$\begin{cases} M_\omega \ddot{y}_\omega + 2f\left(\dfrac{\dot{y}_\omega}{v} - \psi_\omega\right) = 0 \\ J_{\omega z} \ddot{\psi}_\omega + 2f\left(\dfrac{\lambda_e b}{r_0} y_\omega + \dfrac{b^2}{v} \dot{\psi}_\omega\right) = 0 \end{cases} \qquad (5\text{-}36)$$

式中，M_ω、$J_{\omega z}$ 分别为轮对质量与摇头转动惯量。$\dfrac{2f\lambda_e b}{r_0} y_\omega$ 与 $-2f\psi_\omega$ 是引起蛇行的根本原因，作为起衰减蛇行作用的阻尼项的 $\dfrac{2f}{v}\dot{y}_\omega$ 与 $\dfrac{2fb^2}{v}\dot{\psi}_\omega$ 将随车速提高而减小。因此说明，随着车速的提高，阻尼减少最终导致车辆蛇行失稳。

设方程解为 $y_\omega = y_0 e^{\lambda t}$，$\psi_\omega = \psi_0 e^{\lambda t}$，$\lambda$ 为特征根。代入方程组可得一个含 λ 的四次特征方程式：

$$M_\omega J_{\omega z} \lambda^4 + \dfrac{2f}{v}(M_\omega b^2 + J_{\omega z})\lambda^3 + \dfrac{4f^2}{v^2} b^2 \lambda + 4f^2 \dfrac{b\lambda}{r_0} = 0 \qquad (5\text{-}37)$$

表 5-7　轮对蛇行运动产生的蠕滑率与蠕滑力

名称	左轮	轮对中心	右轮
滚动圆半径	$r_0 - \lambda y_\omega$	r_0	$r_0 + \lambda y_\omega$
名义速度		$v = \omega r_0$	
横摆 y_ω 产生的纵向速度差	$v - \omega(r_0 - \lambda_e y_\omega) = \omega \lambda_e y_w$		$v - \omega(r_0 + \lambda_e y_\omega) = \omega \lambda_e y_w$
横摆 y_ω 产生的纵向蠕滑率	$\lambda_e y_\omega / r_0$		$-\lambda_e y_\omega / r_0$
横摆速度 $\dot{y}_\omega$ 引起的横向蠕滑率	$\dot{y}_\omega / v$		$-\dot{y}_\omega / v$
摇头速度 $\dot{\psi}_\omega$ 引起的纵向速度	$b\dot{\psi}_\omega$		$-b\dot{\psi}_\omega$
摇头 $\dot{\psi}_\omega$ 产生的纵向蠕滑率	$b\dot{\psi}_\omega / v$		$-b\dot{\psi}_\omega / v$
摇头 ψ_ω 产生的横向分速度	$-\psi_\omega \cdot v$		$\psi_\omega \cdot v$
摇头 ψ_ω 产生的横向蠕滑率	$-\psi_\omega$		ψ_ω
纵向蠕滑力	$-f\left(\dfrac{\lambda_e y_w}{r_0} + b\dfrac{\dot{\psi}_w}{v}\right)$		$f\left(\dfrac{\lambda_e y_w}{r_0} + b\dfrac{\dot{\psi}_\omega}{v}\right)$
横向蠕滑力	$-f\left(\dfrac{\dot{y}_\omega}{v} - \psi_\omega\right)$		$-f\left(\dfrac{\dot{y}_\omega}{v} - \psi_\omega\right)$

该方程有一对实根，不表示振动特性；另一对共轭复根为 $\lambda_1 = \alpha_1 \pm j\omega_1$。特征根 λ_1 的虚部 ω_1 为蛇行系统的振动频率，实部 α_1 为负时对应于频率 ω_1 振动的阻尼。于是，方程的解为

$$\begin{cases} y_\omega = y_0 e^{\alpha_1 t} \sin(\omega_1 t + \beta) \\ \psi_\omega = \psi_0 e^{\alpha t} \cos(\omega_1 t + \beta) \end{cases} \quad (5\text{-}38)$$

式（5-38）说明轮对在蛇行时其横摆与摇头运动频率相同，但在相位上差 $\pi/2$，这是蛇行失稳的特点。y_0、ψ_0、β 由初始条件决定。当速度不高时，有

$$\begin{cases} \alpha_1 \approx \dfrac{\pi^2 M_\omega v^3}{f L_\omega^2}(1 + \dfrac{\rho_{\omega z}^2}{b^2}) \\ \omega_1 \approx \dfrac{2\pi v}{L_\omega} \end{cases} \quad (5\text{-}39)$$

式中，自由轮对蛇行波长 $L_\omega = 2\pi\sqrt{\dfrac{br_0}{\lambda_e}}$，$\omega_1$ 与几何学蛇行频率相近，$\rho_{\omega z}$ 为轮对摇头惯量的惯性半径。当 α_1 为负值时，蛇行振幅按指数曲线衰减；反之，蛇行振动迅速扩大，由此引起剧烈失稳。α_1 为零时，处于临界状态，对应的车速称蛇行临界速度。因而 α_1 为判定蛇行的重要指标，特征根与稳定性关系如表 5-8 所示。

表 5-8 特征根与稳定性

特征根	实数 $\lambda_1 = \alpha_1$		复数 $\lambda_1 = \alpha_1 \pm j\omega_1$		
符号	$\alpha_1 < 0$	$\alpha_1 > 0$	$\alpha_1 < 0$	$\alpha_1 = 0$	$\alpha_1 > 0$
稳定性	渐进稳定	不稳定	渐进稳定	临界情况	不稳定
运动	非周期性衰减运动	非周期性发散运动	衰减振动	稳态振动	发散振动

5.6.2 转向架的蛇行运动

轨道车辆的转向架型号很多，但可近似分为轮对刚性定位转向架（简称刚性转向架）与轮对弹性定位转向架（简称弹性转向架）两大类。

1. 刚性转向架的蛇行运动

与简单的自由轮对蛇行运动简化假定一样，得如下运动微分方程组：

$$\begin{cases} M_t \ddot{y}_t + 4f\left(\dfrac{\dot{y}_t}{v} - \psi_t\right) = 0 \\ J_{t\psi}\ddot{\psi}_t + 4f\left[\dfrac{(b^2 + L_1^2)}{v}\dot{\psi}_t + \dfrac{\lambda_e b}{r_0}y_t\right] = 0 \end{cases} \quad (5\text{-}40)$$

轮对与构架在水平面内刚性地联结，除了绕自身轴线旋转，与构架间没有相对运动。此时所谓的定位刚度近乎无穷大，而采用推导自由轮对方程的方法很容易列出它的微分方程，与自由轮对非常相近。从形式上可知阻尼不足时刚性转向架也会在低速时失稳。

2. 弹性转向架的蛇行运动

为了建立转向架的运动微分方程式，作以下假定：

（1）很柔性的二系悬挂车体与转向架为耦合，车体振动对转向架几乎不产生影响，只传递垂直载荷。

（2）构架重心与车轴中心线高度相近，不考虑侧架侧滚。

（3）一系及二系悬挂为线性特征。

因为轮对、构架各具横摆摇头自由度，所以单转向架共 6 个自由度，如图 5-19 所示。其微分方程组为

轮对横摆：
$$\begin{cases} M_\omega \ddot{y}_{\omega 1} + K_{1y}(y_{\omega 1} - y_t - L_1\psi_t) = Q_{1,1} \\ M_\omega \ddot{y}_{\omega 2} + K_{1y}(y_{\omega 2} - y_t + L_1\psi_t) = Q_{1,2} \end{cases} \quad (5\text{-}41)$$

轮对摇头：
$$\begin{cases} J_{\omega\psi}\ddot{\psi}_{\omega 1} + K_{1\psi}(\psi_{\omega 1} - \psi_t) = Q_{2,1} \\ J_{\omega\psi}\ddot{\psi}_{\omega 2} + K_{1\psi}(\psi_{\omega 2} - \psi_t) = Q_{2,2} \end{cases} \quad (5\text{-}42)$$

构架横摆：
$$M_t \ddot{y}_t - K_{1y}(y_{\omega 1} - y_t - L_1\psi_t) - K_{1y}(y_{\omega 2} - y_t + L_1\psi_t) + K_{2y}y_t = 0 \quad (5\text{-}43)$$

构架摇头：
$$\begin{aligned} & J_{t\psi}\ddot{\psi}_t - K_{1\psi}(\psi_{\omega 1} - \psi_t) - K_{1\psi}(\psi_{\omega 2} - \psi_t) - K_{1y}L_1(y_{\omega 1} - y_t + L_1\psi_t) \\ & + K_{1y}L_1(y_{\omega 2} - y_t + L_1\psi_t) + K_{2\psi} + C_{2x}b_2\dot{\psi}_t = 0 \end{aligned} \quad (5\text{-}44)$$

式中，$Q_{1,1}$、$Q_{1,2}$、$Q_{2,1}$、$Q_{2,2}$ 代表在第一、第二轮对的蠕滑力、重力刚度及重力角刚度作用。同样可以列出上述 6 个自由度方程组的特征方程，并解出它的 6 对特征根 $\lambda_1 = a_1 \pm j\omega$，以及与之对应的蛇行振型（特征向量）。

下面给出的转向架例子计算结果表明，其中的特征根值在不大于 180 km/h，为两不等的负实根，是非振动的指数衰减运动，不必考虑。如图 5-20 所示给出了特征值随速度变化的特性。

第一对根 a_2 表示转向架蛇行，在速度 110 km/h 左右开始失稳，其原因是轮对定位刚度太小。在失稳前的运动频率与自由轮对蛇行频率非常一致。失稳后，频率缓慢上升。第二对根 a_3 表示频率为 f_2 的轮对异相摇头为主的蛇行振型，速度达到 200 km/h 开始失稳，由于失稳速度高于第一对根，不必关注。而第三与第四对根 f_3、f_4 各代表了轮对同相摇头及构架摇头运动为主的蛇行运动，阻尼较大。通常单转向架的蛇行分析不能完全反映整车情况，还需对整车进行蛇行运动稳定性计算，并研究控制的途径。

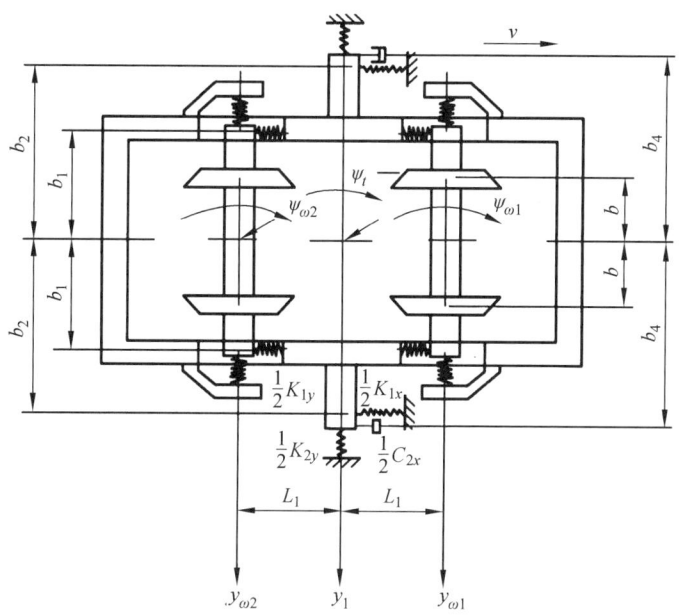

图 5-19 弹性转向架蛇行运动计算简图

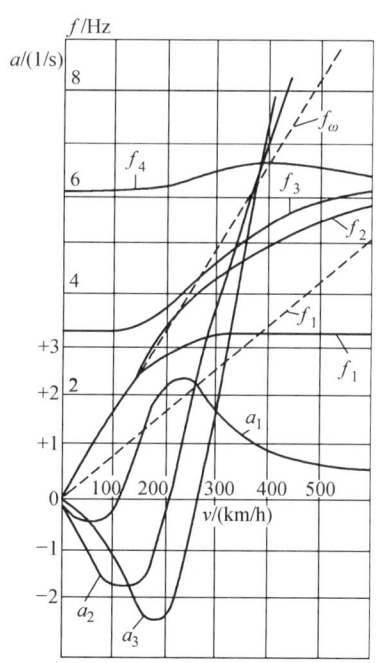

图 5-20 特征值随速度变化特性

利用弹性定位的前后转向架方程,增加与车体横摆、侧滚、摇头自由度耦合项及车体 3 个自由度,就可以形成 15 个自由度的整车蛇行方程组,同样可以求解它的特征值及代表振型的特征向量。通常带有弹性定位转向架的车辆在直线运行时会产生两种不同阶段的蛇行运动:车体蛇行运动(一次蛇行);转向架蛇行运动(二次蛇行)。在较高速度的二次蛇行,蛇行频率高,车体振动很小而转向架及轮对振幅较大,一旦出现,就不可能随速度升高而消失。在较低速度时出现的一次蛇行则是车体振幅相对大的一种蛇行振型。其原因是在这种振型下，车辆系统的阻尼无法吸收来自轮轨接触切向力输入的能量，因而振动扩大直到轮缘碰击钢轨。只要选择适当的悬挂参数，这种失稳是完全可以克服的。而对二次蛇行，只能通过选择合理的参数，提高失稳的临界速度但不能完全消除它的出现。影响蛇行运动的因素很多，主要为

（1）轮对定位刚度。

轮对的纵向定位刚度 K_{1x}、横向定位刚度 K_{1y} 是转向架控制轮对运动的直接因素。不同的参数匹配可以获得不同的蛇行临界速度 v_{cr}。一般来讲增加 K_{1x} 以及 K_{1y} 都能提高临界速度。但是定位刚度过大增加的效果将不明显，太大时反而下降。纵向刚度过大会不利曲线通过，而横向定位刚度过大则可能降低车辆横向舒适性。因此要综合各方面需要来确定定位刚度的数值。

（2）车轮踏面等效斜率 λ_e。

λ_e 是影响蛇行运动的关键参数之一，它与临界速度的关系可用 $v_{cr} \propto \dfrac{1}{\sqrt{\lambda_e}}$ 来描述。小的 λ_e 可以获得高的临界速度，但是要维持小的 λ_e 就需要经常镟轮。新轮的踏面斜率虽然合适，但是运用一段时间后就迅速增大。另一个缺点是小的 λ_e 不利于曲线通过，因此 λ_e 不宜太小。目前国际上通常采用磨耗型（凹型）踏面，λ_e 大致可稳定在 0.15~0.25。

（3）蠕滑系数。

蠕滑系数对蛇行运动有影响，一般是蠕滑系数小，临界速度也小。实际上并非完全如此，蠕滑系数的影响与定位刚度、重力刚度的大小有牵连关系。因此，有些类型的车辆在干燥天气（蠕滑系数大）时临界速度反而下降。需要注意的是，在城市运用的轨道车辆，轨面污染相对严重，车辆的运用必须既考虑蠕滑系数高的条件也要考虑蠕滑系数低的情况。

（4）转向架固定轴。

定轴距增大会使蛇行临界速度提高，但是对曲线通过不利，一般倾向取短的固定轴距以改善轮轨磨耗。

（5）中央悬挂装置。

中央悬挂装置内的两系回转复原弹簧 K_{2x} 对提高蛇行临界速度有很大影响。如果在那里设置了具有非线性磁滞饱和特性的悬挂元件，在直线运行的小振幅时，这种特性呈现出高约束性，而在曲线通过时则位于饱和位置以减少对转向的约束，如图 5-21 所示。

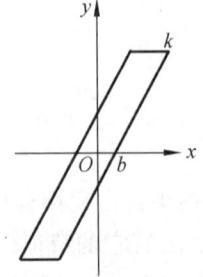
（a）一般的回环和饱和特性

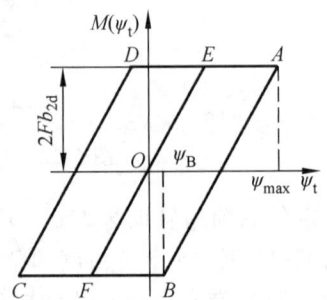
（b）无间隙的复原力矩 $M(\psi_t)$ 与偏角位移 ψ_t 间的关系

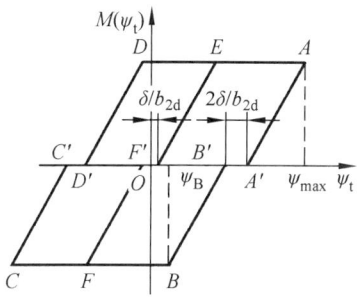

(c) 构架与摇枕间含间隙 δ 情况下 $M(\psi_t)$ 与功 ψ 关系

图 5-21 非线性悬挂元件特征曲线

其他二系悬挂如 K_{2y}、K_{2x} 的取值与具体车辆结构、目标速度、运用条件有关，需要具体分析。一般讲它们对转向架失稳仅有一定控制作用，但对车体蛇行如上、下心滚摆失稳，控制作用要更大些。在设计时要注意它们对车辆的平稳性、舒适性的影响。二系阻尼 C_{2y}、C_{2x} 对蛇行稳定性及车辆平稳性均有影响，一般来讲，增大阻尼会提高稳定性，但过大则会破坏平稳性，因此必须综合考虑参数的选取。

总之，影响车辆蛇行运动的因素很多，在设计车辆或改进车辆时应做多种参数选择和方案比较，从垂直及横向平稳性、蛇行运动稳定性、曲线通过性能等方面综合考虑。既要考虑新车状态，也要考虑运用后的条件，保证在使用或检修间隔期内能保持优良。

5.7 列车运行时的空气流

随着列车速度的提高，空气流问题越来越受到人们的重视。如日本新干线的运行速度已经超过轻型飞机的起飞速度和持航速度，并接近喷气飞机的起飞速度。今后高速列车的速度将远远超过喷气飞机的起飞速度。因此空气动力学不仅是航空要解决的关键问题，也是高速铁路无法回避的问题。

列车速度提高之后，所产生的气流对列车有以下影响：增加列车空气阻力，列车通过时出现列车风；会车时出现压力波；列车通过隧道时会引起隧道内的压力波动和微气压波等问题。

5.7.1 明线（非隧道）上运行的列车

1. 气流特点

列车在明线上运行时产生的气流如图 5-22 所示，气流基本上可分为 3 部分，即挤压区（第一部分）、摩擦区（第二部分）和尾流区（第三部分）。

（1）挤压区 高速列车运行时，由于空气惯性，引起列车前面的空气堆积，静压力升高。在接近列车头部时，空气向列车头部两侧分流，产生一个很快的气流运动，空气压力的势能转化为动能，堆积压力消失而形成局部低压，因此在列车头部形成一个压力波和吸入波。压力波和吸入波的大小与列车头部形状、列车下部的自由空间结构形状和列车速度有关。

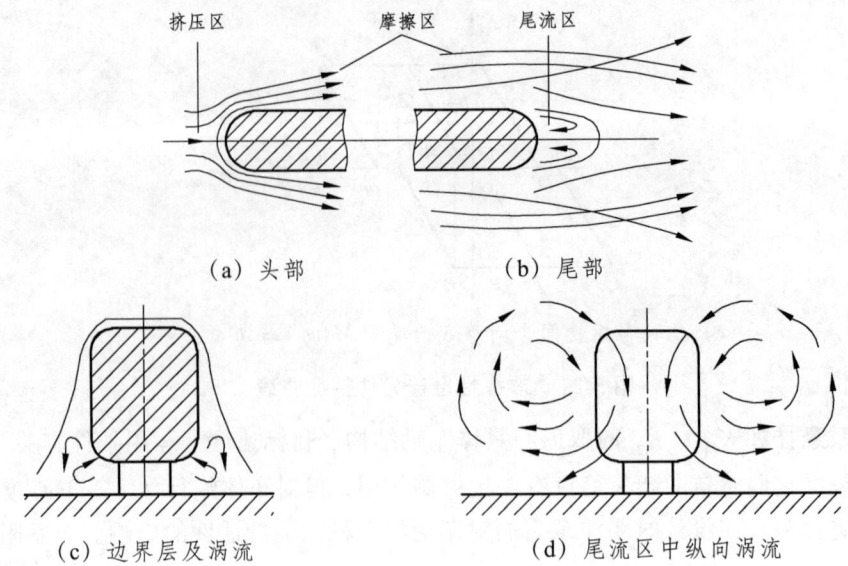

图 5-22 列车空气流

(2)摩擦区第二部分气流为摩擦区,这里的气流呈线流,分布在列车大部分长度上。在第一部分和第二部分之间有一小段气流分离区,当气流重新附着在列车上以后建立起一个边界层。边界层随列车长度方向逐渐加厚并随列车一起运动。

(3)尾流区列车驶过以后,所占的空间立即被空气填充,这就引起空气快速运动,因而在列车末端形成低压波。列车带给空气的能量被空气内部摩擦消耗。尾流的特点是具有很强的涡流运动,在列车驶过以后一段时间仍能感觉到。

2. 空气阻力

一般认为,空气阻力与列车的速度平方成正比,可粗略地表示为

$$R = C_x \left(\frac{\rho}{2} v^2 A \right) \tag{5-45}$$

式中 C_x——空气阻力系数;ρ——空气密度;v——列车速度;A——列车横截面积。如图 5-23 所示为日本 200 系列和两种 star 21 高速列车在不同速度下的空气阻力。虽然每种车的阻力大小不同,但均接近列车速度的平方关系。

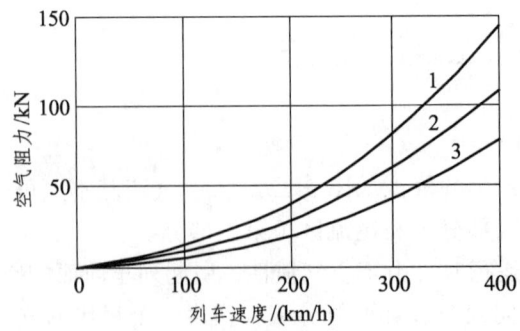

1—200 系列;2—star 21(初期);3—star 21(改进)。

图 5-23 明线上空气阻力

列车空气阻力有 3 种,即列车头部和尾部压力差所引起的阻力称压差阻力,压差阻力与列车头部及尾部的形状有很大关系;由于空气黏性使作用于车体表面的气体剪切力产生的阻力称摩擦阻力,这部分阻力与列车长度有关;还有一部分阻力是由于气流受到列车表面的突出或凹陷的干扰而产生的阻力称干扰阻力,这些阻力来源于车灯、扶手、转向架之间间隙、车辆底部及顶部设备对气流的干扰。由于车辆外形不同、列车长度不同,产生的空气阻力大小和各种阻力的份额也不相同。如图 5-24 所示为各种列车的空气阻力及组成份额。对于传统列车来说,如图 5-24(a)所示,压差阻力、摩擦阻力和干扰阻力都很大,空气的阻力系数可达 1.85。APT-E 先进电气化快速列车,如图 5-24(b)所示。TGV 高速列车,如图 5-24(c)所示。ICE 列车,如图 5-24(d)~图 5-24(f)所示,头部和尾部采用细长的流线外形和各种流线形外罩等措施后,使各种阻力下降。从 3 种 ICE 流线化措施比较可见,当列车只有流线形头尾而不加任何流线形外罩时干扰阻力比较大,全部设备上均加流线形外罩并封闭时,列车所近受干扰阻力比较小。

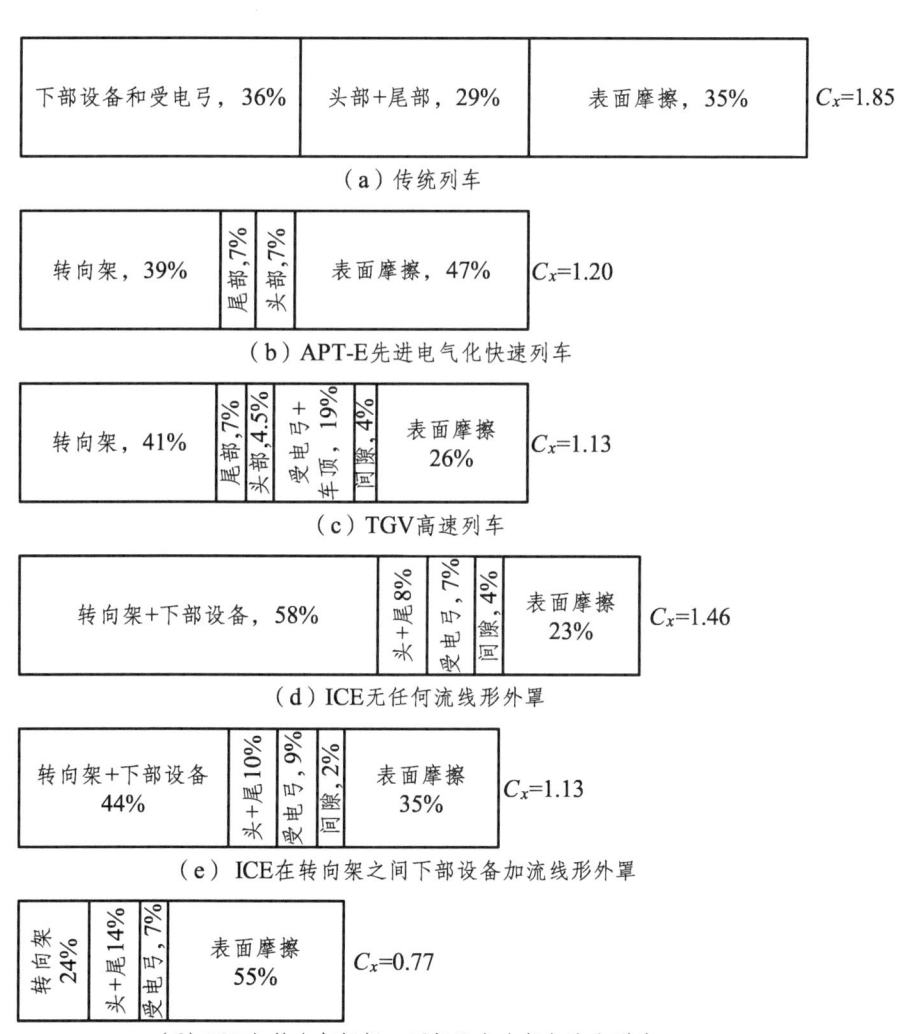

图 5-24 列车阻力系数及组成

3. 列车风

高速列车运行时，带动周围空气随之一起运动形成列车风。列车风对站台上的旅客及工作人员产生的气动力可能危及人身安全。一般来说离列车越近，列车风的气动力越强，对人的危害越大。如图 5-25 所示为高速列车离轨道中心 3.5 m，离轨面高为 2 m 处的列车风。横坐标为观测点至机车端部距离，纵坐标为列车风速 v_ω 与列车速度 v 的比值。当列车逐渐接近观测点时，列车风逐渐加大，最大峰值出现在车头刚刚过观测点之后的地方。列车风的大小与列车头部形状有关，流线形车头的列车风低于钝头列车的列车风。列车风随着轨道中心距离的增加按负指数函数减小。国外高速铁路运行经验认为，对人员而言，最大的列车风速不允许超过 17 m/s，相当于七级风。根据实测，当列车速度为 200 km/h 时，在轨面上方 0.814 m，距列车 1.75 m 处的列车风，就可以达到这种速度。为了安全，要求在有高速列车通过的站台上离列车 1.9~3 m 处设置栅栏。列车尾部通过时也会产生强劲的列车风，但这种列车风产生于列车离去之后，其危险性较列车头部稍弱。

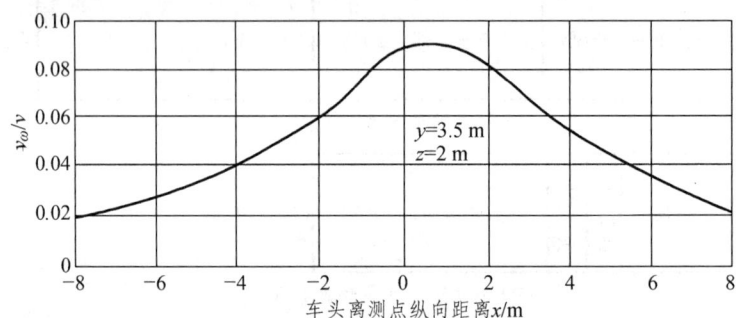

图 5-25　列车风

4. 会车压力波

两列车相会时，通过车的车头对另一列观测车的侧壁产生的强烈压力波（压力脉冲）。高速列车的会车压力波很强，可能震破车窗玻璃，引起旅客耳膜压力突然变化，造成旅客不适，此外会车压力波使对方车辆接受一个横向冲击，影响列车运行稳定性。会车压力波是确定高速铁路线间距需主要考虑的因素。如图 5-26 所示为 3 种不同车头形状的列车会车压力波峰值在观测车上的变化情况。图中横坐标为观测列车车端与通过列车车端之间纵向距离 x，纵坐标为压力波波幅系数 ΔC_p，则有

$$\Delta C_p = \Delta P / (\rho v^2 A / 2) \tag{5-46}$$

式中，ΔP 为会车压力波波幅；$\lambda = v_0 / v$，λ 表示观测列车速度和通过列车速度之比。从图中可知，当观测列车静止时（$\lambda = 0$），通过列车在观测列车车壁上产生的压力波由车头向观测列车后部逐渐移动，虽然大小有一定变化，但变化量不是很大。当通过列车和观测列车以同样速度相对开行时，观测列车侧壁上的压力波由端部至尾部逐渐增大直到列车通过后消失。由图还可以看到，当列车车头为钝形时，在观测列车侧壁上的压力波比流线形车头时大很多。

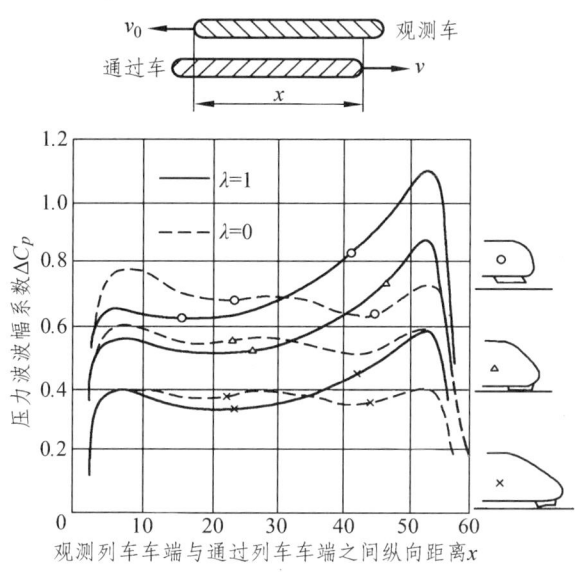

图 5-26 三种不同车头形状的会车压力波峰值在观测车上的变化情况

5.7.2 隧道中运行的列车

列车在隧道中的气动效应比明线上强烈得多，当列车通过隧道时，它就像一个松动的活塞。列车进入隧道时，被列车挤压的空气被迫大部分沿平行于隧道轴流动。大部分空气被列车挤排出去，而一部分将通过列车与隧道壁之间环形空间返回。隧道壁面的强迫效应导致气流的压力、流速和阻力都比明线条件下大得多。

1. 隧道中的气流特点

在隧道中，除了列车本身速度外，列车还诱发各种气流。这种气流和隧道中的阻塞比 A/S（A——列车截面积，S——隧道截面积）以及隧道壁面的光洁度有很密切的关系。在平滑的长隧道中一旦列车进入阶段完成，将会有稳定的气流和压力变化贯穿在整个隧道中；在短小的隧道中或有连通井而且结构复杂的隧道中，贯穿隧道的气流是非常不稳定的。

2. 列车阻力

在隧道中的空气阻力要比明线条件下的阻力高一倍以上，甚至可以大很多倍。在客运列车上，空气阻力可占总运行阻力的 90%以上。隧道中的空气阻力除前面明线上讨论的因素外，极大地取于隧道的横截面积、长度以及机车车辆的特点。

3. 列车风

列车通过隧道时，在隧道中引起的纵向气流速度与列车速度成正比。在隧道中列车风可以导致路旁的工作人员失去平衡以及将不牢固的设备吹落在隧道中。有些铁路规定列车速度高于 160 km/h 时不允许员工进入隧道。即使列车速度稍低，也必须让员工在隧道中的避车洞内等待列车通过。

4. 列车在隧道内的压力波

当列车进入隧道时产生的压力波在隧道内以声速传播,在隧道口或列车头部重复反射并在隧道内往复作用,因此产生压力的变化。这种压力变化会引起车厢内外压力差,造成车内乘客耳胀等不舒适。

5. 隧道微气压力波

列车进入隧道时产生的压力波在隧道内以声速传播到达隧道口时,一部分压力波以脉冲波的形式向外放射,同时发出爆破声,这种波称为隧道微气压力波。隧道微气压力波的大小和到达隧道口的压力波波面梯度成比例。在短隧道情况下,微气压力波大小和列车进入隧道口的速度 3 次方成正比。在长大隧道中,微气压力波还与轨道结构类型有关。减小压力波梯度可以减少微气压力波,一般可采用在隧道入口处加装喇叭形缓冲装置;利用隧道中的支坑道通路使压力外泄;用薄壳连结两个相邻隧道并开设沟槽减少压力;另外还可采用流线形车头和缩小列车断面等办法。

6. 隧道内会车压力波

由于隧道内空间窄,列车在隧道内会车时的压力波更加复杂,既有明线上会车时的压力波,又有两辆车在隧道内形成的隧道压力波,而且互相影响和干扰。

5.7.3 在压力波作用下的舒适度标准

由于会车及通过隧道等原因,高速列车车厢外部产生强烈的压力波,同时也使乘坐旅客的耳膜压力快速变化引起耳胀和失去听觉,人们感受这种刺激是因人而异的。鉴于这种情况,开行高速列车的铁路正在制定允许最大压力变化的标准。

英国铁路规定,在任何 3 s 时间范围内列车上乘客承受的压力变化限制在 3 kPa 以内。美国地铁系统 UMTA 规定,在 1.7 s 时间范围内压力变化为 0.7 kPa;如果把压力变化率限制在 0.41 kPa/s 时,允许在较长时间范围内有较大的压力变化。

为了提高舒适度,减少压力变化对旅客的影响,除了改进隧道结构,合理设计列车外形外,还有一种比较实用的办法,就是对车辆结构密封防止压力瞬变影响车辆内部,与此同时还要采用特殊的换气方法,避免列车外部的压力波影响车内正常换气。

机车车辆空气动力学是一门新兴的学科,有很多问题待探索和解决。根据目前研究成果可以提出一些高速列车设计原则:流线形的车头和车尾;平滑的车体表面;车顶和车底安装流线形外罩;转向架外安装裙板等。这些措施不仅可以降低列车空气阻力,又可减少隧道压力波、微气压力波,从而提高列车运行舒适度和安全性,也可降低环境噪声。

5.8 小 结

本章就城市轨道交通车辆的运动形式、引起车辆振动形式及原因、轨道不平顺及其数值模拟、轮对的蛇行运动、车辆运行品质及其评价标准、车辆运行安全性及其评估标准、列车运行时的空气流等内容进行阐述，从而为进一步学习轨道交通车辆动力学建立一定的理论基础。

复习思考题

（1）车辆振动的 6 种形式是什么？
（2）什么是簧上质量？什么是簧下质量？
（3）轨道不平顺有哪几种类型？
（4）简述基于频域功率谱的轨道不平顺数值模拟方法。
（5）评定车辆运行平稳性采用什么标准？
（6）轮对蛇行运动的根本原因是什么？
（7）提高列车速度对列车附近的气流有什么影响？
（8）会车压力波对车厢内外有什么影响？

6　城轨车辆课程设计

　　城轨车辆课程设计是城市轨道交通专业的一门专业综合课程，培养学生会进行产品设计和结构设计。目前城市轨道交通车辆构造的书籍较多，但缺乏典型的课程设计案例，而且课程设计形式过于单一，或者仅仅偏向于车辆零部件产品设计或者偏向于车辆结构设计。所谓产品设计就是利用 CAD 软件实现车辆零部件的草图设计、零件设计、曲面设计、零件装配及工程视图等。车辆结构设计主要基于经验设计，即利用材料力学、结构力学和弹性力学的经验公式对简化的座椅结构进行设计分析。该方法简单易行，但由于对结构做了大量简化，设计结果的准确性有待提高。

　　随着 CAD 技术和有限元理论的发展和日趋完善，两者的结合可以提高设计效率并使设计更加合理，在车辆零部件设计中已经得到越来越广泛的应用。本章给出了城轨车辆课程设计案例，首先通过 CAD 建立城轨车辆零部件的三维模型，然后将几何模型导入有限元分析软件中建立了有限元模型，并根据有限元计算结果提出了优化方案。

6.1　有限元简介

　　从通俗意义上来讲，有限元就是将一个物体分成许多个很小的部分，得到每一小部分构件的位移，进而推导出应力、应变和反力等，这样做的目的是便于对受力复杂的非规则结构进行力学分析。从本质上来讲，有限元主要是对模型的结构进行离散化处理，把实体部分人为地划分成有限个连续且规则的小部分并对这些分好的小部分单元体进行计算，最终对整体结构进行评估。这样既简化了分析过程，也提升了分析结果的可靠性。这个方法将原本复杂的结构通过抽象、简单的网格化处理并进行计算，最终能够比较清楚地展示出构件的力学性能，可用来解决一些实际运用中出现的情况较为烦琐的问题。在有限元中有一些常用的专用术语：

　　（1）节点。

　　自由度坐标系通过位移、温度、电压等各种物理量确定，节点就存在于这个坐标系中，在有限元分析的过程中，首先需要确定每一个点的坐标，这样就可以确定需要分析的位置，这个节点即为需要施加载荷的地方，例如当中最简单的力、热、磁场强度等。

　　（2）单元。

　　在一般的数学模型中，单元由固定数量的节点构成。数学模型不相同，形成的单元也是不同种类型的，需要什么样的节点，就根据所需要的情况来进行组合。

　　（3）载荷。

　　在有限元应变剖析中，它的基础就是载荷，将载荷划分为平均分配载荷以及单个载荷，在不同的实验环境当中,它的物理含义是不一样的,例如载荷可以为力矩、力或者磁场的强度等等。

(4)边界条件。

在有限元分析中,至关重要的环节便是如何确定边界条件,关于确定外加的约束是否合适,则需要在正确计算之后才能做出判断。

6.2 车辆车轴课程设计

6.2.1 车轴主要参数

我国的拖车转向架车轴沿用了日本的设计方式,根据 JIS:E4501 设计标准进行设计制作。为保证车辆车轴的性能以及使用寿命,选用高频淬火和滚压的工艺,同时为了减轻簧下质量,使用空心车轴,空心车轴还可借助超声直接对其进行无损探伤。

空心轴使用的材质是 30NiCrMoV12,空心直径为 65 mm,按照 UNI6787-71 的标准要求进行加工制造的。UNI6787-71 是一种特殊合金钢锻造轴,它的特点是强度高、韧性好。在对车轴进行无损检测时需要用孔探针检测,孔探针则按照 EN13103、EN13104、EN13661 和 UIC811-1 这 4 种设计标准来设计。在非动车转向架上有两根轴,两根均为非动力车轴;在动车转向架上也有两根轴,一根为动力车轴、一根为非动力车轴。以上两种车轴的各部分尺寸如表 6-1 所示,动力车轴的尺寸如图 6-1 所示,非动力车轴的尺寸如图 6-2 所示。

表 6-1 车轴各部分的尺寸　　　　　　　　　　单位:mm

序号	名称	动力车轮	非动力车轮
1	车轴总长	2 298	2 382
2	轴径直径	1 660	1 660
3	轴径中心距	2 000	2 000
4	轴身直径	340	340

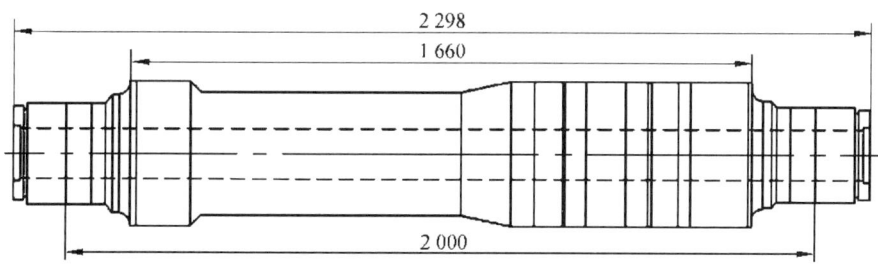

图 6-1　动力车轮的轴尺寸

以日本 JIS:E5402 标准设计开发生产的动车组转向架车轮采用碳素钢整体一次碾压完成,所以具有很好的防噪功能和弹性。CRH2 型动车组的车轮材质为 SSW-Q3R,车轮直径是 860 mm,宽度是 135 mm,轮缘高度是 28 mm,踏面形状是 LMA 磨耗型踏面,最大磨损半径为 35 mm。

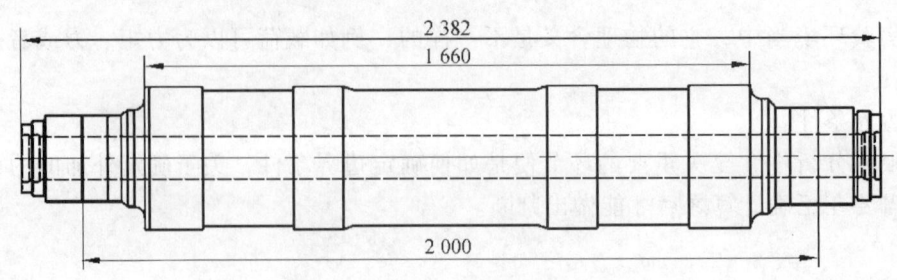

图 6-2 非动力车轮的轴尺寸

轮盘制动是将制动盘装于车轮上进行制动。该形式的制动盘为轮盘一体锻钢式,车轮宽度为 131 mm,制动盘厚度是 133 mm,制动盘的有效外径是 720 mm。采用轮盘制动的时候利用直辐板式样的车轮,因为直辐板式样的车轮安装在车轮辐板两侧以用于车辆的制动。直辐板根部与轮毂相连接,轴重增加,厚度也随之增加。动车与拖车车轮除了轮座和轮毂厚度尺寸不一样外,其他部位都相同。车轴与车轮装配的主要步骤是拆卸和注油压装。车轴与车轮进行装配后,需要利用反向压力测试来检查车轮与车轴在过盈配合下是否形成了规定的压装力。

6.2.2 车辆车轴建模

动车转向架上的两个车轴是动力轴,在该轴上需要安装齿轮箱,电动机通过齿轮箱将动力传递到车轴上。因为空间有限且车轴上还有很多其他零部件,因此动力轴没有安装轴盘式制动盘,这跟非动力车轴不一样。而非动力车轴位于拖车转向架中,没有齿轮箱但安装了轴盘式制动盘,制动盘的外径是 670 mm,厚度是 97 mm。制动盘利用螺栓、垫块、弹簧套这 3 样器件连接在一起,并利用过盈配合的方式进行配合运作。

1. 车轴建模绘制步骤

(1)在电脑上打开 CAD 软件,选择点击草图编辑器进行绘制,拉出相应的绘图菜单栏,草图编辑界面如图 6-3 所示。

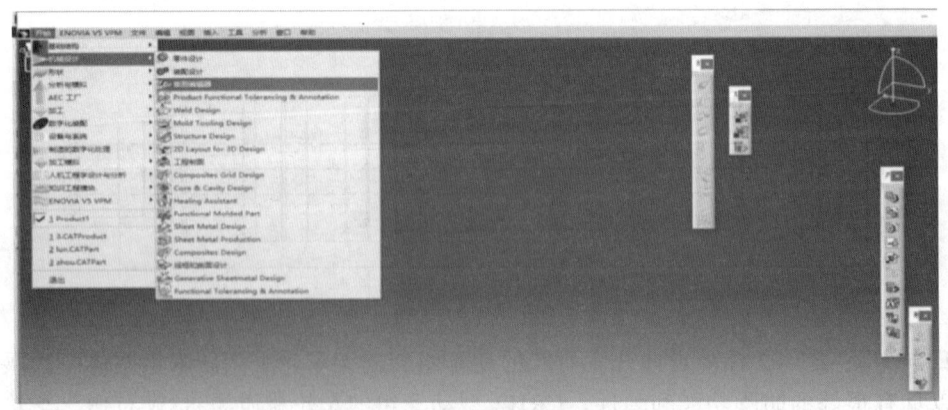

图 6-3 进入草图编辑

(2)进入草图编辑器的 xy 平面设计,根据计算得出轴长与各个部位的半径,点击轮廓命令给予绘制，界面如下图 6-4 所示。

（3）点击约束键，对准后约束各段长度。

（4）然后对绘制的图形进行镜像操作，得到一个完整长度的半轴切面图，镜像操作后如图 6-5 所示。

（5）点击退出草图绘制工作平面，再点击旋转体键，旋转轴为 x 轴，生成如图 6-6 所示的旋转体，至此，车轴已经初具雏形。

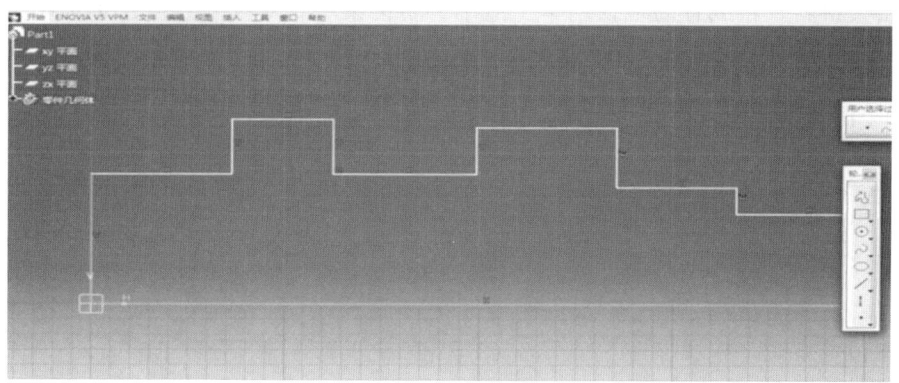

图 6-4　绘制轮廓

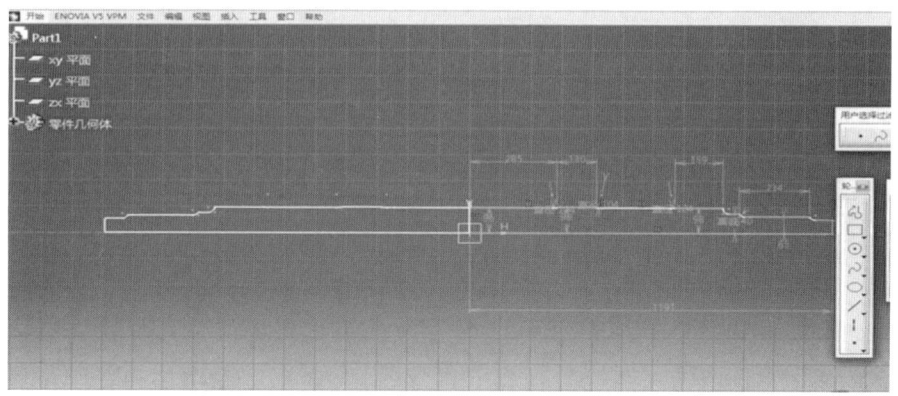

图 6-5　绘制草图的镜像处理

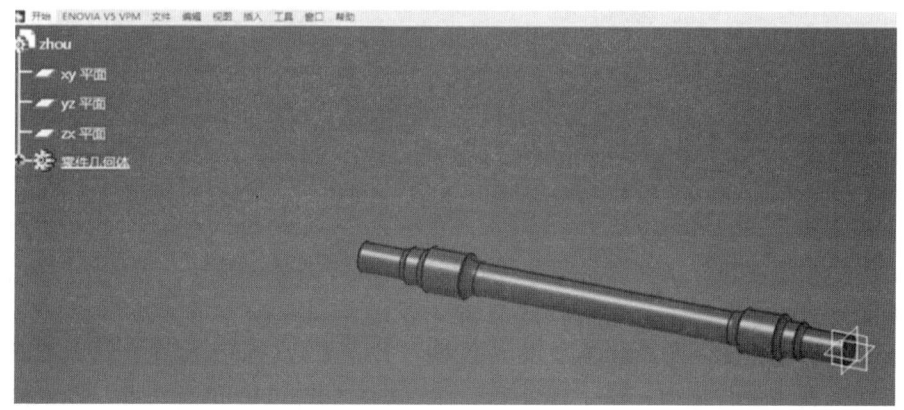

图 6-6　根据草图绘制所生成旋转体

（6）再次进入草图编辑绘制车轴一端的端面圆，随后可以再进行一次镜像操作得到另一端的端面圆。

（7）绘制完相关圆后，点击退出草图编辑，并点击凹槽键，选择生成空心轴。

（8）反复检查数据以及操作的过程是否正确，若正确则铁路车辆车轴的建模就完成了。

2. 车轴建模结构分析

查阅相关材料，得到青岛地铁调车（拖车）转向架中轮对尺寸数据，车轴相关尺寸如图 6-7 所示，车轮相关尺寸如图 6-8 所示。

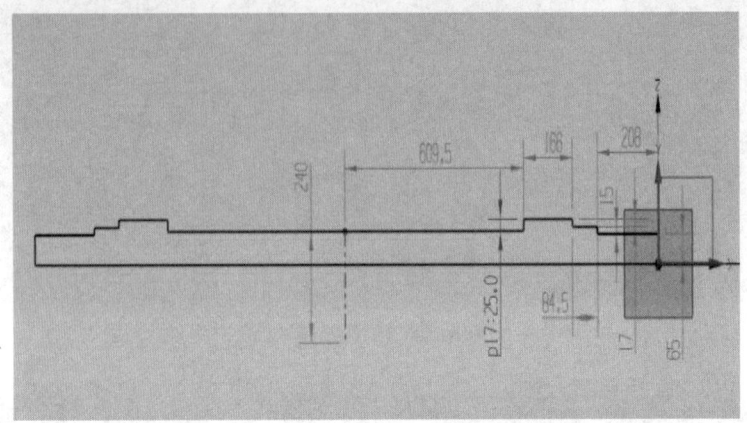

图 6-7 车轴的相关尺寸

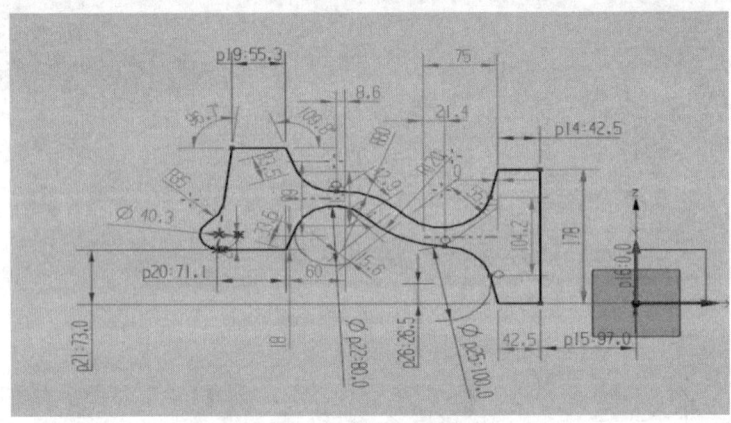

图 6-8 车轮的相关尺寸

根据上面轮对尺寸，车轮建模绘制步骤如下：

（1）点击进入 xy 平面操作台，然后点击轮廓绘制命令绘制车轮踏面轮廓，做好相应约束后进行快速修剪，如图 6-9 所示。

（2）退出草图绘制操作平台，将图形绕着新建的旋转轴进行旋转，生成旋转体。至此，车轮的绘制基本完成，如图 6-10 所示。

（3）在车轮面上绘制一个直径为 27 mm 的圆，拉升剪裁后即为圆孔。利用圆形阵列排列的方法对圆形孔槽进行排列，建立参考系 y 轴，选择 30°、330° 的总角度。反复检查各项数据和操作的过程是否正确无误，确保无误后车轮建模完成。

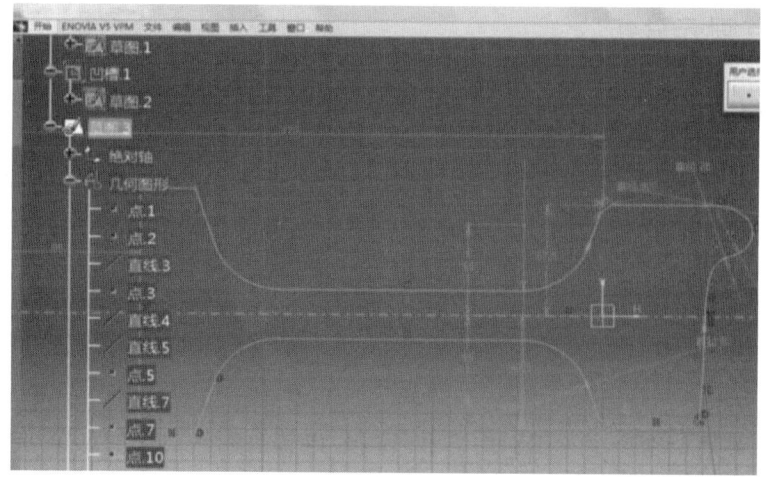

图 6-9　快速修剪

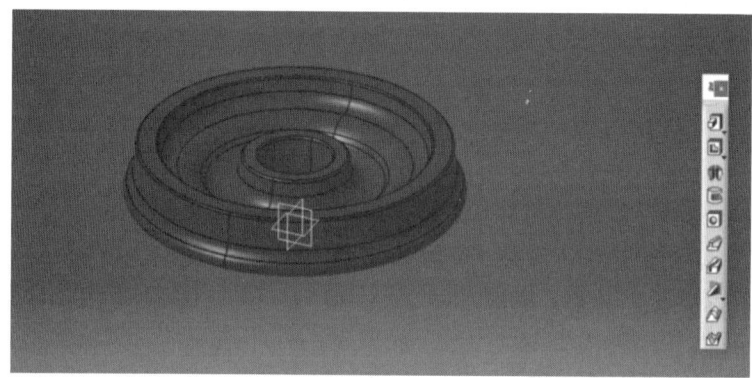

图 6-10　生成车轮

3. 轮对的装配

打开 CAD 软件，选择开始图形中的新建装配设计。点击打开装配设计，将现有部件导入其中，利用同轴"相合约束"和"距离约束"两个命令对现有部件进行约束，从而完成装配，如图 6-11 所示。

图 6-11　装配图

6.2.3 车轴有限元分析

1. 载荷计算

车轴不同界面在应力作用下形成的弯矩不同，根据欧洲 EN13104 通用标准，在计算加载后就可以得出由运动引起的各种载荷。动态载荷系数和横向动态载荷系数分别为 0.215 和 0.175，垂向和横向所受的压力计算为

$$P_1 = (0.625 + 0.087\ 5h_1/b)m_1g \tag{6-1}$$

$$P_2 = (0.625 + 0.087\ 5h_1/b)m_1g \tag{6-2}$$

制动引起的弯矩分别产生于踏面内侧和外侧，由轴盘制动引起的弯矩主要发生在轴颈部到制动盘处。踏面外侧和内侧所受弯矩计算方法如式（6-3）和式（6-4）所示。从轴颈部到制动盘处，所受弯矩较大，计算方法如式（6-5）所示。

$$M_X^1 = F_{f1}\Gamma y \tag{6-3}$$

$$M_X' = F_{f1}\Gamma(b-s-y_i) \tag{6-4}$$

$$M_z' = F_{f1}\Gamma R_b y/R \tag{6-5}$$

由轮盘制动引起的弯矩与轴盘的计算方式相同。在上述计算公式中，m_1 表示轴向弹簧的近似质量值。Γ 表示摩擦系数，取值 0.35。R 表示车轮滚动形成的圆半径，F_{f1} 和 F_{f2} 分别表示轴盘与轮盘制动力，R_b 代表制动半径。轴盘制动作用造成的弯矩值为 y_i 取值 394 mm，由轮盘制动作用造成的弯矩值 y_i 为 0。动车组拖车轴为空心轴，参数应根据公式进行选择，k 代表几何应力综合系数，截面部分 $k>1$，圆柱部分 $k=1$。参照 EN 执行标准，k 与 D、d 和 r 的关系为

$$k = 1 + (4 - D/d)(D/d - 1)/[5(10r/D)^{2.5r/D+1.5-0.5D/d}] \tag{6-6}$$

轴表面应力为

$$\sigma = 32kM_Rd/[\pi(d_4 - d_4')] \tag{6-7}$$

2. 准备工作

建立模型。将车轴三维模型导入有限元分析软件，导入后如图 6-12 所示。

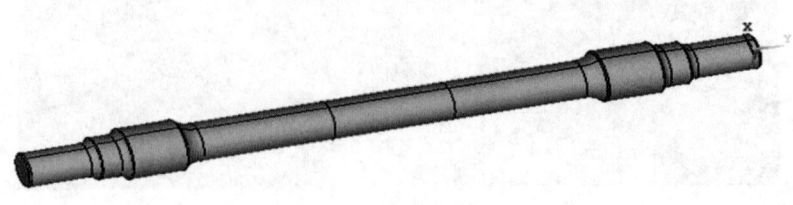

图 6-12　导入建模

设置单元类型。已知实物有塑性、膨胀、应力强化、大变形和大应变能力的特性，建模几乎不能压缩，选择 3D 实体结构 8 节点，每个节点有 3 自由度的 Structural solid45 单元类型，如图 6-13 所示。

定义材料属性。输入弹性模量为 212 GPa，泊松比为 0.291，如图 6-14 所示。

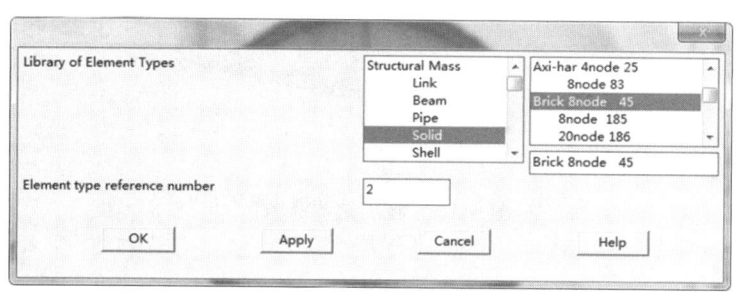

图 6-13　设置单元类型

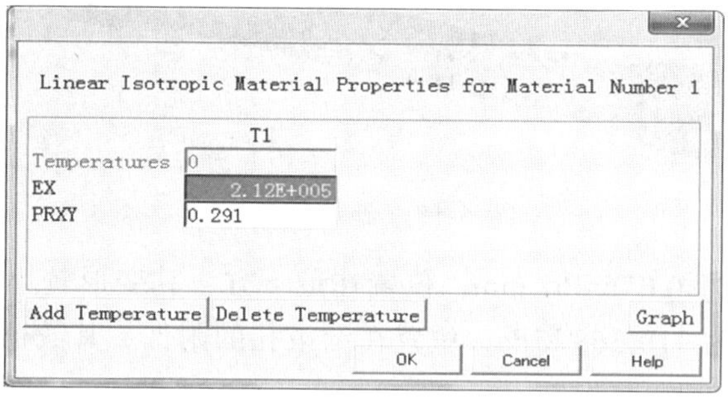

图 6-14　定义材料属性

划分网格。采用智能划分形成网格图 1 和网格图 2，如图 6-15 和图 6-16 所示。从网格图中可以看出受力后疲劳破坏可能发生在轴颈处以及两头的端面圆处，主要受垂向载荷和弯矩的作用。

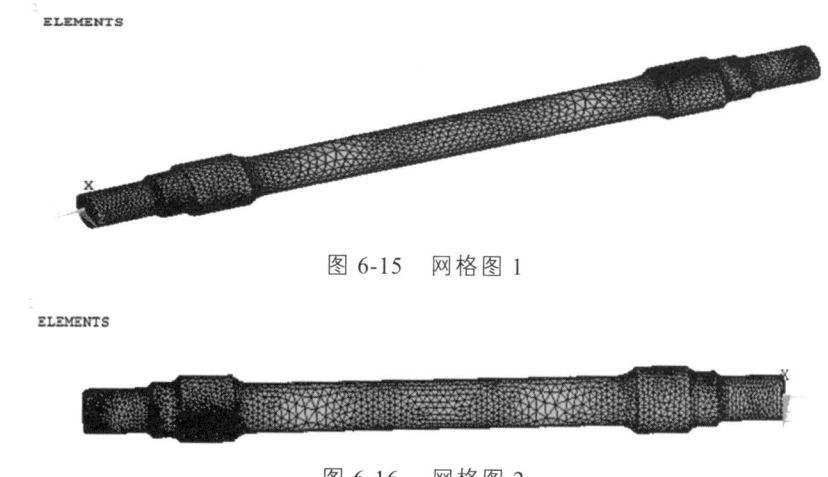

图 6-15　网格图 1

图 6-16　网格图 2

3. 有限元分析

对两个端面圆直接进行轴向的约束，如图 6-17 所示。然后在此边界条件基础上，在施加载荷的面上施加载荷，分别为 100 MPa 和 50 MPa，如图 6-18 所示。这个步骤要注意的是，施加载荷的数值在计算后要向上取整。

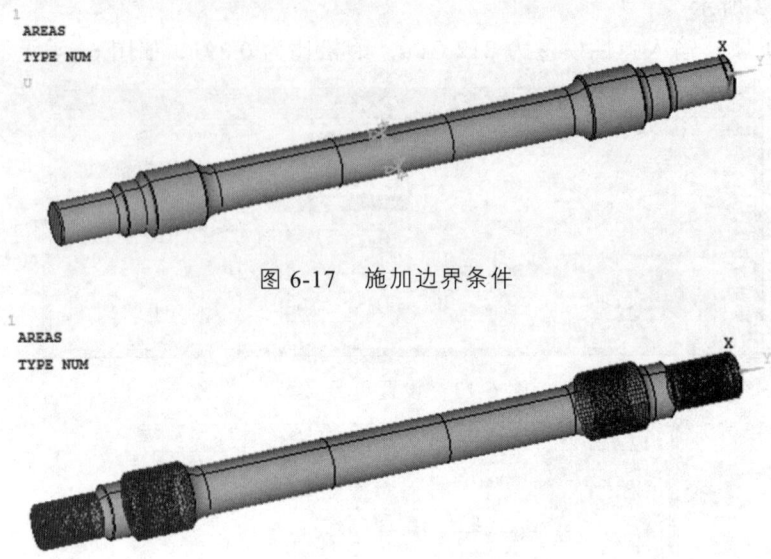

图 6-17　施加边界条件

图 6-18　施加载荷

结果显示整体位移为 0.076 467 mm，位置在最下方，其变形较小，刚度好，如图 6-19 所示。等效应力最大值为 110.368 MPa，位置在约束孔的附件，其数值远远小于材料的屈服强度 320 MPa，如图 6-20 所示。

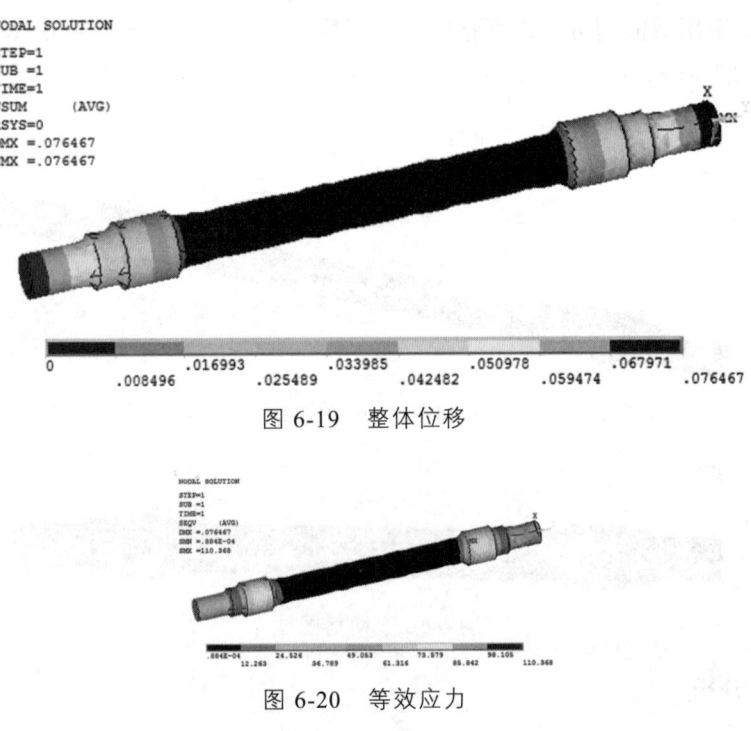

图 6-19　整体位移

图 6-20　等效应力

根据车轴部件转向架的设计相关指标，车轴疲劳允许应力值范围：

(1) 153 MPa,表示无装配区;

(2) 85 MPa,表示有装配区;

(3) 72 MPa,表示轴颈处;

(4) 62 MPa,表示空心车轴表层。

在采集并计算得到的材质属性基础上,根据已经计算的不同元件数值,结合车轴具体工况实施加载。结果表明:

(1) 无装配区最高应力值为 6.5 MPa,具体表现在车轴截面处。这一部分属于车轴左面、轮座右面,其应力值小于无装配区内的疲劳允许应力值 153 MPa;

(2) 轴颈部应力值为 32 MPa,小于轴颈部疲劳允许应力值 72 MPa;

(3) 车轴内层表明最高应力值为 21.5 MPa,具体表现在车轴截面处。小于表面允许应力范围 62 MPa;

(4) 在装配区,轴盘座最高应力值为 61 MPa,轮座最高应力值为 64 MPa,小于装配区疲劳允许应力范围 85 MPa。

通过上述分析可见,车轴疲劳值范围较为科学,能够满足日常运转需求。

6.2.4 车轮有限元分析

1. 载荷计算

动车组在运行过程中,车轮受力会随外部环境的变化而出现差异,其机制较为复杂。为了便于进行计算,本设计将根据直线、道岔等不同外部环境对其载荷变化进行分析,并用编号 1、2 表示两类不同道路工况。在实际计算中,各工况载荷范围以 UIC510.5 为准,根据其规程公式进行计算。工况 1 是直线道路工况,如式(6-8)所示。工况 2 是道岔工况,如式(6-9)所示。

$$F_{zi} = -1.25Qg \tag{6-8}$$

$$F_{yi} = 0.42Qg \tag{6-9}$$

式中,$Q = 8\,500$ kg,为每个车轮的平均质量,即所谓的轴重 17 "吨二分之一";g 是重力加速度;F_{zi} 是车轮的踏面所受的垂向力,kN;F_{yi} 是车轮的踏面所受的横向力,kN。通过上述公式计算得出结果,在无装配区最高应力值为 6.5 MPa,具体表现在车轮截面部分。这一部分具体是在车轴左面、轮座右面,具有一定弧度,其应力值较无装配区内的疲劳应力值 153 MPa 更低。轴颈部应力值为 32 MPa,较轴颈部疲劳应力值 72 MPa 更低。直线道路上的垂向力可计算出为 104 231.3 N,与道岔上的垂向力相同,但道岔同时产生一个 35 021.7 N 的横向力。因为单个车轮在满负荷承重中静态轮载为 7 250 kg,最后可以计算得出在直线运行时,所受垂向载荷为 99.8 kN,没有横向载荷;道岔运行时,垂向载荷和横向载荷分别为 8.88 kN 和 29.8 kN。

2. 准备工作

建立模型。将车轮三维模型转换文件形式导入有限元分析软件,如图 6-21 所示。

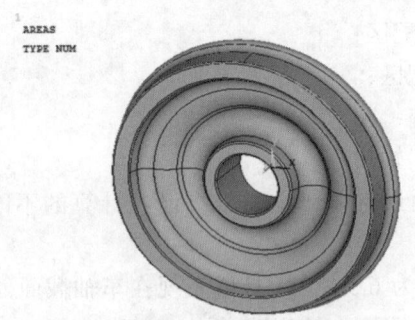

图 6-21　导入车轮模型

设置单元类型。因为车轮材料与车轴一样都属于次弹性材料，且塑性比较好，能适应大变形、大应变，所以选择 Structural solid45，如图 6-22 所示。

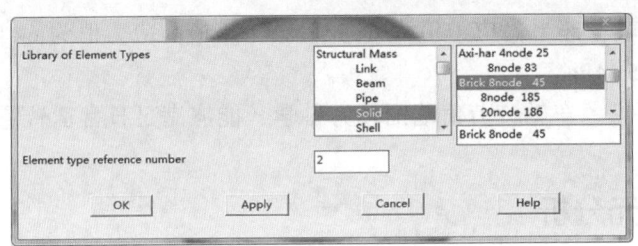

图 6-22　设置单元类型

定义材料属性。通过公式计算后，可以得出应该输入的弹性模量 206 GPa，泊松比 0.304，如图 6-23 所示。

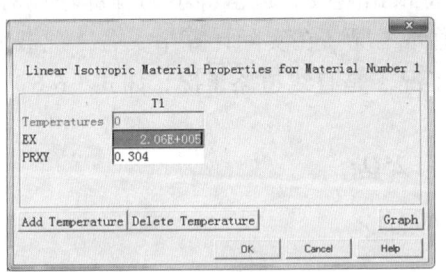

图 6-23　定义材料属性

划分网格。利用智能划分形成网格图 3（图 6-24）和网格图 4（见图 6-25），从图中可以看出，受力比较薄弱的应该是辐板端面上与车轴相接触的部位。

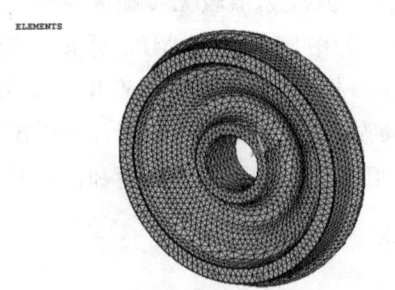

图 6-24　网格图 3

图 6-25　网格图 4

3. 有限元分析

选择对辐板进行约束。选择要施加的面，载荷数值应该与车轴所受相同，即为 100 MPa 和 50 MPa，向上取整。施加边界条件和载荷操作分别如图 6-26 和 6-27 所示。

图 6-26　施加边界条件　　　　　　图 6-27　施加载荷

结果显示整体位移为 0.159 943 mm，位置在最下方，体现在与轴装配的面上，该位置受到较大的弯矩作用。如图 6-28 所示，其变形较小，刚度好。等效应力（见图 6-29）最大值为 251.41 MPa，位置在约束孔附近，其数值远远小于材料的屈服强 320 MPa，符合强度设计要求。

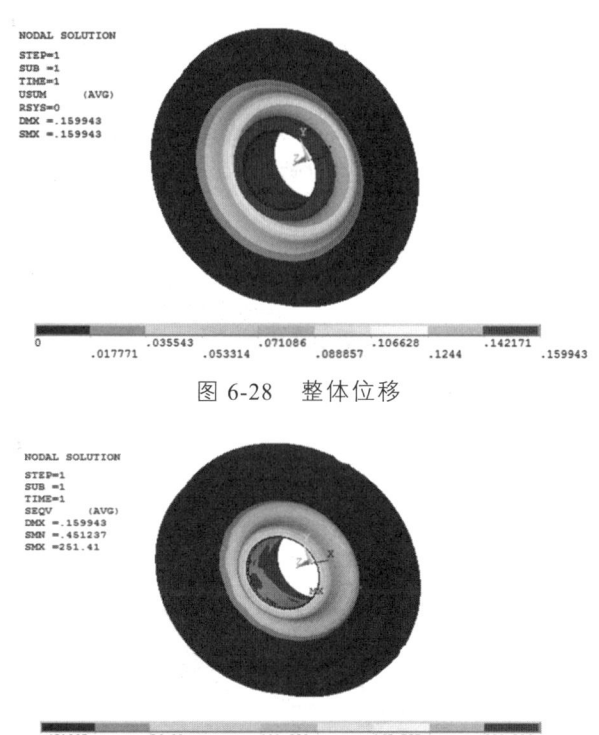

图 6-28　整体位移

图 6-29　等效应力

在材料数据基础上进行力学性能分析，两种工况下分别进行力学加载。选择直辐板方式下的车轮，能够便于安装制动器。辐板上排列了 12 个直径为 27 mm 的圆形孔槽，因为辐板厚度在不同区域会发生较大的变化,这样会导致应力处于比较集中的状态,非常不利于得到计算结果,因此必须对车轮辐板以及轮毂过渡区加大关注力度。在不同的载荷工况下,辐板和轮毂过渡区以及辐板变截面区产生的最大应力之间的取值没有较大差异,但是在车轮辐板孔上的应力取值存在非常大的不同,所以,可以说载荷的方向和大小对辐板孔上的强度影响非常大。

比较不同工况的等效应力数值可以发现,在道岔工况下,车轮遇到的等效应力最大,过渡区域、车轮辐板变截面区以及辐板孔区受到的应力较大,因此可以得出在道岔运行状况下,车轮受力状况比较差,只要道岔工况下能符合要求,就满足强度要求。通过对比分析得出,拖车轮辐受到的应力最大是 230.8 MPa 以及 251.41 MPa,车轮在道岔上运行过程中材料具备的弹性极限是 355 MPa,相比于两个数据大很多,因此,动车车轮的强度能够很好的达到当前的需求。

4. 优化设计

从上面的数据可以知道,拖车车轴不同部分的应力值都小于允许应力值,在不超过材料屈服强度的基础上,对车轴进行最佳优化,材料属性不发生任何改变。根据相关资料可知,改变相关尺寸的优化方法是最简洁有效的,而且一般是减小尺寸而不是增大尺寸。因此,把轴的各个部位的半径均减小 1 mm 重新进行分析。

通过整体位移图可以很明显地看出,最大位移依然在端面圆处,该位置的最大位移用以判定刚度性能是否得到优化。整体位移为 0.076 442 mm,位置在最下方。如图 6-30 所示,其变形较小,刚度好。其等效应力最大值为 102.699 MPa,位置在约束孔的附件,其数值远远小于材料的屈服强度 320 MPa,如图 6-31 所示。优化后的车轴强度性能更好,满足了以上各项标准。整体车轮的静强度和疲劳强度均满足 UIC510-5 的要求。

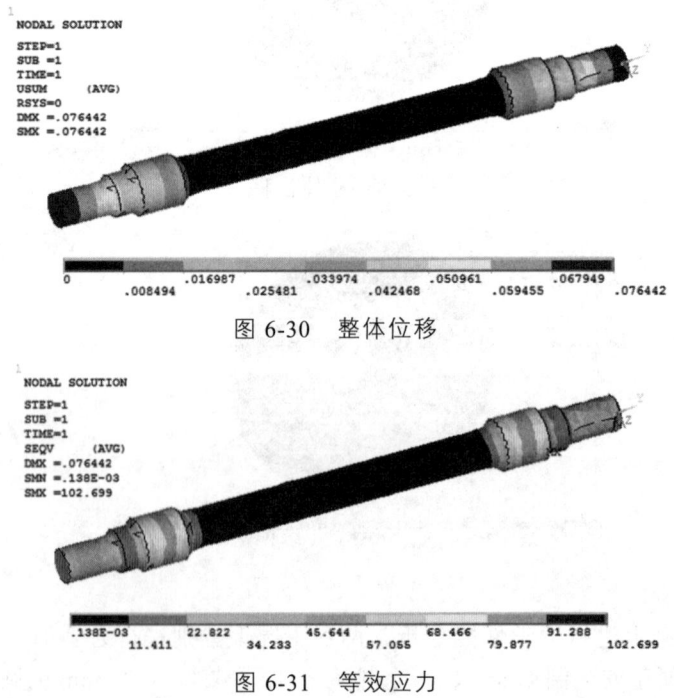

图 6-30 整体位移

图 6-31 等效应力

5. 结　论

本小节是在青岛地铁调车（拖车）转向架轮对数据的基础上对车轴进行优化设计。通过工程建模软件对动车组拖车转向架轮对进行三维建模（包括车轴与车轮的三维建模），在此基础上进行有限元分析，对车轴进行优化。

6.3　车辆制动盘课程设计

6.3.1　盘形制动器参数的确定

本课程设计主要是针对国内比较成熟的 B 型地铁拖车车辆，该车型已应用于广州地铁 3 号线，运营速度已经达到 120 km/h，该车型转向架为德国西门子公司设计的 H 型转向架，目前国内自主设计的 120 km/h 速度的转向架一直处于空白状态。

1. 120 km/h 的 H 型转向架参数

B 型地铁拖车车辆 H 型转向架总体符合《地铁车辆通用技术》（GB/T 7928—2003），其结构速度为 135 km/h，运营速度为 120 km/h，轨距为 1 435 mm，该型车辆转向架的具体参数如表 6-2 所示。就目前而言，相对成熟的地铁运行系统有广州地铁 3 号线，其运营速度高达 120 km/h，其使用的转向架类型就是西门子公司所产的 B 型地铁拖车车辆转向架，转向架为 H 型转向架，采用的是盘形制动器。

表 6-2　B 型地铁拖车车辆 H 型转向架参数

该型转向架参数名	参数值
中心距	12 600 mm
轴距	2 300 mm
侧梁横向中心距	2 100 mm
轮径	840 mm（全磨耗 770 mm）
轮对内侧距	1 353 mm
轴重	≤14 t
轮重偏差	≤±2%
基础制动方式	轮盘制动
使用寿命	30 年

2. 制动盘参数

制动盘作为盘形制动器的最主要的组成部分，主要包括摩擦盘、散热筋、盘毂以及连接盘毂和摩擦盘的螺栓等构件。本次制动器主要是基于 B 型地铁拖车转向架上的盘形制动器的设计，它作为如今较为成熟的转向架所配对的盘形制动器，制动盘安装在车轴上，盘毂与车轴采用过盈配合，过盈量为 0.2 mm 左右。摩擦盘通过挡圈压紧在盘毂上，利用 12

个径向螺母螺栓与盘毂相连接，摩擦盘安装孔径比螺栓大，仅仅承受紧固力，而不承受剪切力。制动盘具体参数设计如下：

（1）城轨盘形制动器摩擦盘的可磨耗厚度一般为 7 mm，在其圆周方向上有一个槽，是用于指示磨耗程度以便替换。为保证 120 km/h 的地铁列车安全运行，需要的制动盘直径 D 尽量大点，以便增加摩擦盘有效半径，目的是减小制动夹钳作用于摩擦盘上的作用力，对于制动盘的直径一般选取车轮轮径的 70%~79%，由前轮径取 840 mm，轴重为 14 t，根据公式 $D_1 = 76\% \times D_r = 0.76 \times 840 = 638$（mm），取 640 mm。由于所选取的车轴是 RD 型车轴，所以内径取 350 mm。

（2）由于地铁列车对轻便性有要求，制动盘的质量不宜太大，故对其厚度有一定的限制。地铁车辆制动时的温度上升，为减少温升，制动盘厚度又不宜太小。在其两摩擦盘间排列散热筋用以散去由于摩擦制动而产生的热量，防止热量集聚而影响摩擦盘寿命。散热筋之间为径向通风槽，厚度一般取 36 mm，制动盘厚度取 44 mm，即制动盘的总厚度取 80 mm，规定其不平行度小于 0.05 mm，盘面摆差小于 0.1 mm。

（3）散热筋采用交叉状，这样既利于传递热量，又便于通风散热，以保证摩擦盘的热平衡状态。本设计采用半径为 10 mm 的小圆柱体。

（4）螺母的尺寸一般采用半径为 7 mm 螺栓及边长为 11.472 mm 等边六边形顶面，顶面长度为 9 mm，螺栓长度为 95 mm。制动盘参数如表 6-3 所示。

表 6-3 制动盘参数

参数名	数值	单位	说明
可磨耗度	7	mm	指示磨耗程度
外径	640	mm	制动盘外径
内径	350	mm	制动盘内径
散热筋厚度	36	mm	散热筋厚度
制动盘厚度	44	mm	制动盘厚度
半径	10	mm	散热筋半径
螺母半径	7	mm	螺母半径
螺栓长度	95	mm	螺栓长度
边长	11.472	mm	螺栓正六边形边长

3. 制动夹钳

制动夹钳作为传递制动力的重要组成部分，在转向架上斜对角布置。两个制动夹钳中有一个为带停放制动功能的制动夹钳，可以方便手动缓解。该制动夹钳为 RZS 型制动夹钳，参数如表 6-4 所示。在夹具的外边缘有一个开口，便于定期检查和更换制动衬块，而无须拆卸夹具。为了减少传递到制动流体的热量，活塞的开口端被切成阶梯形，以减小活塞与制动衬块背板的接触面积，从而形成两个相对的环形面。为了提高其耐磨性，活塞的工作表面需要镀铬。

表 6-4 制动夹钳的参数

制动夹钳参数名	参数值
最大允许制动盘厚度/mm	135
允许温度范围/℃	$-40 \leqslant t \leqslant +80$
最大测试压力/kPa	210
联合制动时压力范围/kPa	110~610

4. 制动闸片

根据不同应用场合，制动闸片的形状、几何尺寸、闸片连接和材料属性也不同。闸片形状按照 UIC 标准设计，由上半部分和下半部分组成，上半部分和下半部分是对称设计的。制动衬片上的凹槽的作用不仅是减少摩擦副上的水分，而且可以排出污染物，消除制动过程中由摩擦副产生的下落物体，从而使制动特性的摩擦副更稳定。制动衬片槽通常为十字形，上半部和下半部的槽也是对称设计的，闸片的材料选择必须满足性能要求和环保要求，减少刹车片振动、湿度、温度引起的刹车片与刹车盘表面摩擦系数的衰减。制动衬片材料为合成材料，选用粉末冶金材料，材料摩擦系数为 0.3~0.5。最终摩擦系数取为 0.35，其他参数如表 6-5 所示。

表 6-5 制动闸片参数　　　　　单位：mm

制动闸瓦参数名	参数值
宽度	24
尺寸	400

5. 参数的校核

（1）制动黏着系数。

制动黏着系数主要与车轮踏面和钢轨表面的状态、线路状态、车辆运行状态、运行速度以及传动部件的状态有关。为保证地铁车辆安全运行的黏着系数，按照我国列车运行实际状况，地铁车辆所使用的黏着系数公式为

当地面处于干燥时黏着系数：

$$\mu = 0.062\,4 + \frac{45.6}{v+260} \quad (6\text{-}10)$$

当地面处于潮湿时黏着系数：

$$\mu = 0.040\,5 + \frac{13.5}{v+120} \quad (6\text{-}11)$$

由此得其制动距离内的加速度：

$$\alpha = \frac{v^2}{2 \cdot S \cdot 3.6^2} \quad (6\text{-}12)$$

式中，v 制动时的列车初速，km/h；S 为制动距离，m；α 为地铁列车在制动距离内平均减速度，m/s²。对于本次德国西门子所生产的 B 型拖车转向架所对应的盘形制动器，其运营速度为 120 km/h 时，规定其制动距离为 800 m，并且规定地铁车辆在任何情况下，其紧急制动距离不大于 180 m。将参数代入式（6-12）得出其平均减速度要求达到 0.7 m/s²；而对于黏着系数代入参数得其介于 0.097 和 0.182 4 之间，取 0.12。

（2）切向力与轴制动率。车轮与钢轨相对静止状态时，轮轨间的切向作用力 F_i 与黏着力 f_i 相等，当切向力达到某个数值时，黏着力达到最大 f_{max}，并且此后 F_i 再变大，f_i 就会变小，所以最大切向力 F_μ 公式为

$$F_\mu = f_{i\max} \tag{6-13}$$

对于城轨列车车辆，如果轴重太大，轨道会因受到冲击而发生破坏。因此出于安全性考虑选择采用低轴式，其优点是速度快且成本较低。城轨车辆轴重取为 14 t，运行速度为 120 km/h，城轨车辆的牵引质量为 $G = 56$ t，城轨车辆的计算质量取 $P = 126$ t，闸瓦的等效压力为 $\sum K_h = 340$ kN，取闸瓦平均摩擦系数为 0.35。轮轨之间的切向力不大于 14 kN，制动力应当满足条件：$F \leqslant F_\mu$，并且定义轴制动率，得

$$\delta_0 \leqslant \frac{\mu}{\psi_k} \tag{6-14}$$

$$\delta = \frac{\sum K}{Q \cdot g} \tag{6-15}$$

对于地铁车辆，$\sum K$ 表示整个地铁车辆夹钳压力的总和，kN；δ 为地铁车辆的制动率；Q 为整车总质量，t；g 为重力加速度，m/s²。根据制动性能的要求，制动率的值要比轮轨黏着系数与闸瓦摩擦系数之比的值小，否则会出现擦伤磨损和滑行损坏。根据计算得

$$\delta = \frac{\sum K}{Q \cdot g} = \frac{340}{126 \times 9.8} \approx 0.27 \leqslant \frac{\mu}{\mu_a} = \frac{0.12}{0.35} = 0.34 \tag{6-16}$$

若满足上述条件，则有关轴及黏着系数的选择是合理的。

6. 车辆上的力

作用于车体上的载荷主要由以下几个部分构成的：

（1）垂直静载荷 P_{st}。

若 P_q 为车体自重，P_t 为整备重力，P_r 为车辆的载重，则有

$$P_{st} = P_q + P_t + P_r \tag{6-17}$$

（2）垂直动载荷 P_d。

由于轨道平面的不平整以及接缝等影响，从而引起车辆的动载荷，其值为

$$P_d = K_{dy} \cdot P_{st} \tag{6-18}$$

式中，K_{dy} 为动力学中所测定的垂直动载荷系数，它与车辆的运行速度以及转向架弹簧装置的挠度等值有关。垂向总载荷 P 可为

$$P = P_{st} + P_d = (1+K_{dy})P_{st} \qquad (6\text{-}19)$$

（3）侧向力 H。车身侧向力由风力和离心力组成，这意味着当车辆在弯道上行驶时，其承受垂直于车身的风力。风压值取为 550 Pa，合力作用于车体侧面投影的质心。车身上的离心力 H_1：

$$H_1 = \frac{P_{st}}{gR}\left(\frac{v}{3.6}\right)^2 \qquad (6\text{-}20)$$

式中，g 为重力加速度，m/s²；v 为通过曲线时列车最大允许速度，km/h；R 为曲线的半径，m；P_{st} 为车体垂直静载荷，N。对于地铁线路铺设曲线时，外轨铺设通常比内轨铺设高出一个外轨超高量 h 值，使得车辆内倾，使车辆平稳运行，产生分力 H_2 为

$$H_2 = P_{st} \cdot \sin\alpha = P_{st}\frac{h}{2b_1}(N) \qquad (6\text{-}21)$$

式中，b_1 为轮对两滚动圆之间距离的半径。

其差值为

$$H = H_1 - H_2 = P_{st}\left(\frac{v^2}{gR3.6^2} - \frac{h}{2b_1}\right)(N) \qquad (6\text{-}22)$$

7. 制动力

（1）地铁车辆运行阻力。

$$\begin{aligned}W_0 &= A + B\cdot v + C\cdot v^2 = 1.1 + 0.002\,5v + 0.000\,25v^2 \\ &= 1.1 + 0.002\,5\times120 + 0.000\,25\times120^2 \\ &= 5\end{aligned} \qquad (6\text{-}23)$$

（2）对于地铁车辆 B 型拖车盘形制动器的制动力为

$$\begin{aligned}B &= \sum\left(K\times\psi\times\frac{r}{R}\right) = 1\,000\times\sum_{i=1}^{n}K_i\phi_{K_i} \\ &= 1000\times(K_{h_1}\cdot\phi_{h} + K_{h_2}\cdot\phi_{h} + \cdots K_{h_n}\cdot K_h) \\ &= 1000\times\phi_h\times\sum_{i=1}^{n}K_{h_i}\end{aligned} \qquad (6\text{-}24)$$

式中，K 为闸片压力，K_h 为换算闸瓦压力，kN；ϕ_h 为换算摩擦系数，ψ 为闸片摩擦系数，取为 0.35；r 为闸片作用半径，mm；R 为车辆滚动圆半径，取 840 mm。地铁车辆制动器中的闸瓦摩擦系数应用其对应的闸片换算摩擦系数。对于车辆轴重 14 t 的 B 型地铁拖车，在通常情况下实施制动，车辆的最大制动力 $B = 170$ kN。

8. 制动距离

从驾驶员将制动控制器的手柄放置到制动位置到动车组停止的时刻，地铁车辆行驶的距离称为制动距离，制动距离是反映制动系统整体性能的重要指标。

（1）实际情况。

① 没有制动力的纯空气阶段：从驾驶员拖动开始直到第一辆车的制动压力开始上升，在这种极端情况下，列车仍在移动。

② 全列车制动蹄片压力从零上升到预定值的增量阶段：第一个车辆制动缸的压力开始上升，直到最后一辆列车的制动压力增加到预定值。

③ 整个列车的制动蹄的压力保持稳定：最后一辆车的制动压力上升到预定值，直到列车停止。

（2）为了方便计算所做的假设。

由于第二阶段在计算上处理很麻烦，所以省略第二阶段，假设全列车的闸瓦都在某一瞬间同时压上车轮，则可以得出结论：制动距离 S_b 是空走距离 S_k 与有效制动距离 S_e 之和，即

$$S_b = S_k + S_e \tag{6-25}$$

在地铁列车制动状态时除受到制动力作用还有阻力作用在上面，即

$$-(W+B) = (1+\gamma)(m_1+m_2)\frac{dv}{dt} \tag{6-26}$$

式中，m_1、m_2 是车辆的部件质量，t；B 为制动力，kN；W 为阻力，kN。空走距离 S_k 为

$$S_k = \frac{1000 \cdot v_0 \cdot t_k}{3600} = \frac{v_0 \cdot t_k}{3.6} \tag{6-27}$$

式中 v_0——制动初速度，kN/h；t_k——空走时间，s。根据大量实验，制动距离等效原则归纳出经验公式为

紧急制动：$t_k = 3.5 - 0.08i_k$ (6-28)

常用制动：$t_k = (4.1 + 0.002rn)(1 - 0.03i_k)$ (6-29)

式中，i_k 为加算坡道的坡度，‰；r 为列车管减压量，kPa；n 为编组节数。对于空走时间 t_k，在 i_k 大于 0 的情况下，可以按照 i_k=0 计算，则可以知道 t_k 小于等于 3.5 s，由式（6-27）求得最大空走距离如式（6-30）所示，小于 180 m，满足要求。对于有效制动距离 S_e，由于一般车辆折算质量为实际质量的 6%，所以在制动距离计算中，以 1.06 作为城轨车辆质量的修正系数，即用 1.06 倍个动车组质量代替其实际质量，由公式推导如式（6-31）所示。

$$S_k = \frac{t_k \cdot v_0}{3.6} = \frac{3.5 \times 120}{3.6} = 117 \text{ (m)} < 180 \text{ (m)} \tag{6-30}$$

$$S_e = \int_0^{v_0} \frac{1000 \times 1.06 \times mvdv}{12.96(B+W_k)} = \int_0^{v_0} \frac{1000 \times vdv}{12.23(\frac{B_m}{m}+w_0+i_kg)} \tag{6-31}$$

式中，w_0 为单位制动阻力，是速度 v 的二次函数，对式（6-31）进行分部积分得到下面有效制动距离表达式：

$$S_e = \sum \frac{4.17 \cdot (v_0^2 - v_z^2)}{1000 \cdot \vartheta_h \cdot \theta_h + w_s + i_k} \quad (6\text{-}32)$$

等效为

$$S_e = \frac{4.17 \cdot (v_0^2 - v_z^2)}{1000 \cdot \vartheta_h \cdot \theta_h + w_s + i_k} \quad (6\text{-}33)$$

式中，ϑ_h 为闸瓦的等效摩擦系数，取 0.35；θ_h 为列车换算制动率，是闸瓦压力与列车所受重力之比，即

$$\theta_h = \frac{\sum K_h}{(\sum P + G)g} = \frac{340}{126 \times 9.8} = 0.27 \quad (6\text{-}34)$$

w_s 为等效单位基本阻力，取 $w_s = 5$，代入得

$$S_e = \frac{4.17 \cdot (v_0^2 - v_z^2)}{1000 \cdot \vartheta_h \cdot \theta_h + w_s + i_k} = \frac{4.17 \times (120^2 - 0^2)}{1000 \times 0.35 \times 0.27 + 5 + 0} = 603.5 \text{ (m)} \quad (6\text{-}35)$$

所以，综上可得

$$S_b = S_k + S_e = 117 + 603.5 = 720.5 \text{ (m)} < 800 \text{ (m)} \quad (6\text{-}36)$$

对于改型城市轨道车辆，其制动距离为 720.5 mm，满足"制动距离小于 800 mm"的要求，所以本次设计所选的 B 型地铁拖车车辆盘形制动器参数以及其他装置的参数的选择是符合设计要求的。

6.3.2　制动盘三维建模

1. 制动盘的建模

制动盘建模主要是绘画出摩擦盘和散热筋等机构，运用草图功能平面、拉伸功能以及切槽等功能对制动盘进行三维建模，制动盘建模的过程采用"零件设计"模块进行方案的设计。下面为制动盘建模步骤：

（1）在机械设计模块中的零件设计中新建零件并命名为"zdp"，如图 6-32 所示。

（2）在"草图设计"功能中，在 xy 平面上构建半径为 175 mm 的内圆和 320 mm 的外圆，分别如图 6-33 和图 6-34 所示。

（3）点击"退出工作台"退出草图模式，采用"拉伸"功能，即点击"凸台"，将草图拉伸 22 mm，如图 6-35 所示。在草图设计中使用圆的定义在制动盘的端面一侧绘出半径为 10 mm 的圆，作为散热筋，如图 6-36 所示。

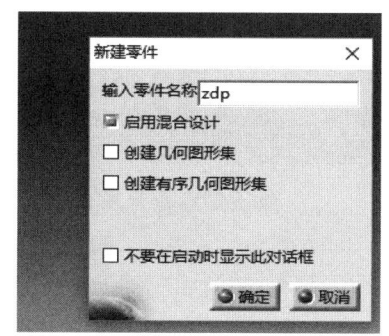

图 6-32　新建零件

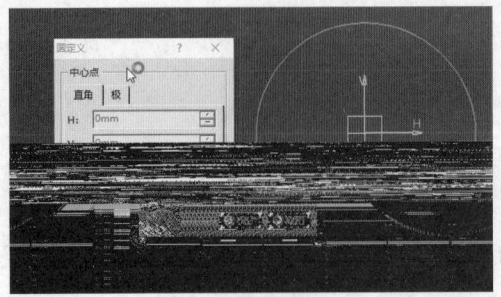
图 6-33 内圆

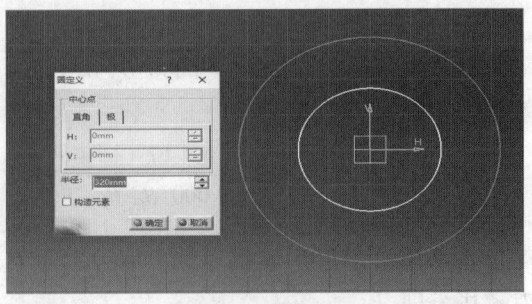
图 6-34 外圆

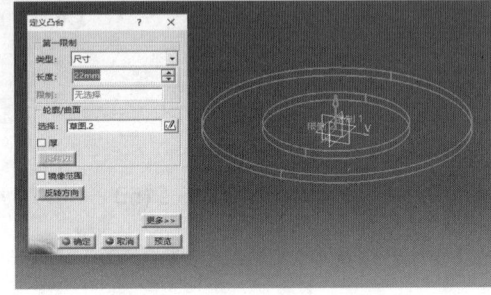
图 6-35 草图拉伸图

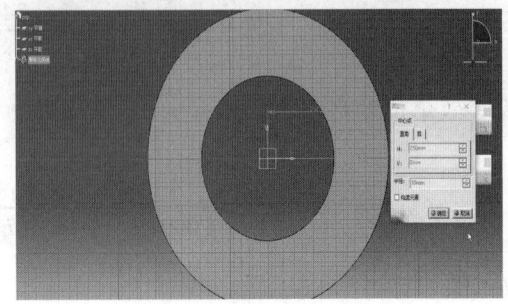
图 6-36 散热筋定义草图

（4）使用重复定义画出 3 个圆，如图 6-37，完成后退出工作台。然后利用凸台功能，将草图拉伸 36 mm，作为制动盘的一组散热筋，如图 6-38 和 6-39 所示。之后在"零件模式"中找到"阵列"功能中的圆形阵列功能，将散热筋作为旋转对象，并且设置旋转的间距为 20°以及 18 个实例，并且将其绕 x 轴旋转，构建 18 组散热筋，如图 6-40 所示，最终画出所有散热筋如图 6-41 所示。

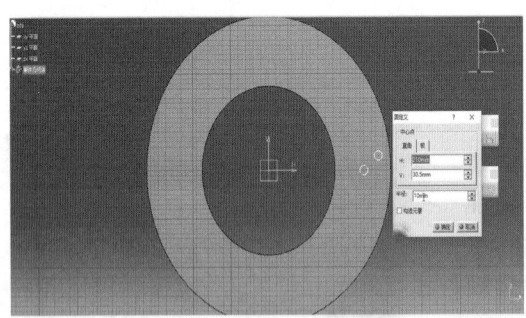
图 6-37 重复定义草图

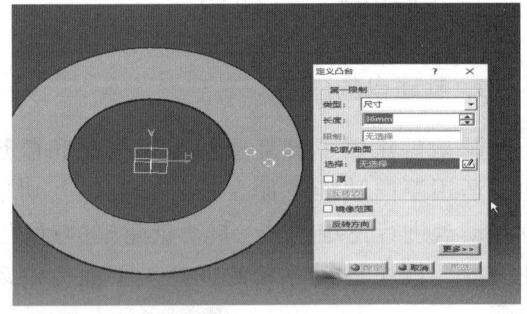
图 6-38 草图拉伸

图 6-39 一组散热筋

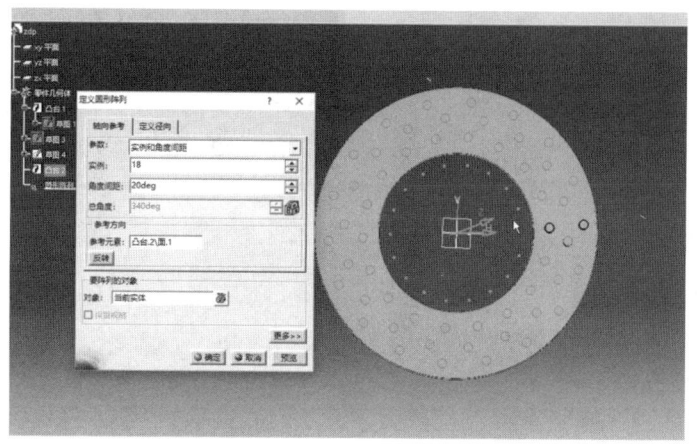

图 6-40　散热筋圆形阵列定义

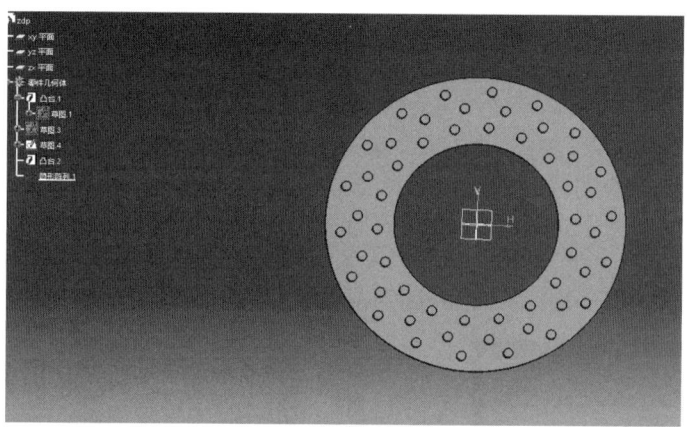

图 6-41　散热筋生成图

（5）根据制动盘的要求定义散热筋平面为设置平面，在该平面上画出半径为 320 mm 的圆，然后利用拉伸功能，定义凸台，拉伸 22 mm，如图 6-42 所示。然后在草图设计中在平面上画出半径为 175 mm 的圆形，如图 6-43 所示，最后利用凹槽功能，定义凹槽，深度为 22 mm，如图 6-44 所示，最终生成制动盘三维模型如图 6-45 所示。

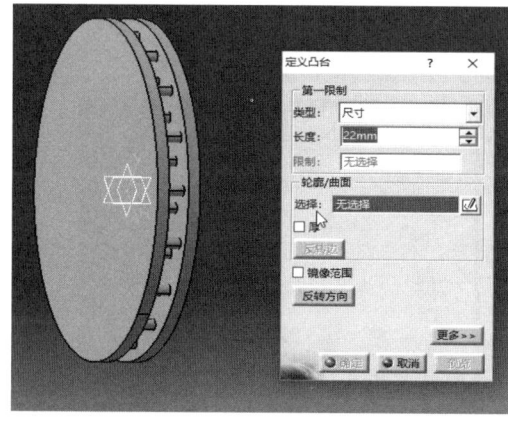

图 6-42　拉伸图

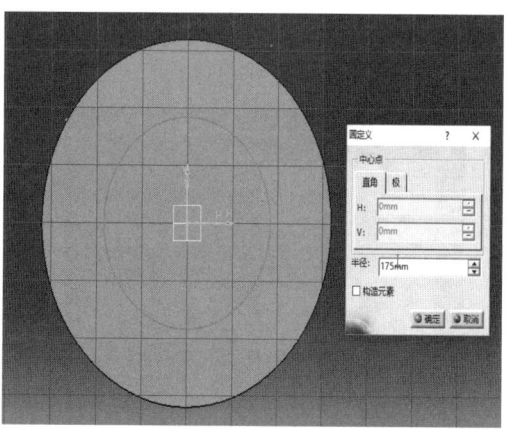

图 6-43　圆的定义

·177·

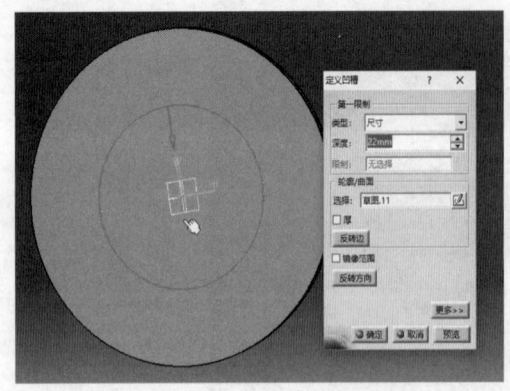
图 6-44 定义圆形凹槽

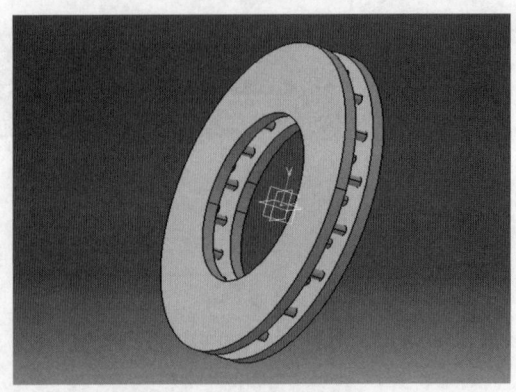
图 6-45 制动盘生成图

2. 盘毂建模

在地铁车辆盘形制动器中，盘毂是用来固定制动盘在车轴上的装置，利用螺母和螺栓零件装配固定在制动盘上，共同构成地铁车辆盘形制动器，因此盘毂是地铁车辆盘形制动器的重要组成部分，下面是盘毂的三维图的步骤。

（1）在机械设计模块中的零件设计中新建零件，并命名为"pangu"，如图 6-46 所示。然后在草图设计功能中画出半径分别为 98.5 mm 以及 111 mm 的圆，如图 6-47、图 6-48 所示。然后退出草图模式，采用"拉伸"功能，点击"凸台"，定义凸台将双圆一起拉伸 150 mm，形成的圆柱体作为盘毂的外层，如图 6-49 所示。

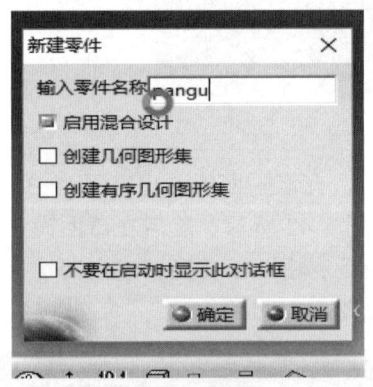
图 6-46 新建零件

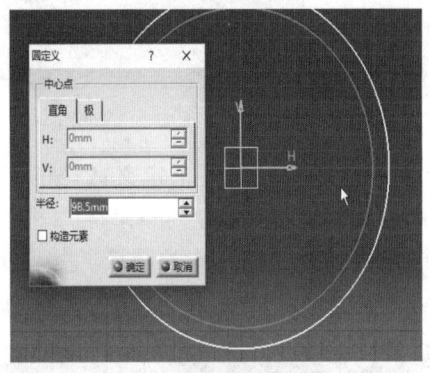
图 6-47 内圆定义

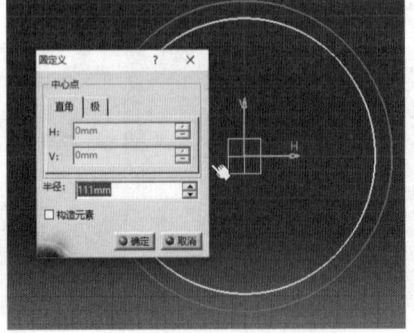
图 6-48 外圆定义

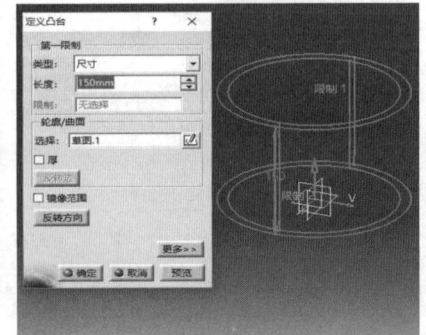
图 6-49 拉伸草图

（2）在上一步建立的拉伸体的 xy 平面上定义新的平面，并且该平面偏移于原平面 57 mm，如图 6-50 所示，然后利用草图设计功能在新建的平面上做出直径为 320 mm 的圆，采用拉伸功能点击凸台，将其拉伸 36 mm，如图 6-51、图 6-52 所示，之后在草图上画个半径 98.5 mm 圆，定义凹槽功能，设置凹槽深度为 36 mm，如图 6-53。

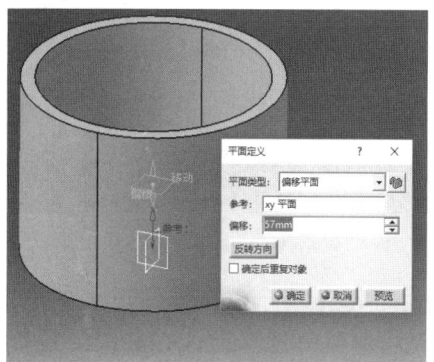

图 6-50　平面定义

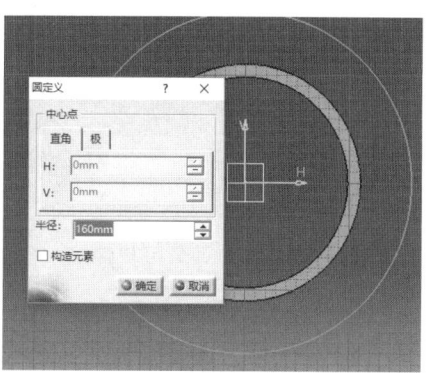

图 6-51　圆的定义

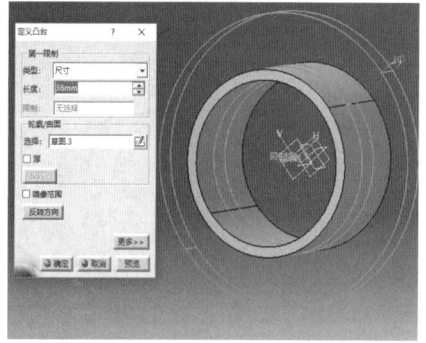

图 6-52　草图拉伸图

图 6-53　凹槽定义

（3）偏移平面至建立好的端面上，以草图设计模式建立半径为 113 mm 的圆，如图 6-54，并且用拉伸功能，将上一步建立的草图进行同步拉伸处理如图 6-55 所示。在偏移的平面上，即在拉伸的实体端面上，建立直径是 98.5 mm 的圆轮廓草图，并且将上一步的草图拉伸 57 mm，如图 6-56 所示，然后利用平面定义功能在已经新建的 xy 平面上新建平面，偏移于原平面 36 mm。在新建的平面上建立草图，半径为 167 mm 和 175 mm 的圆，如图 6-57 所示。

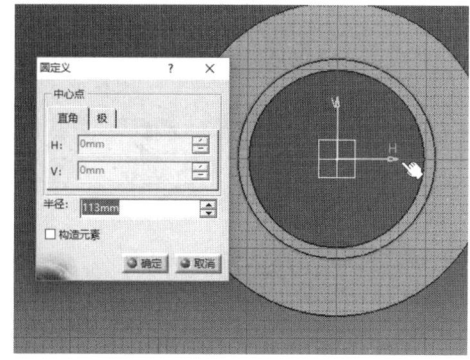

图 6-54　定义圆

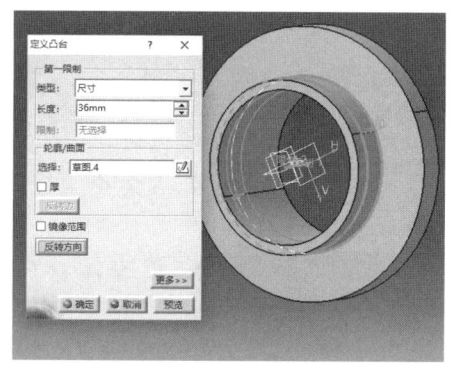

图 6-55　拉伸定义

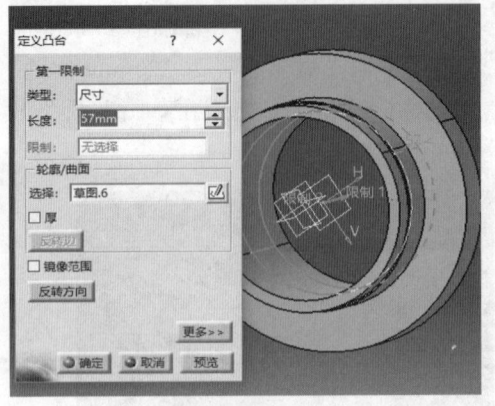 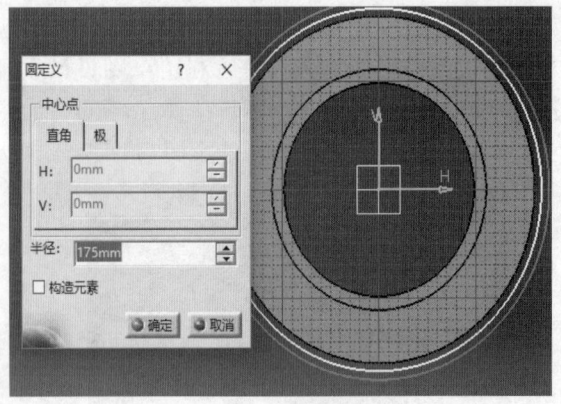

图 6-56　圆的定义与拉伸　　　　　　　　图 6-57　内外圆定义

（4）对内外圆分别进行拉伸 36 mm 和 22 mm，如图 6-58 所示。再定义功能定义平面，偏移于原平面 22 mm。利用草图设计功能在平面上做出半径分别是 135.1 mm 和 128.1 mm 的圆，如图 6-59 所示，并拉伸 1.5 mm 作为盘毂节圆倒角处。

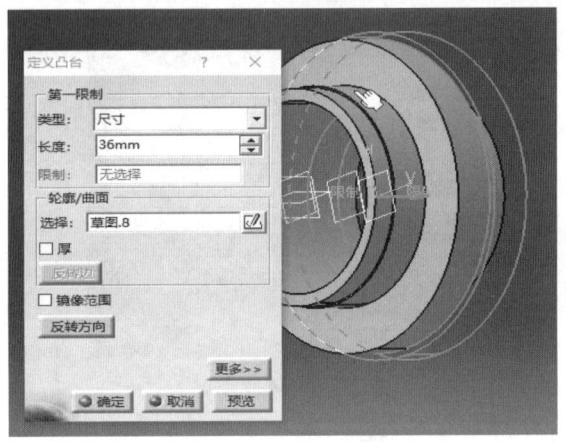 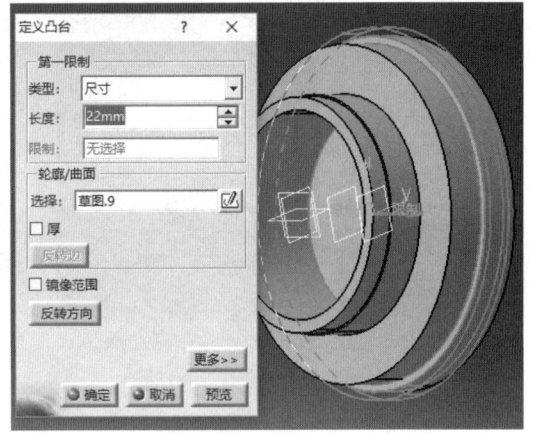

（a）长度 36 mm　　　　　　　　　　　　　　（b）长度 22 mm

图 6-58　内外圆拉伸定义

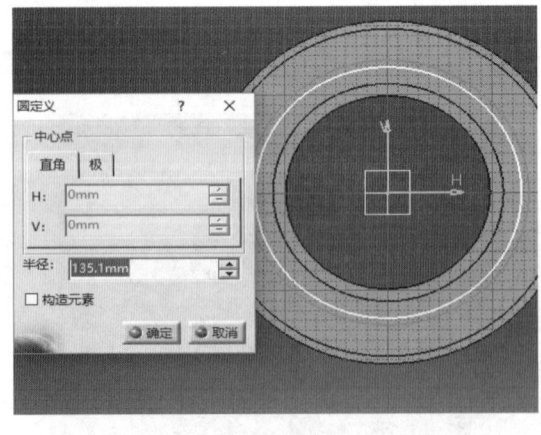 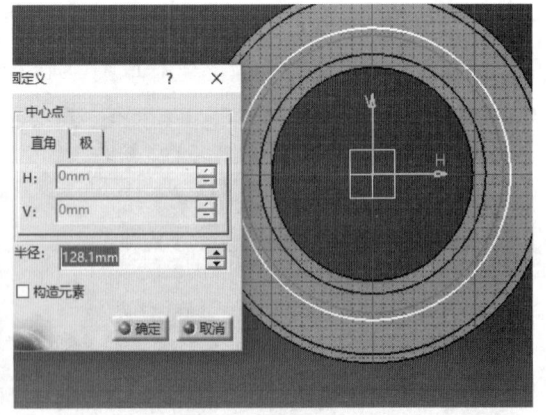

（a）直径 135.1 mm　　　　　　　　　　　　（b）直径 128.1 mm

图 6-59　内外圆定义

（5）对所有的节圆处用倒圆角功能，半径为 5 mm 的圆角，如图 6-60 所示。然后是螺母和螺栓的画法，分别在 xy 平面画出半径为 7 mm 的圆，并且画出边长为 11.47 mm 的正六边形，然后退出草图对其拉伸 9 mm，如图 6-61 所示。再次建立草图，半径为 7 mm 的圆对草图拉伸 95 mm，并且利用倒圆角定义，设置半径为 1.5 mm，对螺栓进行倒圆角，最后画出螺栓如图 6-62 所示。重复上述步骤定义以 7 mm 为半径的圆以及 11.472 mm 的正六边形，然后在对其进行拉伸功能，定义凸台为 9 mm，画出螺母图，如图 6-63 所示。

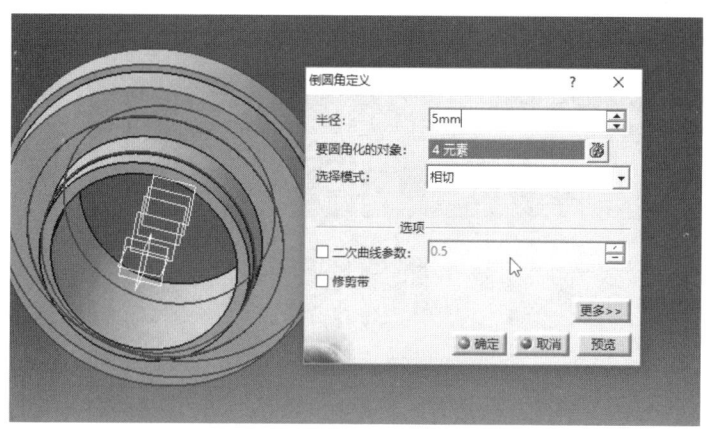

图 6-60　倒圆角

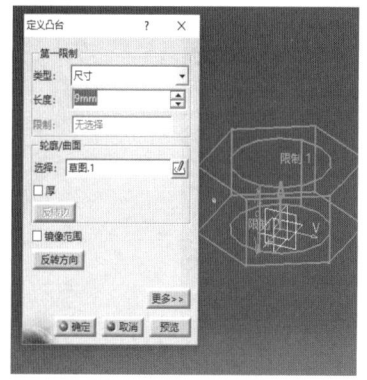

图 6-61　定义凸台

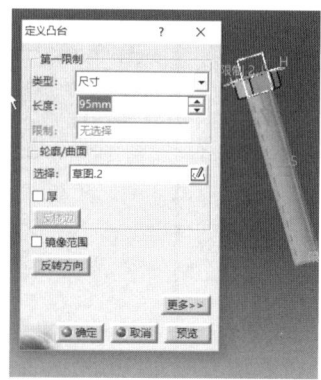

图 6-62　螺栓图

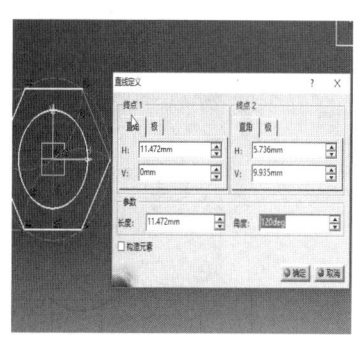

（a）直线定义

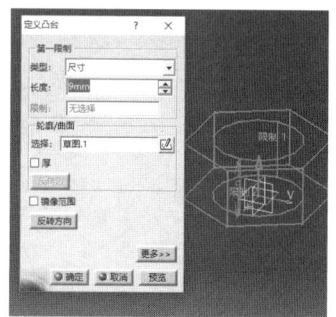

（b）凸台定义

图 6-63　螺母图定义

3. 盘形制动器装配

（1）盘毂的装配。

点击"机械设计"中"装配设计"，得到装配设计任务界面，然后点击"已有部件"，在文件中找到"pangu"文件名然后插入，如图6-64所示。再点击"已有部件"找到"luos"和"lianjie"文件名然后插入，如图6-65所示。然而由于不满足装配要求，需要在盘毂上开圆槽并且半径为7 mm，如图6-66和图6-67所示。最后运用圆形阵列定义12组，间距为30°，建立圆形阵列如图6-68所示，最终生成如图6-69所示。

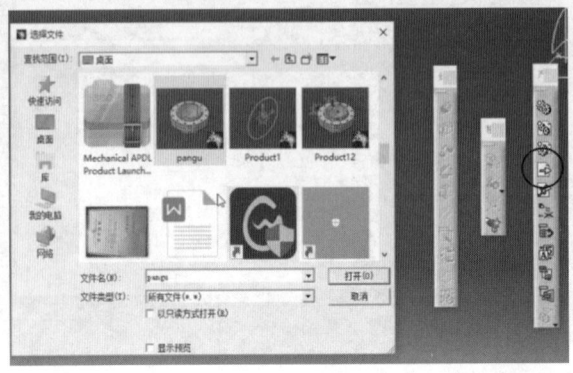

图6-64 插入盘毂文件

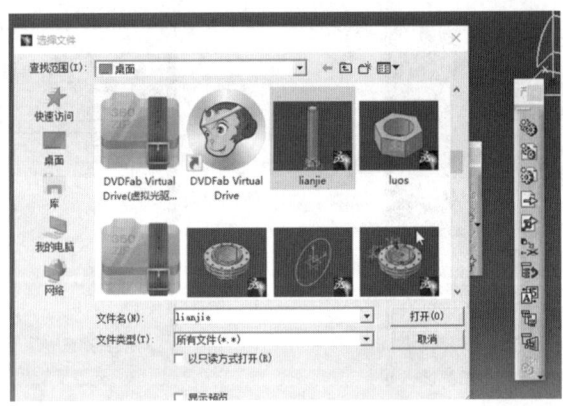

图6-65 插入其他零件

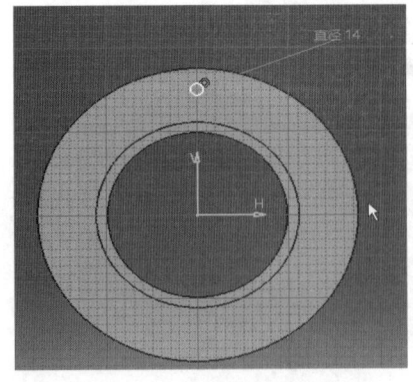

图6-66 定义圆

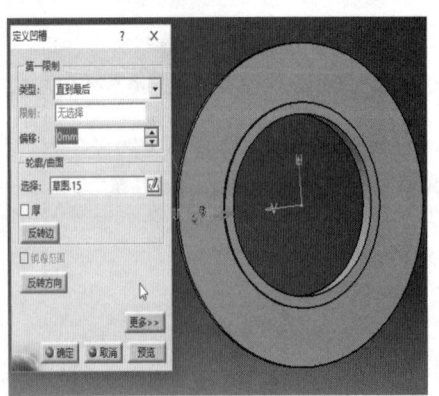

图6-67 定义圆槽

点击装配设计中"相合约束"设计，进行一个螺栓和一个螺母装配，得到生成图如图 6-70 所示，然后使用"重复使用阵列"功能，重复定义螺栓如图 6-71 所示，重复定义螺母如图 6-72 所示，最终得到盘毂装配图，其正面和背面如图 6-73 和图 6-74 所示。

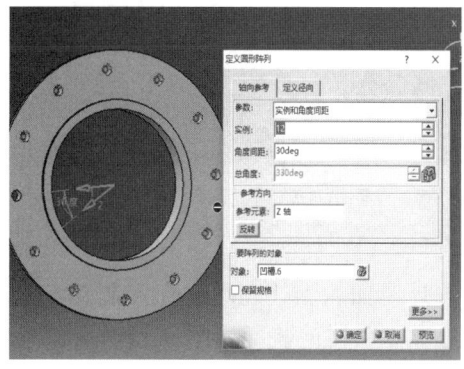

图 6-68　圆形阵列定义

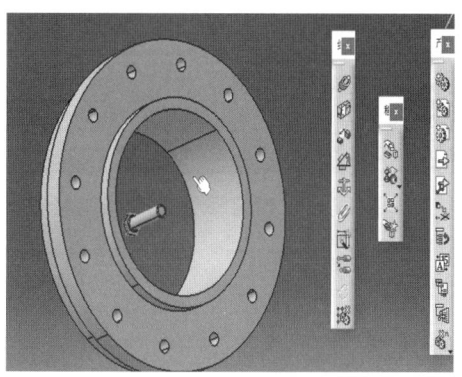

图 6-69　生成图

图 6-70　盘毂装配

图 6-71　阵列定义螺栓

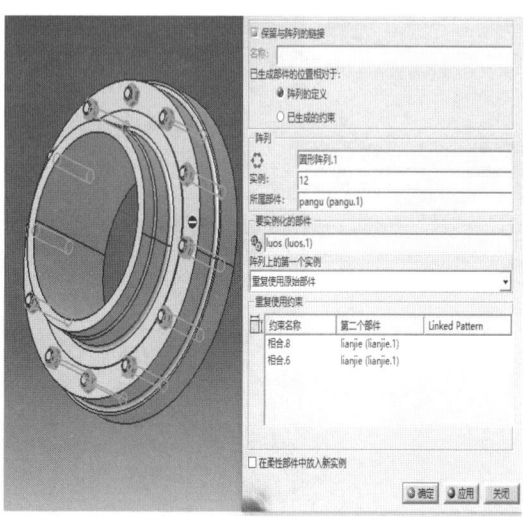

图 6-72　阵列定义螺母

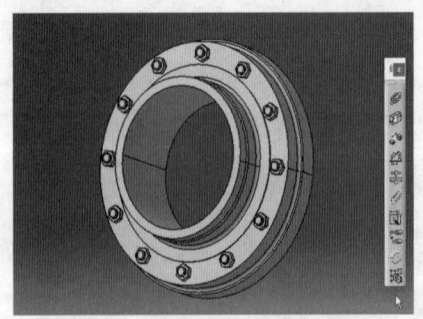 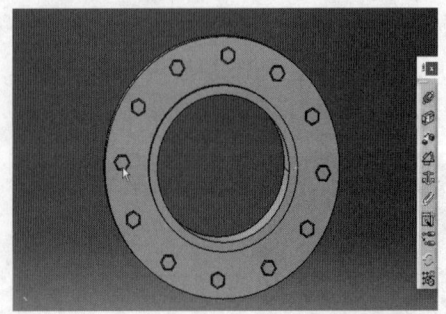

图 6-73　盘毂模型正面　　　　　图 6-74　盘毂模型背面

（2）制动盘的装配。

在上述盘毂三维模型的基础上，点击"装配设计"插入上述盘毂文件和制动盘文件，如图 6-75 所示，然后点击"相合约束"进行地铁盘形制动器的装配如图 6-76 所示，最后得到盘形制动器的模型图如图 6-77 和图 6-78 所示。

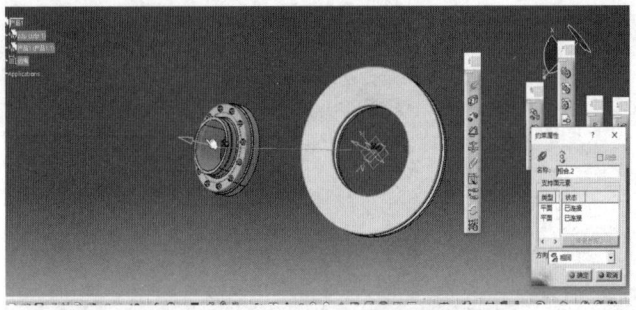

图 6-75　零件插入及调整

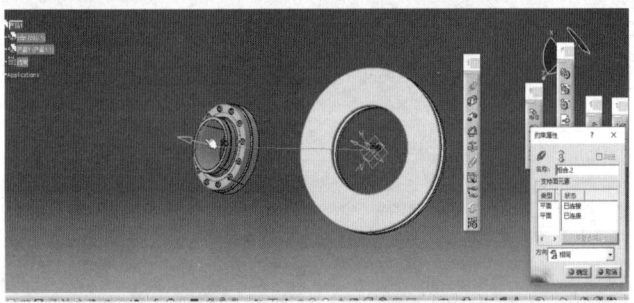

图 6-76　制动器装配

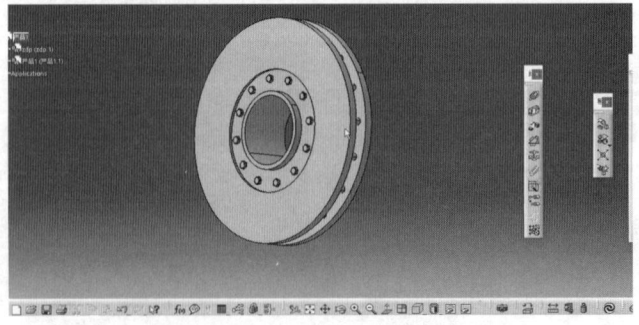

图 6-77　盘形制动器整体图

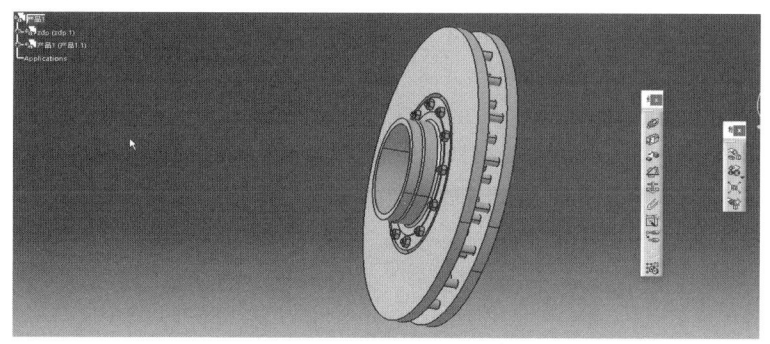

图 6-78　盘形制动器侧面图

6.3.3　有限元分析

在导入三维模型以及定义材料属性的基础上，对盘形制动器进行有限元分析，其分析流程如下。

1. 网格划分

打开网格划分工具对话框，在单元分配属性部分，选择"Volums"点击按钮弹出拾取对话框，点击"OK"将材料分配给体，定义其网格尺寸为 6 mm，如图 6-79 所示，然后定义其节点和单元数量如图 6-80 所示，网格划分对话框点击"Smart Size"，得出其网格划分模型如图 6-81 所示。

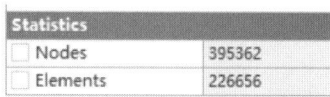

图 6-79　网格尺寸定义　　　　　图 6-80　节点和单元数量

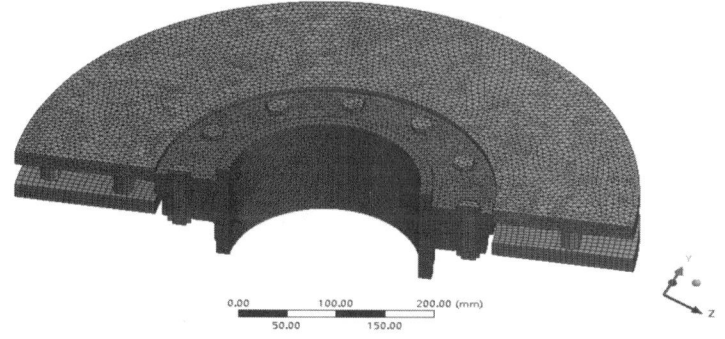

图 6-81　网格划分模型

2. 添加载荷

先讨地铁车辆在紧急制动情况下，其制动盘上的最大测试压力为 210 kPa。在前面讲到的载荷作用的该区域内添加载荷 0.21 MPa，如图 6-82 所示的红色区域，该区域为制动夹钳作用于制动盘上的压力。在紧急制动时运行出来的变形云图如图 6-83 和 6-84 所示。研究制动盘在紧急制动下承受制动夹钳压力作用下抵抗弹性变形的能力，即为刚度分析。由变形云图可知，制动盘在紧急制动情况下其最大弹性变形量为 0.001 405 2 mm，远远小于制动盘的可磨耗厚度 7 mm，因此其刚度满足条件。

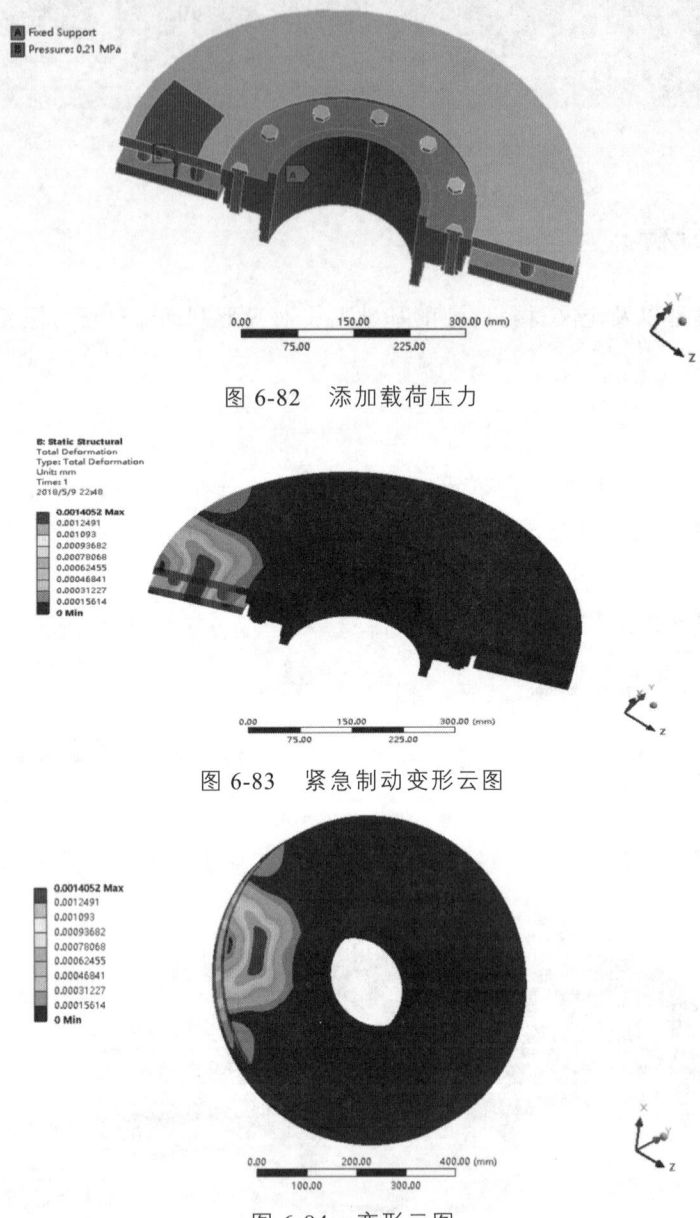

图 6-82　添加载荷压力

图 6-83　紧急制动变形云图

图 6-84　变形云图

紧急制动情况下，对地铁车辆盘形制动器增加最大测试载荷 210 kPa，显示出其应力结果如图 6-85 和图 6-86 所示，由图可以知道最大应力出现于散热筋处，其最大值为 3.9726 N/m²，最小值为 5.5274×10^{-7} N/m²，均小于其屈服强度 9.5×10^7 N/m²，所以盘形制动器在紧急制动时强度符合要求。

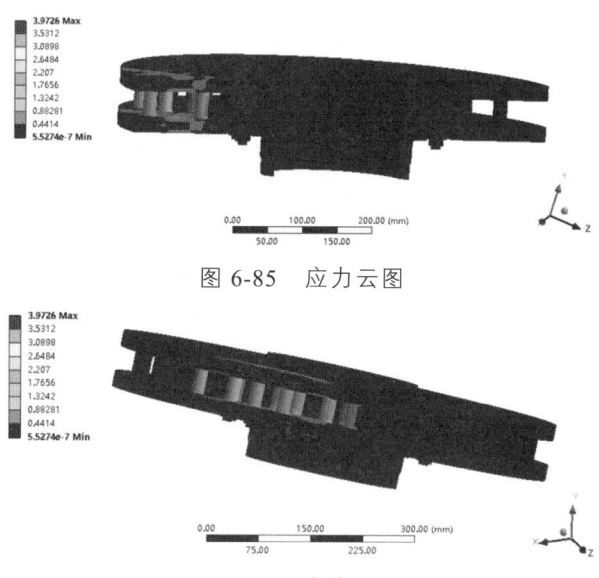

图 6-85 应力云图

图 6-86 应力云图

再来讨论联合制动的情况,可以知道其制动压力在 110~610 kPa,重复以上步骤,添加载荷为 610 kPa,对盘形制动器进行强度刚度分析。同样在载荷区域添加 0.61 MPa 的载荷如图 6-87 所示,在此基础上,得到联合制动模式下运行出来的变形云图(见图 6-88)。换言之,研究地铁车辆制动盘在联合制动模式下承受制动盘上制动夹钳压力作用下抵抗弹性变形的能力,即为刚度分析。从图 6-88 的变形云图中可知,B 型地铁拖车车辆盘形制动器的制动盘在联合制动模式的情况下最大弹性变形量为 0.004 081 9 mm,也远远小于制动盘的可磨耗厚度 7 mm,因此其刚度满足条件。由此分析,制动盘满足其刚度的要求。

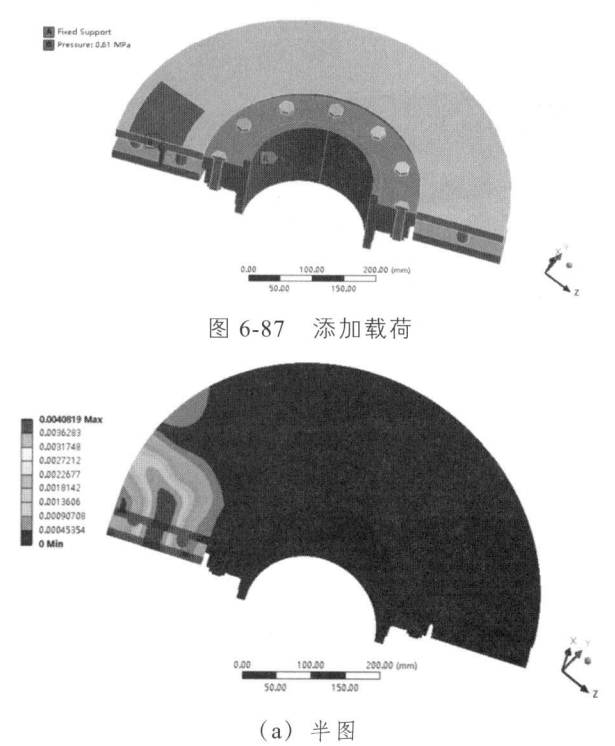

图 6-87 添加载荷

(a) 半图

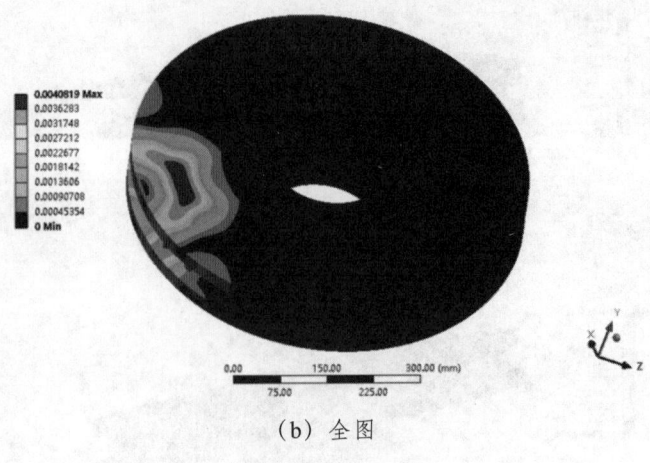

(b)全图

图 6-88 变形云图

当地铁车辆盘形制动器制动盘在联合制动模式情况受力时,对地铁车辆盘形制动器的制动盘增加最大测试载荷为 610 kPa,显示出其应力结果图(见图 6-89)。从图中可以知道最大应力出现于散热筋处,其最大值为 11.54 N/m², 最小值为 $1.605\ 6\times10^{-6}$ N/m², 均小于其屈服强度 9.5×10^{-7} N/m², 所以盘形制动器在联合制动模式下强度是符合要求的。

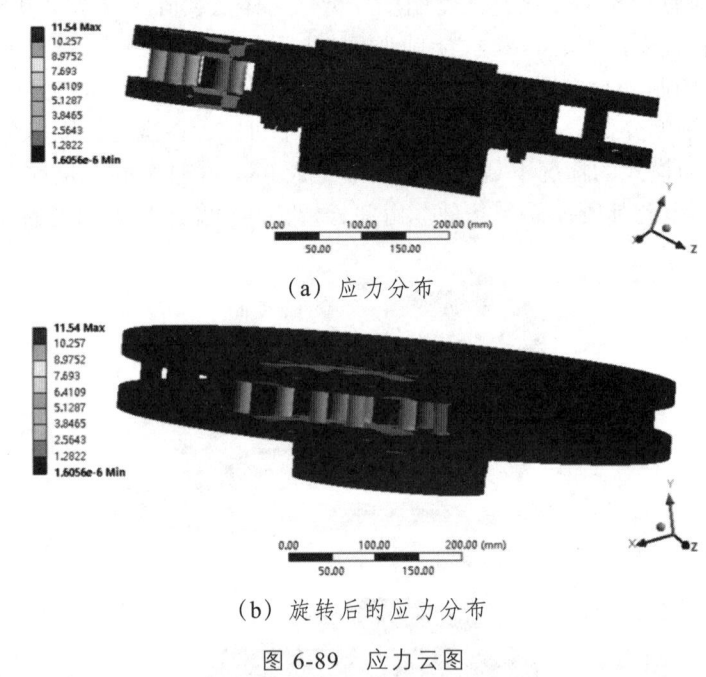

(a)应力分布

(b)旋转后的应力分布

图 6-89 应力云图

3. 结 论

本设计通过查阅相关数据以及相关论文对制动器参数进行的确定及校验,主要是确定制动器尺寸参数,以及从黏着系数、制动距离等方面对其进行校核优化。然后,绘制制动盘、盘毂、螺栓螺母以及其装配,建立盘形制动器三维模型,再利用有限元分析软件对地铁车辆盘形制动器进行有限元计算,其包括刚度和强度分析,对其蠕滑性能和曲线舒适度的性能进行必要的分析。

6.4 抗侧滚扭杆课程设计

6.4.1 抗侧滚扭杆结构和参数

近几年来，随着轨道交通运行速度和舒适性的要求越来越高，对轨道交通运行性能和行车安全至关重要的转向架的运行稳定性、轻量化、低噪声、高可靠性、易维护等要求也越来越高。现有技术中，弯扭杆轴锥孔加工难度大，加工成本高，锥孔和锥销配合使用一段时间后磨损松动，形成冲击异响和冲击载荷，影响整个抗侧滚扭杆系统的功能发挥。因此，设计出一种既安全可靠，又不影响乘坐舒适性的抗侧滚扭杆系统就显得尤为重要，尤其是既能够提高抗侧滚扭杆系统的可靠性，又解决了目前整体式抗侧滚扭杆系统存在的加工难、配合可靠性不足、使用后磨损导致的异响、冲击载荷等问题。

1. 轨道车辆抗侧滚扭杆原理与结构

目前的客车车辆转向架均为两级悬挂（见图 6-90），车辆有 6 个自由度：x 方向的纵向牵引振动、y 方向的横摆振动、z 方向垂向的浮沉振动；除了上述 3 个直线振动外，车辆还有 3 个角振动，即图示的绕 y 轴的点头振动、绕 z 轴的摇头振动和绕 x 轴的侧滚振动。抗侧滚扭杆弹簧正是用来控制车辆的侧滚振动，即控制如图 6-91 所示的车体和构架之间相对的侧滚运动振动，其工作原理如下。

（1）当车体发生垂向振动时，两个连杆同时上下运动，此时 F 方向相同，整个装置绕两个支撑座同时转动，扭杆上不受任何力的作用，也不产生扭矩，不影响车体的垂向振动。

（2）当车体发生侧滚时，两连杆发生反向运动，一连杆向上，另一连杆向下，扭杆承受扭矩 F_1，发生扭转变形。其弹性反力矩抵抗车体的侧滚，从而改善车体侧滚性能。

（3）当车体发生横摆时，由于连杆的两端都安装有关节轴承或橡胶关节，允许连杆横向转动，因此该装置不影响车体的横向振动。

（4）车体的点头、摇头及纵向牵引振动同车体的垂向和横向振动相似，该装置也不起作用。

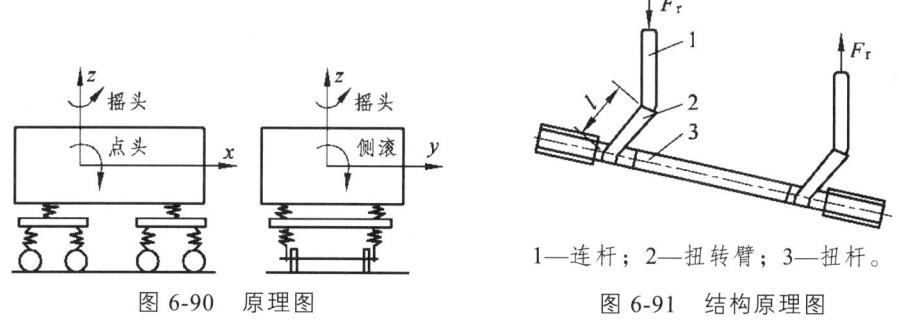

图 6-90 原理图   图 6-91 结构原理图

1—连杆；2—扭转臂；3—扭杆。

2. 轨道车辆抗侧滚扭杆参数

以 CRH380A 型动车组为例，进行轨道车辆抗侧滚扭杆课程设计。该动车组是由中国南车旗下南车青岛四方机车车辆股份有限公司设计团队自主研发的 CRH 系列高速动车组。CRH380A 型动车组为动力分散式、交流传动的电力动车组，采用了铝合金空心型材车体。该型动车组是世界上商业运营速度最快、科技含量最高、系统匹配最优的动车组，持续运营速度可达 380 km/h。其编组方式有两种：一种是 8 辆编组，另外一种是 16 辆编组。它是中国动车组的里程碑基础，以此为基础，可以向上拓展更高时速列车，向下拓展城际列车等。该型动车组使用 SWMB-400/SWTB-400 型无摇枕转向架，由 CRH2C 第二阶段使用的 SWMB-350/SWTB-350 改良而来。两者相比，新的转向架增加了抗侧滚扭杆，带两组抗蛇行减振器，加强了二系悬挂空气弹簧柔度，提高了转向架的稳定性和减振效果，满足转向架临界失稳速度达 550 km/h 的指标要求。CRH380A 的主要性能参数如表 6-6 所示。

表 6-6 CRH380A 主要性能参数

序号	参数	数值
1	轴重/t	15
2	轴距/m	1.5
3	车辆定距/m	17.5
4	动车转向架质量/t	7.3
5	拖车转向架质量/t	6.7
6	轨距/m	1.435
7	柔性系数 S	0.2
8	曲线最小半径/mm	3 500
9	曲线最大超高/mm	150
10	纵向最大位移/m	0.01
11	横向最大位移/m	0.045

CRH380A 型动车组的抗侧滚扭杆系统是由日本进口的抗侧滚扭杆改进而来，主要优点：① 扭杆轴与扭转臂之间的连接方式为花键过盈；② 垂向连杆与连杆座和扭转臂两者之间连接方式均通过橡胶节点；③ 垂向连杆的长度是可调的，由上下杆凭借螺纹连接组成，借助螺母加止动垫片的方式来对其进行锁紧；④ 支撑座与滑动轴承共同组成了轴承座，被安装在滑动轴承里面的是扭杆轴，这两者之间的配合为间隙配合。根据现实应用要求，CRH380A 抗侧滚扭杆系统的主要技术参数如表 6-7 所示。

表 6-7 CRH380A 主要技术参数　　　　　　　　　　单位：mm

序号	主要尺寸	数值
1	两连杆间距 L	1480
2	连杆长度 H	408.5
3	扭转臂有效长度 R	200
4	连杆偏离转向架横向中心线 S_5	34

3. 扭杆系统工况分析

目前乘客对轨道车辆乘坐的舒适性要求愈来愈高，但有的时候，舒适性和安全性不可兼得。轨道车辆的设计水平如何取决于其抗侧滚性能的好坏，轨道车辆的运行性能如何取决于其抗侧滚刚度的大小，如果抗侧滚刚度偏大，那么势必对轨道车辆通过曲线时轮对重力分配产生影响，更有可能会出现内侧车轮有很大程度的减载。如果抗侧滚刚度偏小，那么会对轨道车辆的稳定性产生影响，更有可能发生侧滚角度超限，造成严重的安全事故。所以说设计轨道车辆首当其冲的就是要做好轨道车辆抗侧滚性能有关参数的合理设计。现在很多轨道车辆设计单位都会在设计轨道车辆时严格地设计抗侧滚性能，还有一些轨道车辆使用单位对于轨道车辆的侧滚控制提出了更高的标准。根据 UIC 标准，可以凭借柔性系数 S 对轨道车辆的抗侧滚性能有关参数进行评价，如果柔性系数 S 的数值越低，那么说明轨道车辆的抗侧滚性能就越好。

根据 UIC 标准，轨道车辆在重车情况下，柔性系数 $S < 0.4$；轨道车辆为高速列车情况下，柔性系数 $S < 0.3$；柔性系数 S 的公式为：

$$S = \gamma / \delta \tag{6-37}$$

式中 γ——轨道车辆横断纵向线和轨道横断面上垂直于轨顶平面的中心之间的夹角；δ——轨道超高度 $= h/i$，h 为曲线外轨超高，i 为两钢轨断面中心线之间的距离。S 可以按照下列公式求出：

$$S = \frac{\left[\left(1 - \dfrac{h_3}{h_2}\right)\left(1 - \dfrac{G_1 h_1 + G_2 h_2}{2 C_1 b_1^2}\right) + \dfrac{C_2}{C_1}\left(\dfrac{b_2}{b_1}\right)^2 \left(1 + \dfrac{G_1 h_1}{G_2 h_2} + \dfrac{G_2}{h_2 C_y}\right)\right]}{\dfrac{2 C_2 b_2^2}{G_2 h_2} - \left[\dfrac{C_2}{C_1}\left(\dfrac{b_2}{b_1}\right)^2 - \left(1 + \dfrac{G_1 h_1}{G_2 h_2}\right)\right] - \left[\left(1 - \dfrac{h_3}{h_1}\right)\left(1 - \dfrac{G_1 h_1 + G_2 h_2}{2 C_1 b_1^2}\right)\right]} \tag{6-38}$$

式中各个参数含义详见附录 3。根据 UIC 标准，柔度系数 S 只不过是其中一个经常用到的轨道车辆平稳性衡量指标，除此之外，另外还有两个参数也是十分重要。第一个是轨道车辆的二系侧滚角 α，第二个是轨道车辆的一系侧滚角 β。$\gamma = \alpha + \beta$，α、β 可以按照下面公式算出数值：

$$\alpha = \frac{F h_2 \left(1 + \dfrac{m_c g l}{k_\alpha} - m_c g h_2 \left(\delta - \dfrac{F}{h_2 k_y}\right)\right)}{k_\beta - m_c g h_2 \left(1 + \dfrac{k_\beta}{k_\alpha}\right)} \tag{6-39}$$

$$\beta = \frac{k_\beta \alpha - FL}{k_\alpha h_2} \tag{6-40}$$

在满足轨道车辆有关要求下，轨道车辆所必需的侧滚角刚度就可以确定下来。设计实际的轨道车辆时，首先悬挂弹簧的参数数值要满足相关的指标要求，接着分工况讨论轨道车辆的侧滚性能，进而抗侧滚扭杆的刚度就可以确定下来，这样考虑是因为轨道车辆只有在发生侧滚的时候才会用到抗侧滚扭杆系统。按照上述公式就可以求得抗侧滚扭杆系统的刚度数值为 1.1 MN·m/rad，因此抗侧滚扭杆系统的刚度应该满足的数值要求为 1.1±10% MN·m/rad。

扭杆系统在车体发生侧滚时会发挥其作用。在确定侧滚情形下的载荷时，垂向载荷以及各个关节轴处的扭转载荷、偏转载荷将成为主要的考虑因素。

（1）垂向载荷工况。

根据 UIC 标准计算，车辆车身的最大侧滚角通常取 $A = 0.02$。抗侧滚扭杆系统的连杆的最大载荷为：

$$F_{max} = K \cdot A / L = 1.1 \cdot 0.02 / 1.48 = 14.9 \text{ (kN)} \tag{6-41}$$

式中，K——抗侧滚扭杆系统的刚度；L——两根连杆之间的距离。由柔性系数 S 计算可知：

$$\gamma = S \cdot \delta = 0.2 \cdot (150/1500) = 0.02 \tag{6-42}$$

所以 S 符合 UIC 标准。

（2）上下球铰载荷工况。

上下球铰主要承受的载荷来自 4 个方向：径向、偏转、扭转和轴向，径向与垂向一致。轨道车辆行驶的时候经过曲线或者道岔，车身相对于转向架的运动形式有转动、侧滚、浮沉、伸缩和横移等，这种情况产生的载荷就是偏转载荷和扭转载荷，所以将偏转角度与扭转角度作为衡量参数。车身相对于转向架做横向运动，这种情况产生的载荷就是轴向载荷，因为其大小和上下球铰的偏转刚度有着密不可分的关系，所以对此不会做单独考虑。车场线情况与 TB 10621—2009 线路数据如表 6-8 所示，轨道车辆做曲线运动时扭杆系统的轨迹如图 6-92 所示。

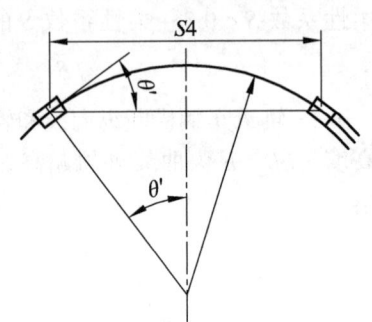

图 6-92　车辆做曲线运动时扭杆系统的轨迹

表 6-8　正线和车场线线路数据

序号	主要尺寸	线路半径 R	超高
1	正常线	250	0
2	出入线段	150	0
3	车场线（单车通过）	110	0
4	设计车速/（km/h）：250/160	3 500	150

（4）过车场线时的载荷（角度）。

轨道车辆单个车驶过车场线，上下球铰可以借助几何关系，算出如表 6-9 所示结果。

表 6-9　上下球铰偏转角度与扭转角度（车场线）

符号	角度/（°）	符号	位移/m
θ	2.63	L	0.005
θ'	4.56	S5	0.059
γ	8.27	/	/
车体侧滚角	0	/	/

（5）正线上通过曲线载荷（角度）。

轨道车辆在行驶过程中产生上下球铰偏转载荷与扭转载荷，如表 6-10 所示。

表 6-10　上下球铰偏转角度与扭转角度（正线）

符号	角度/（°）	符号	位移/m
θ	2.63	L	0.000
θ	0.14	S5	0.002
γ	0.26	/	/
车体侧滚角	1.15	/	/

（6）支撑球铰载荷工况。

支撑球铰承受的载荷主要来自 3 个方向：径向、扭转和轴向，径向也就是垂向。轨道车辆经过曲线或者道岔的时候，相对于转向架而言，做的是转动、侧滚、浮沉、伸缩与横移等这几种运动，会产生扭转载荷，通常用扭转角度对这种载荷进行衡量。支撑球铰不存在轴向载荷。垂向连杆在横向的一个分力称为轴向载荷，此时车身相对于转向架而言做的是横向运动，但是这个力很小，一般情况下不考虑。

CRH380A 支撑使用的结构为轴套式，因为扭转的时候产生的摩擦属于滑动摩擦，所以径向载荷是主要的考虑因素，载荷方向与垂向连杆方向一致。扭转载荷属于滑动摩擦，因为其结构可以 360°旋转，所以不将其作为考虑因素，并且也不把轴向载荷作为考虑因素。

6.4.2　车辆抗侧滚扭杆建模

在设计抗侧滚扭杆时，首先在保证抗侧滚扭杆结构功能的前提下，将重要零部件进行简化设计，主要包括弯扭杆轴、安装（支撑）座、关节轴承、垂向连杆（用于连接车体和转向架）、橡胶球铰。零部件三维建模后进行零部件装配。抗侧滚扭杆的装配主要包括 3 个部分，分别是扭杆与轴承、连杆、轴承装配。

1. 抗侧滚扭杆零部件结构图

（1）弯扭杆轴。

弯扭杆轴是整个抗侧滚扭杆的基础，承受较大的弯扭矩，因此，对其尺寸以及材料结构有较严格的要求，其结构如图 6-93 和图 6-94 所示。安装座安装在扭杆轴两端，起到一定的支撑作用，结构如图 6-95 所示。

图 6-93　弯扭杆轴结构

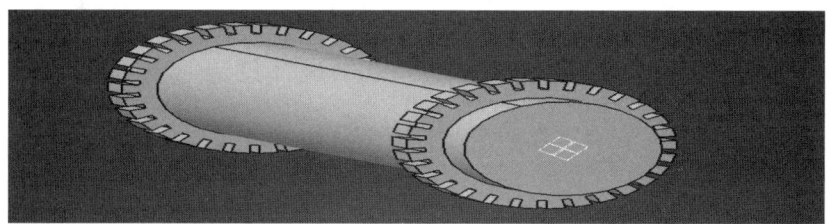

图 6-94　弯扭杆轴结构

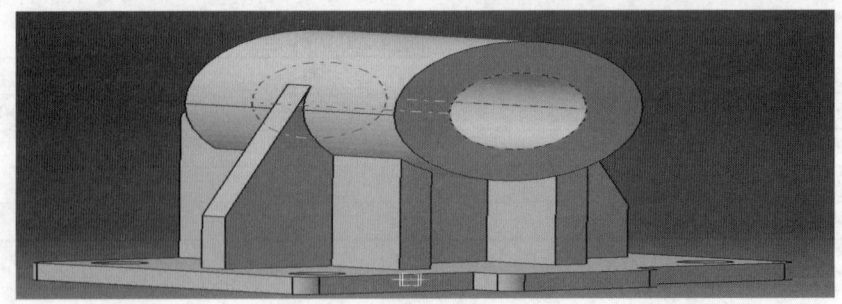

图 6-95　携门架部件结构

（2）扭转臂。

左右扭转臂安装在扭转轴上，并与安装座贴合；连接球头结构与垂向连杆是整个抗侧滚扭杆的中枢，如图 6-96 所示。

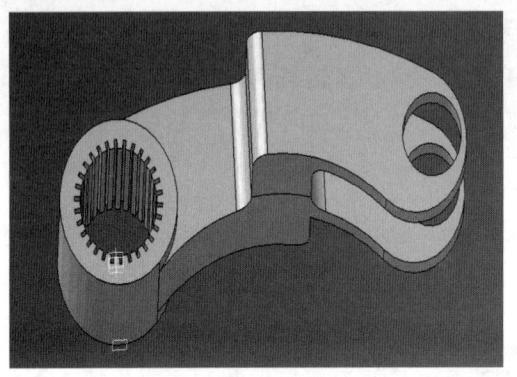 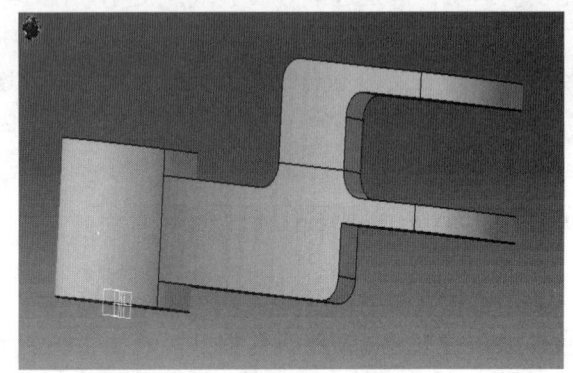

　　　（a）正视图　　　　　　　　　　　　　（b）侧视图

图 6-96　摆臂结构

（3）垂向连杆。

垂向连杆是连接球头结构与支撑座的结构，决定了抗侧滚扭杆的运动，如图 6-97 所示。

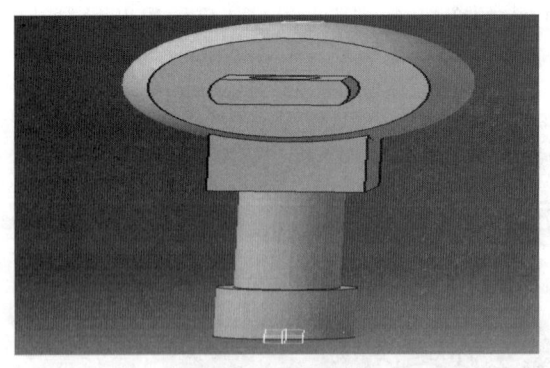 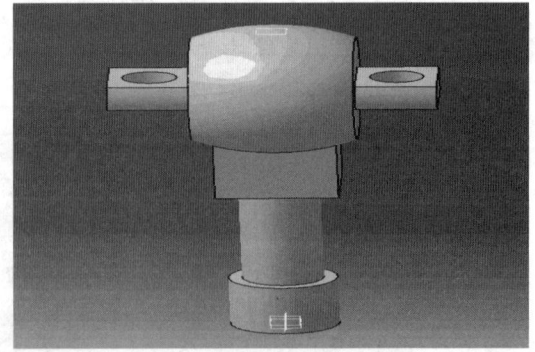

　　　（a）正视图　　　　　　　　　　　　　（b）侧视图

图 6-97　安装架结构

（4）支撑座。

支撑座安装在垂向连杆上，用于产生接触平面，辅助扭杆运动，结构如图 6-98 所示。

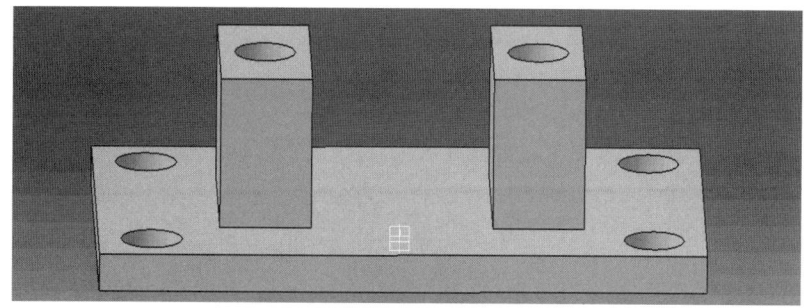

图 6-98　支撑座主视结构

(5) 球头结构。

球头结构与螺栓连接构成连接扭转臂与垂向连杆的中枢,并且构成了扭转臂的活动,结构如图 6-99 所示。

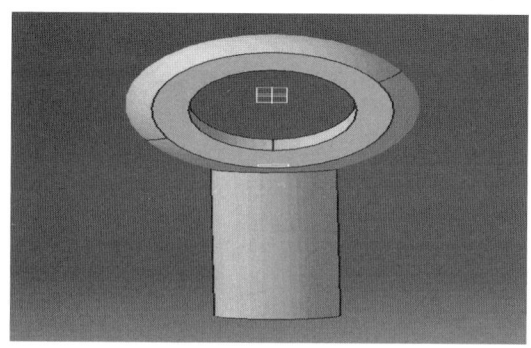

图 6-99　门框结构

(6) 螺栓。

球头与扭转臂的连接过程中使用到螺栓,用以安装固定,结构如图 6-100 所示。

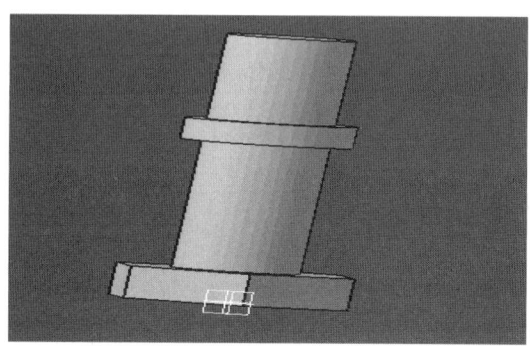

图 6-100　螺栓结构

2. 抗侧滚扭杆零部件装配

(1) 扭转杆部件装配。

这一部分安装分为左右两部分,两边安装一致,首先将扭转杆与安装座轴约束,直至约束正确,确保完整的扭转杆的正确性。然后再将安装座上的孔面与扭转轴轴面约束,装配如图 6-101 所示。

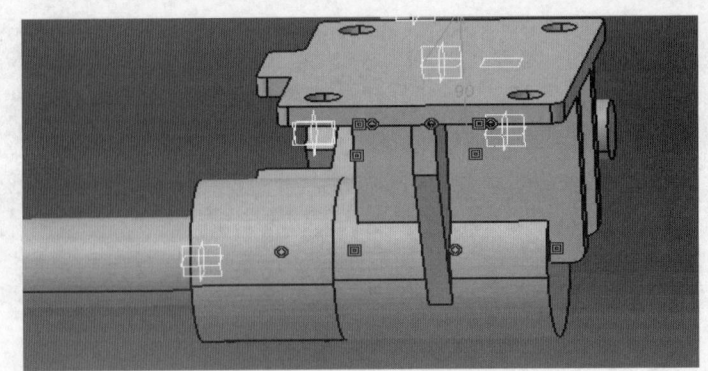

图 6-101　扭转杆装配图

（2）扭转臂装配。

将扭转臂与扭转轴、扭转臂孔面与安装座孔面贴合，即将扭转臂固定在扭转轴上，装配如图 6-102 所示。

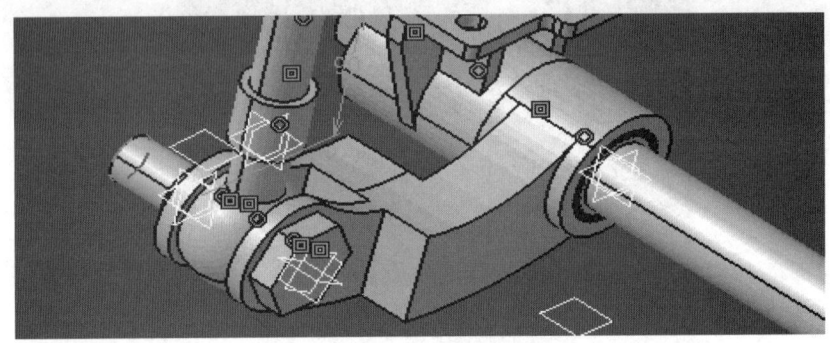

图 6-102　扭转臂装配图

（3）球头结构与扭转臂装配。

先将球头与螺栓进行装配，同样约束两个轴线，并约束其面贴合，由于事先已将尺寸固定，故约定一个面贴合后，另一个面自动贴合。此时，再约束球头轴线与扭转臂轴线，同样进行孔面贴合，如图 6-103 所示。垂向连杆与球头装配，仍然约束两轴线，并约束球头突出轴的顶端面与垂向支架凹槽面相合，使垂向连杆插入球头轴中，装配如图 6-104 所示。

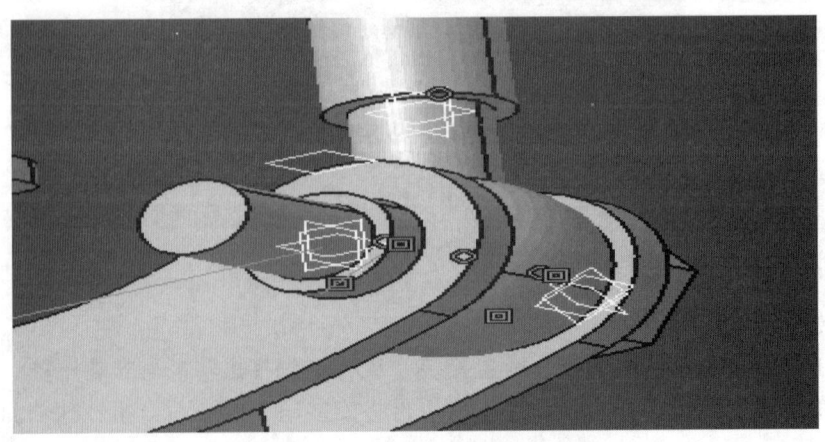

图 6-103　球头结构装配图

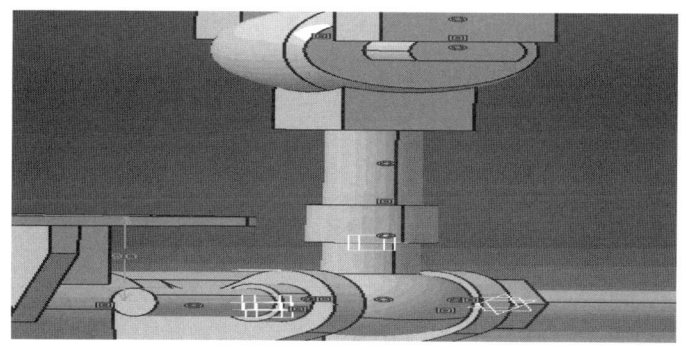

图 6-104　垂向连杆上装配图

（4）垂向连杆与支撑座装配。

此部分直接进行面约束即可，装配如图 6-105 所示。

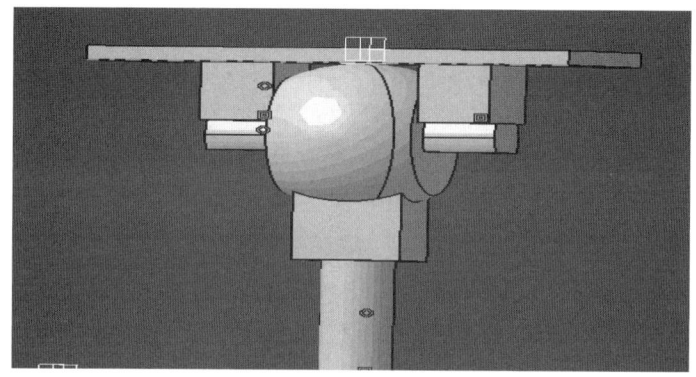

图 6-105　垂向连杆装配图

（5）整体装配图。

抗侧滚扭杆整体装配如图 6-106 所示。

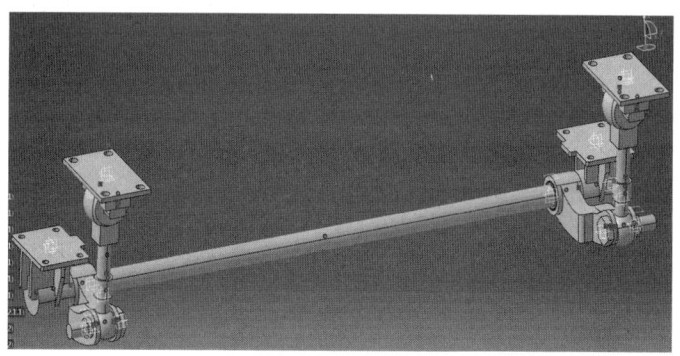

图 6-106　整体示意图

6.4.3　有限元分析

在有限元软件中导入几何模型，便于后面添加约束以及求解器求解。网格划分大小选择 50 mm，网格模型如图 6-107 所示。

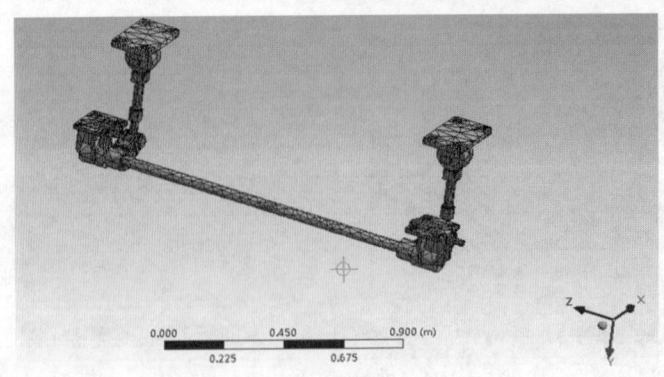

图 6-107 抗侧滚扭杆模型网格划分

1. 载荷分析

（1）扭杆轴应力。

经过有限元求解计算，能得到各部件应力云图。当极限载荷为 21.6 kN 时，SINT 应力分布情况如图 6-108 所示，最大 SINT 应力为 592.81 MPa，所发生的区域在接近扭杆轴的花键和扭杆轴自身的过渡圆弧处。最大 von-Mises 应力是 513.44 MPa，其分布如图 6-109 所示。扭杆轴自身最大剪应力是 241.59 MPa，分布情况如图 6-110 所示。

图 6-108　21.6 kN 工作载荷下扭杆轴的 SINT 应力分布

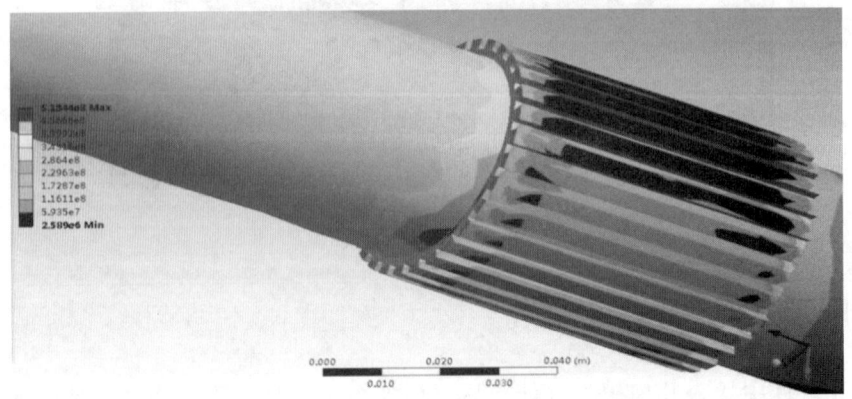

图 6-109　21.6 kN 极限载荷下扭杆轴花键部位的 von-Mises 应力分布

图 6-110　21.6 kN 工作载荷下扭杆轴自身的剪应力分布

（2）扭转臂应力。

当工作载荷为 21.6 kN 时，von-Mises 应力分布情况如图 6-111 所示，最大 von-Mises 应力值为 442.40 MPa，发生在花键齿顶的边缘部位。

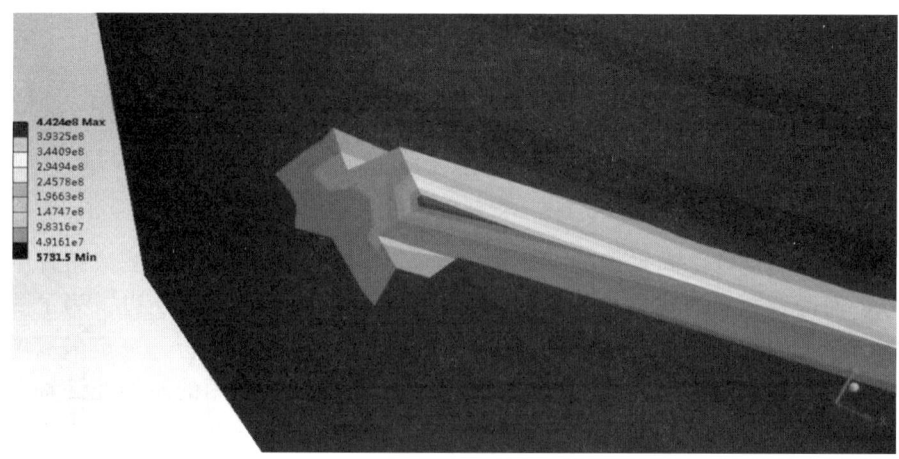

图 6-111　扭转臂应力分布云图

（3）安装座应力。

当工作载荷是 21.6 kN 时，根据第四强度理论计算出 von-Mises 应力分布，如图 6-112 所示，其最大值是 44.6 MPa，满足静强度的大小要求。

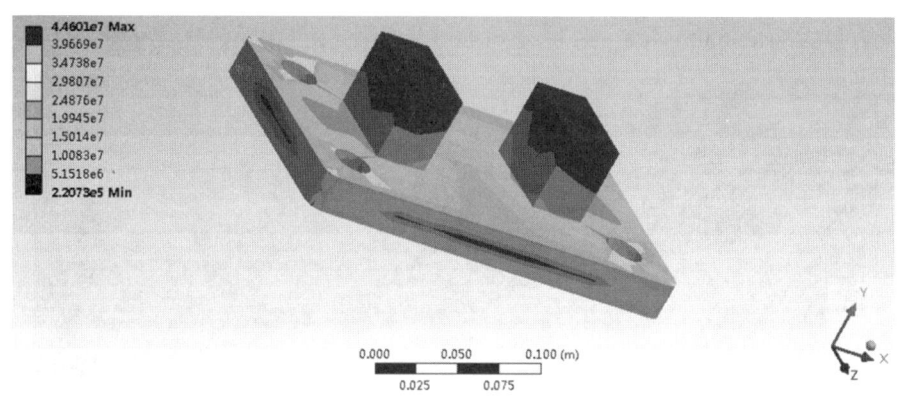

图 6-112　安装座应力分布云图

2. 校核后设计优化

（1）安装座在整个抗侧滚扭杆系统中起到固定约束车体和转向架的作用，通过前文的安装座应力分布云图可以看出，最大应力为 44.6 MPa，在与车体的不间断直接接触中，很可能引发安全问题。为了加强其在 21.6 kN 载荷下的安全系数，采取对安装座进行增厚 4 mm 处理措施。再次进行与前文相同的强度校核，得出了优化后的应力为 40.1 MPa，应力分布云图如图 6-113 所示。由此可见，增加安装座的厚度能够有效提高安装座在极限载荷工况下，与车体和转向架之间接触的可靠性，同时还能保证整个抗侧滚扭杆的稳定性，提高了车辆的抗侧滚性能，对轨道车辆安全运行具有重要意义。

图 6-113　安装座优化结果图

（2）扭杆轴与扭转臂之间采用的是花键配合，因为扭杆轴是整个抗侧滚扭杆中最重要的一个部分，而两者之间的花键又是抗侧滚扭杆工作稳定性的保证，所以，为了降低花键某个齿破坏而带来的连环效应，决定对花键进行优化。基于受力分析，决定采取增加齿数的方式来增大受力面，减小每个齿上的应力的大小。扭杆轴上采用的矩形花键轴通常应用于飞机、汽车、拖拉机、机床制造业、农业机械及一般机械传动等装置，由于矩形花键轴是多齿工作，所以承载能力高，对中性及导向性不错，而其齿根较浅的特点可以使其应力集中小，因此不考虑齿数增多导致齿的厚度降低而带来的影响，因此该优化方案理论上可行。扭杆轴上的花键初始齿数为 30，综合加工难度，采用增加 4 个齿来进行优化，在对初始建模进行修改之后，按前文的方法进行重新校核，得到了分析结果（见图 6-114~图 6-116），优化后扭杆轴的 SINT 为 512.77 MPa，扭杆轴花键部位 von-Mises 的应力大小为 445.06 MPa，扭杆轴剪应力最大为 206.05 MPa。跟优化前的结果相比较会发现，优化效果明显。

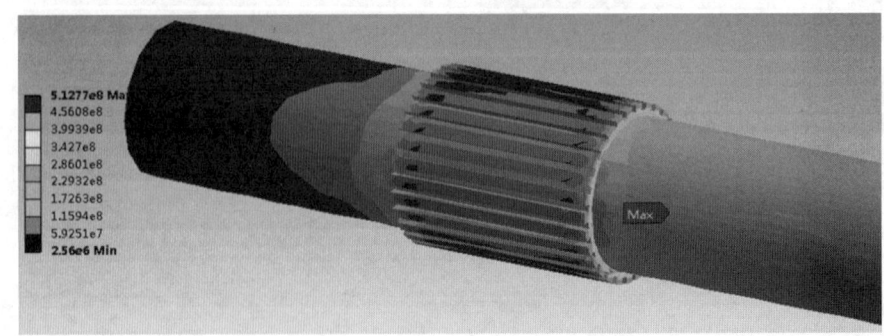

图 6-114　扭杆轴的 SINT 应力分布

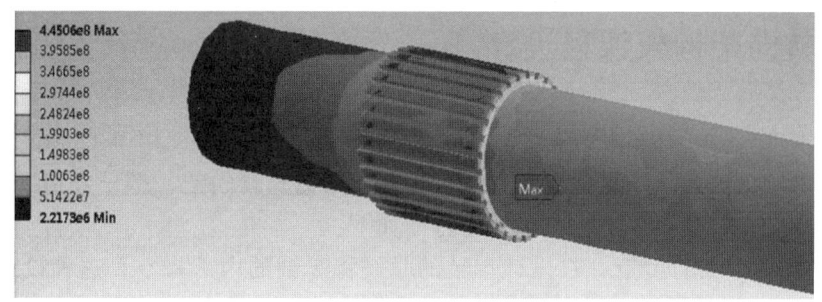

图 6-115　扭杆轴花键部位的 von-Mises 应力分布

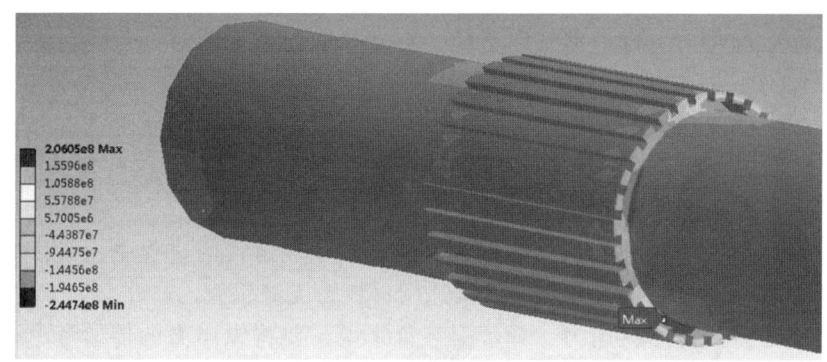

图 6-116　扭杆轴自身的剪应力分布

同时，由于扭杆轴上的花键增加了齿数，故跟扭杆轴配合的扭转臂内的花键也相对应发生改变，然后再次对扭转臂进行强度校核，优化后的结果为 323.71 MPa，如图 6-117 所示。

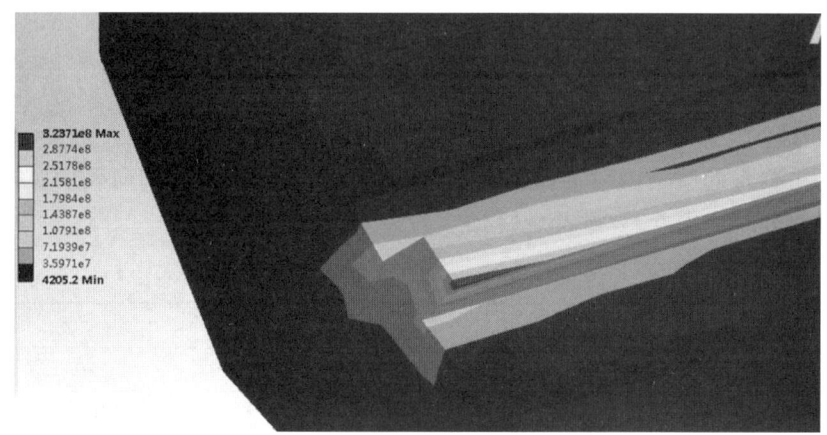

图 6-117　扭转臂应力分布云图

3. 结　论

在确定地铁抗侧滚扭杆的设计方案以及尺寸后，将抗侧滚扭杆重要零部件分解简化，绘制抗侧滚扭杆的零部件的几何模型，然后使用机械设计中的装配设计将零部件装配完成，根据约束确定零部件是否满足设计要求，不满足要求的进行修改，直至满足设计要求，最终对铁路车辆抗侧滚扭杆进行装配。在此基础上进行有限元分析，对抗侧滚扭杆进行详细分析及优化。

6.5　车辆转向架构架课程设计

本课程设计选用的是 SKMT-200 型转向架,这种类型的转向架用于 CRH2 动车组列车上,它选用的是 H 型构架。转向架分为动车转向架和拖车转向架,型号分别为 SKTB-300 和 SKMB-300。CRH2 型动车组转向架结构特征如下:

(1) 为了减轻车轴的质量,在设计车轴的时候将车轴的内部掏空,这种设计方法还有利于车轴在出现问题时,用超声探查损伤部位。

(2) 在选择车轮大小时,为了降低车辆簧下质量,车轮所选直径小于 850 mm。

(3) 车辆在运行时,蛇行运动难以避免,在选择横向减振器时,首要目的就是减轻蛇形运动。

(4) 转臂式定位优点很多,比如方便检查与维护以及能够多角度转动,车轴在定位的时候选择的是转臂式,轴箱弹簧大部分选用双圈钢圆簧。

(5) 选用不具有摇枕的 H 型构架。

(6) 空气弹簧作为车辆的二系悬挂方式,能够在车辆运行的过程中,对于轨道的不平顺产生的车辆颠簸有良好的吸收作用,横梁选用材料为无缝钢管。

(7) 转向架还需要传递纵向力,就牵引装置来说,要将纵向力的传递考虑在内,选用单拉杆中央牵引装置。

(8) 为了降低列车在行进过程中车轮与轨道之间产生的噪声,需要选择合理的清除装置,这样能够让踏面处于最好的运行状态。

6.5.1　转向架及构架的主要参数

1. 转向架主要参数

转向架的主要布局就是由对称的两个侧梁以及两根横梁组成,转向架主要技术参数、转向架详细参数分布如表 6-11 和表 6-12 所示。

表 6-11　主要技术参数表

项目	参　　数
设计最高速度/(km/h)	250
营业最高速度/(km/h)	200
额定轴重/kN	137.2 (14 t)
满员时最大轴重(200%定员)/kN	156.8 (16 t)
编组能通过的最小曲线半径/m	180
转向架转角/(°)	4.0
轴距/mm	2880
车轮直径新/磨耗到限/mm	$\varPhi 800/790$
轮对内侧距/mm	1353^{+2}_{-1}
适用轨距/mm	1 435

表 6-12 转向架具体参数

项目		动车组转向架 SKMB-200	拖车组转向架 SKTB-200
转向架质量/t		7.50	6.87
固定轴距/mm		2 500	
车轮直径/mm		Φ860（最小使用直径 Φ790）	
轴承中心间距/mm		2 000	
转向架最大长度/mm		3 416	
转向架最大宽度/mm		3 104（直到空气弹簧筒）	
空气弹簧左右间隔/mm		2 460	
空气弹簧有效直径/mm		Φ850	
齿轮比		85∶28＝3.04∶1	
车轴轴承		Φ35 密封式双列圆锥滚子轴承	
锁紧装置		油压缸：Φ45×2	油压缸：Φ32×2
制动倍率		18.367（增压比）x2（油压缸数量）＝36.73	
闸片		烧结合金	
轴向定位	方式	转臂式	
	弹性定位节点刚度	纵向：13.7	
		横向：5.49	
减振方式	一系垂向油压减振器	4×19.4	
	二系横向油压减振器	2×58.7	
	二系抗蛇行油压减振器	2×2 448	

2. 构架种类、断面尺寸和壁厚的设定

（1）构架类型的确定。

对于客运列车，在 3 种类型的转向架构架中，框架型构架自身重力太大，同时加工也比较困难，这些缺点导致构架很难立体地转动，使得该构架渐渐淡出人们的视野；U 型构架结构比框架型构架结构简单，但同样难以加工，尽管在结构上构架中部下凹，便于设计轴箱定位、降低整个构架的重心，可同样自身重力较大，很难满足轻量化的运营要求。相比之下，H 型构架的结构简单、易于加工、方便检修、自身重力小，能够符合不同轨道车辆的设计要求，所以在这 3 种构架中选择 H 型构架。

（2）构架的连接设计。

构架与车体的连接方式：构架与车体之间所有减振部件统称为二系悬挂，其中最主要的减振部件为空气弹簧，对列车运营的平稳性及舒适性起到关键作用。构架与轴箱的连接方式：转向架的一系悬挂使用的是圆锥橡胶弹簧，因此力最先作用于圆锥橡胶弹簧上。除此之外，车体经由中心销将重力作用于橡胶堆上，橡胶堆传递车体与横梁间的牵引力。

（3）构架主要轮廓尺寸的确定。

轴距确定为 2 000 mm，轴颈直径为 ϕ110 mm，选择 RC_3 轴型。根据所选择的轴型确定构架侧梁中心线间的距离，使它与轴颈中心线重合。两个横梁之间的距离需要依据列车的

制动装置以及各个吊座的安装位置来确定。当前我国所有的客车转向架轴箱弹簧支柱座在水平方向中心距均为 500 mm（RC_3 型轴）。构架侧梁顶面与轨面之间的距离必须能够确保列车前进时不会和底架枕梁发生碰撞，基本上控制在 860~940 mm，侧梁两端下面（和轴箱连接的地方）与铁轨之间的高度差需要根据轴箱的具体尺寸以及轴箱弹簧的大小来确定，必须确保轴箱弹簧压到最底部时不能和轴箱顶部碰到一起。我国生产的转向架大部分将此间隙值控制在 50 mm 左右，具体尺寸如表 6-13 所示。

表 6-13 构架具体尺寸 单位：mm

轴型	构架轮廓尺寸（长×宽×高）	固定轴距	构架型式	侧梁中心线间距	连接梁中心距	横梁中心线间距
RC_3	3 050×2 800×440	2 750	H型	800	950	800

6.5.2 车辆构架三维建模

在对构架建模的过程中，可以按照从小到大，从内到外对侧梁、横梁、支撑梁的模型进行搭建，最后装配成为转向架构架。

1. 侧梁建模

无论是动车还是拖车构架，都具有一样的侧梁构造。绝大多数的侧梁都是由钢板通过焊接制造出来的，除此之外为了让构架承受更大的力，还需采用加强筋。在侧梁中心两侧对称部位开圆孔，便于衔接横梁。侧梁通过轴箱中的弹簧维持稳定，运用了筒形构造，上盖板的构成材料为厚钢。

（1）开始搭建转向架侧梁，该步骤使用轮廓作用以及约束作用来控制侧梁。单击草图编辑器，然后点击 xz 平面，点击草图编辑命令，进入到 xz 平面并在 xz 平面作出各部分尺寸，对指定部位进行倒圆角，如图 6-118 所示。

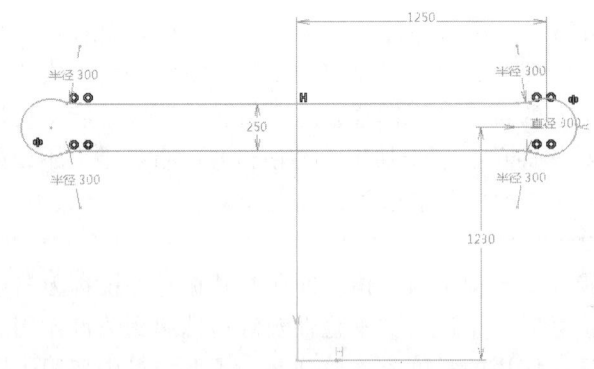

图 6-118 侧梁设计

（2）单击菜单栏的退出工作台命令进入立体绘制部分，准备制作侧梁的三维结构，单击"凸台"命令，键入数字 440 mm，伸长方向为 y 轴，最后单击"确定"得到侧梁如图 6-119 所示。

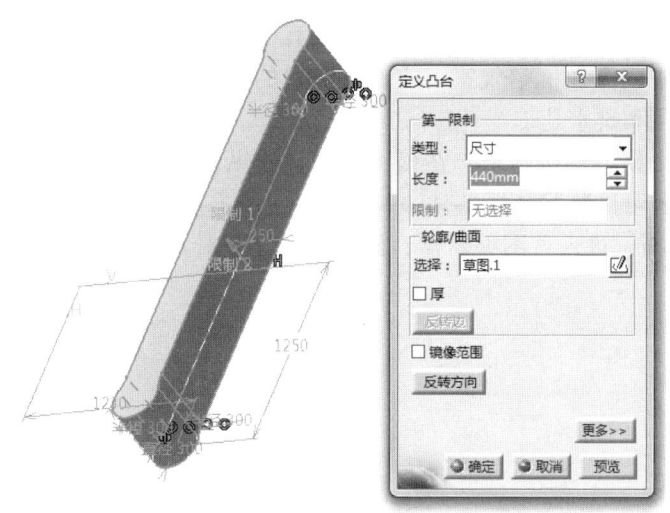

图 6-119　侧梁设计

（3）将侧梁打孔用于与横梁的连接，得到如图 6-120 和图 6-121 所示结构。

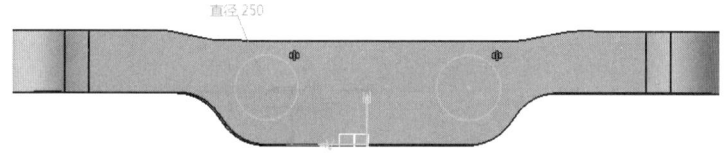

图 6-120　侧梁孔草图

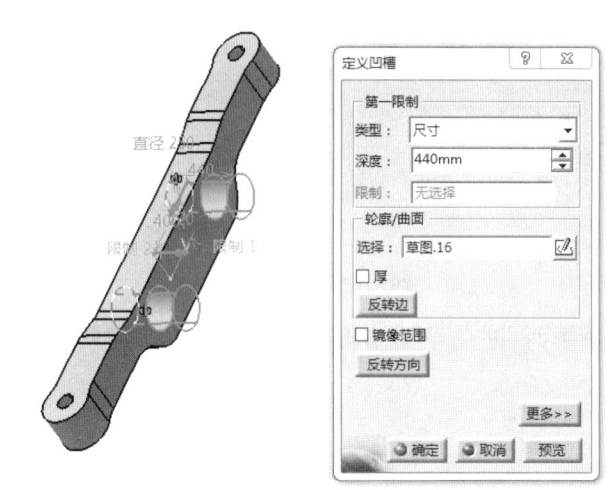

图 6-121　侧梁凹槽

2. 横梁、纵向连接梁及吊座建模

为了让电动机吊座、横梁可以在更好的状态下工作，多数使用减轻自重的方法。减轻自重最有效的方式是在装载吊座的部件上打洞，一般打出圆形的洞。吊座的前部设置了齿轮箱吊座，下面设计了安全档座，安全档座上配备了可以满足要求的销，当产生危险时，可以在很大程度上保护好车辆。构架横梁采用没有缝隙的钢管，连接梁采用能够承受高温的钢管，在横梁的中间添加了空气室，方便和两边的空气弹簧支撑梁相互通气，在它们的中间也添加了通风孔和排水孔。

为了能够将两个横梁连接起来，在横梁之间设置纵向梁，这样做的目的不仅可以让构架受载极限增大，还可以装载减振部件。

（1）点击 xz 平面，进入草图编辑器，画一个圆，并对其进行约束，如图6-122所示。

图6-122 横梁草图

（2）退出草图编辑器，单击凸台菜单，输入拉伸数值3 050 mm，单击确定，如图6-123所示。

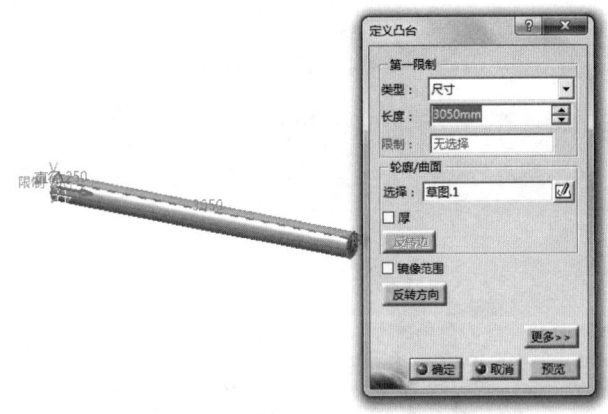

图6-123 横梁

（3）另选择 yz 为参考平面，进入草图编辑器，画一个矩形，并对其进行约束，如图6-124所示。

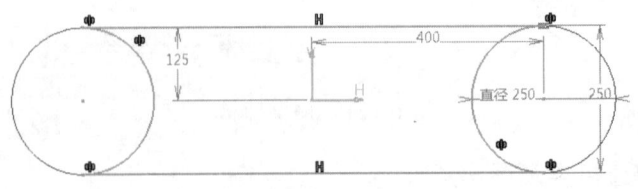

图6-124 连接梁草图

（4）退出草图编辑器，点击凸台按钮，类型为尺寸，键入数字350 mm，点击确定，获得如图6-125所示连接梁。

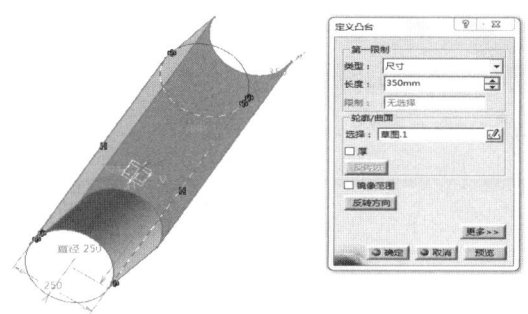

图 6-125　连接梁

3. 空气弹簧支撑梁建模

空气弹簧支撑梁是由钢板组合而成，安装在侧梁外部与横梁的中间，外面和大气构成密封腔，内部和横梁的空气室连通，一起构成了额外的空气室。梁内配备有导筒，目的是为空气室提供足够的空间。

（1）选取 yz 作为参考平面，进入草图编辑器，画一个矩形，对其进行约束。对其进行约束和切割，使用镜像命令将所画图形镜像到另一侧，得到如图 6-126 所示草图。

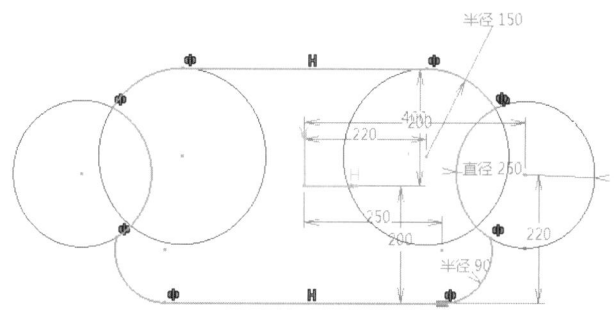

图 6-126　空气弹簧支撑梁草图

（2）关闭草图编辑器，选择定义凸台命令，键入数字为 250 mm，选择确定，得到如图 6-127 所示的空气弹簧支撑梁。

（3）对空气弹簧支撑座进行倒角，得到如图 6-128 所示空气弹簧支撑座。

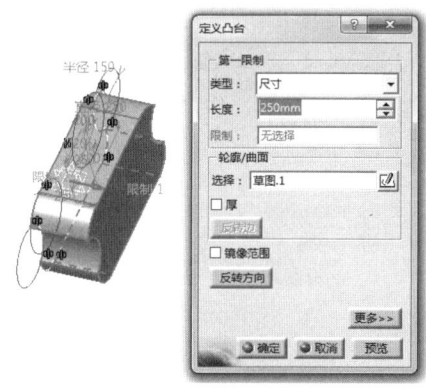

图 6-127　空气弹簧支撑梁

图 6-128　空气弹簧支撑座

4. 构架的装配

将以上零部件导入装配设计图中,将模型拼装起来,得到如图 6-129 所示构架图。单击分析中的碰撞命令,单击应用,查看是否有碰撞,如图 6-130 所示,若没有碰撞,保存此装配图。

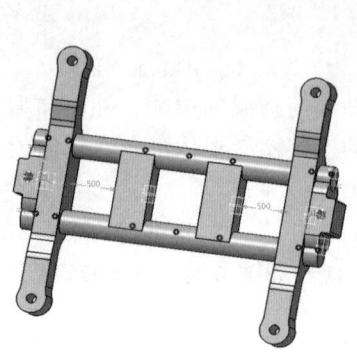

图 6-129 构架装配图

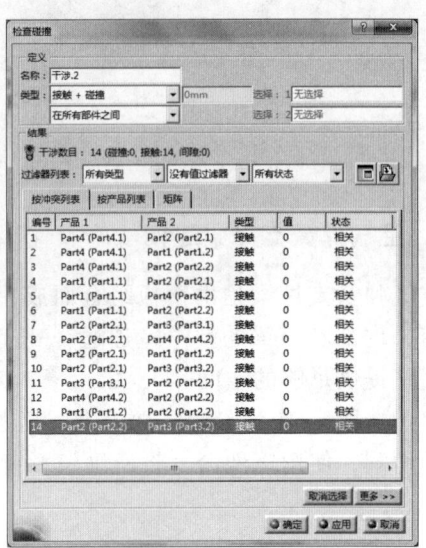

图 6-130 碰撞检查

6.5.3 有限元分析

1. 垂向静载荷

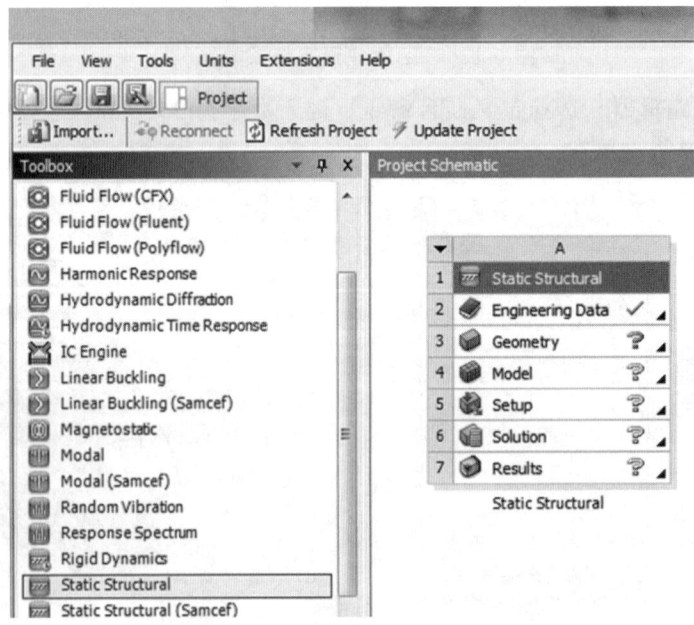

图 6-131 添加静力学分析模块

（1）导入几何模型。

导入三维模型后得到如图 6-132 所示模型，然后添加材料信息。

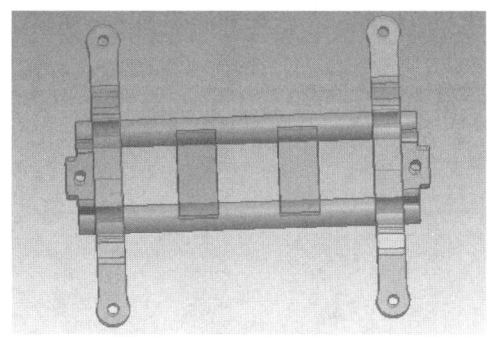

图 6-132　模型生成

转向架构架的材料为钢，弹性模量为 0.21 GPa，泊松比为 0.3，屈服极限为 304 MPa。首先，新建材料 steel，添加弹性模量和泊松比，如图 6-133 所示。然后，右击 Model 打开进入设置分析界面，修改模型材料，如图 6-134 所示。

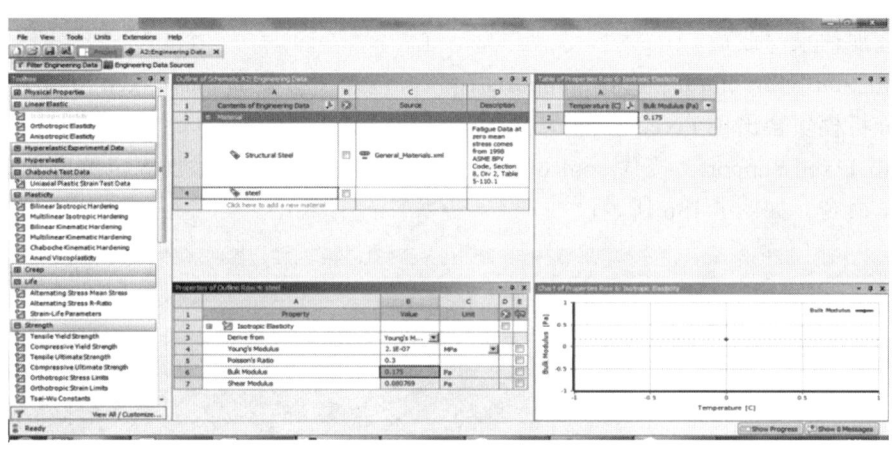

图 6-133　定义材料参数

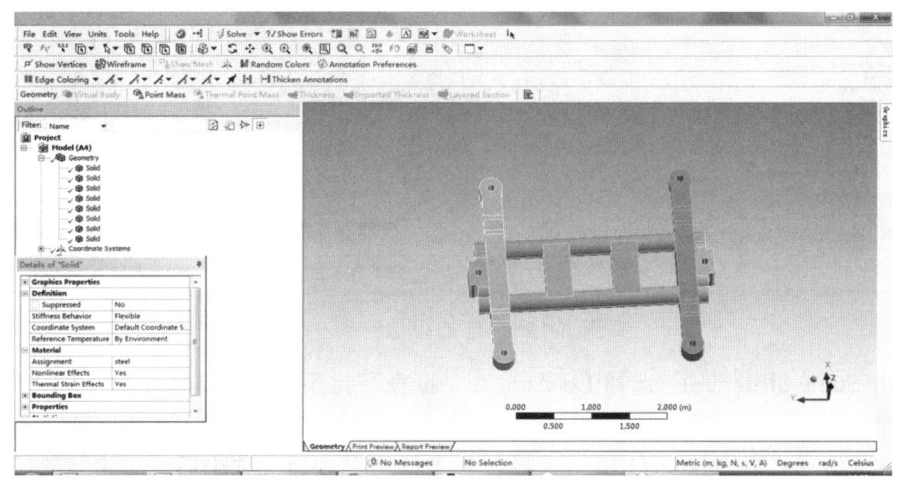

图 6-134　修改材料模型

(2)网格划分。

点击 Mesh 命令，指定网格的尺寸大小为 0.05 m，右击 Generate Mesh 命令，这个时候跳出划分过程条，代表已经在划分网格，当该步骤结束后，过程条就会消失，得到如图 6-135 所示网络。

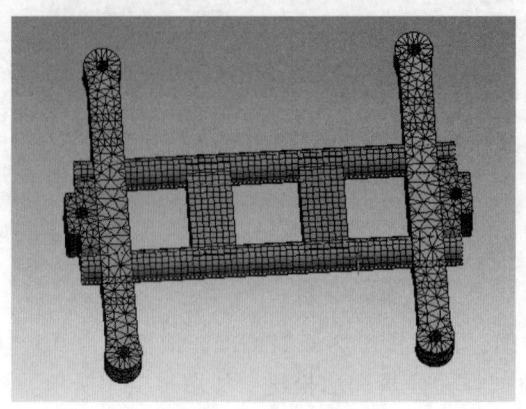

图 6-135　网格效果

(3)施加约束与载荷。

① 点击 Static Structural，选择 Supports 命令，选择下拉菜单中的 Fixed Support 命令，此时左边分析模块会出现 Fixed Support 选项。

② 点击 Fixed Support，按住 control 键，选取侧梁在侧梁底面添加固定约束，选中后，点击 Apply 命令，如图 6-136 所示。

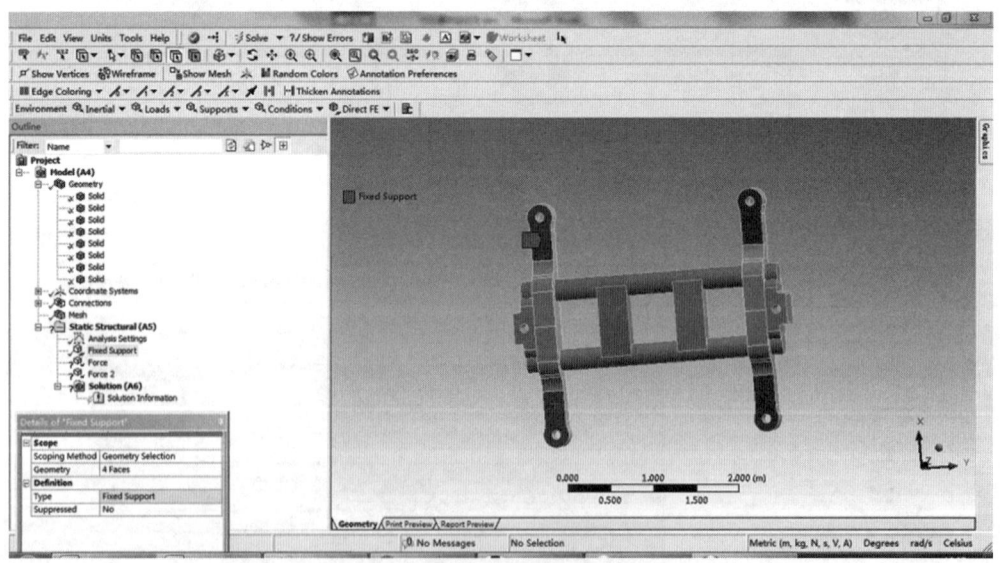

图 6-136　施加固定约束

③ 点击 Static Structural，选择 Loads 命令，选择下拉菜单中的 Force 命令，此时左边分析模块会出现 Force 选项。

④ 选中 Force，按住 control 键，选择弹簧支撑座上表面，选中后，点击 Apply 命令，并输入 127 kN 的力，如图 6-137 所示。

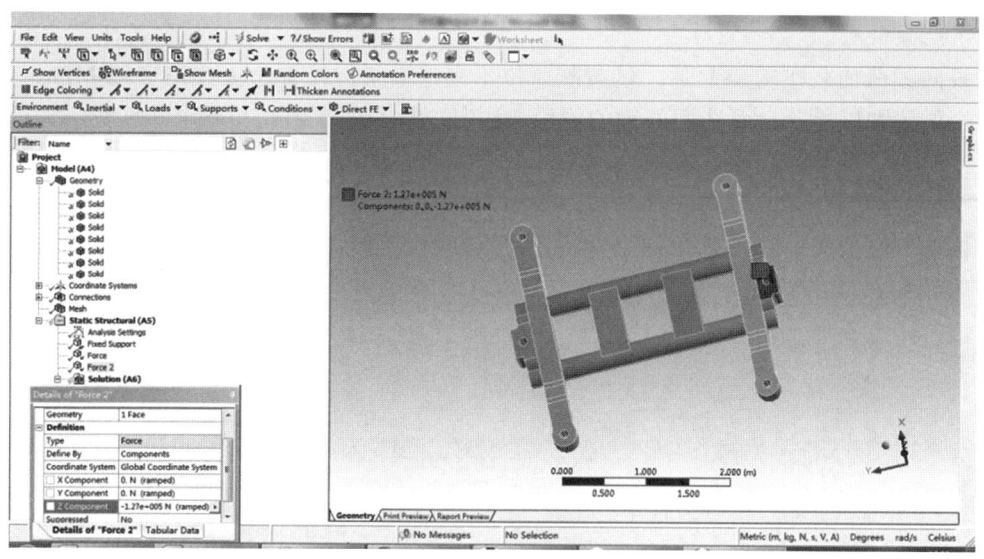

图 6-137 施加载荷

(4) 求解。

右击 Static Structural→Solve,等到进度条消失,求解就完成了。点击 Solution,在 Solution 菜单栏中选择 Equivalent (von-Mises), 再选择 Equivalent (von-Mises), 然后选择 Total, 最后右击 Solution, 选择 Equivaleng all results 命令,等待进度条消失。最终得到如图 6-138 所示的位移图以及图 6-139 所示的应力图。

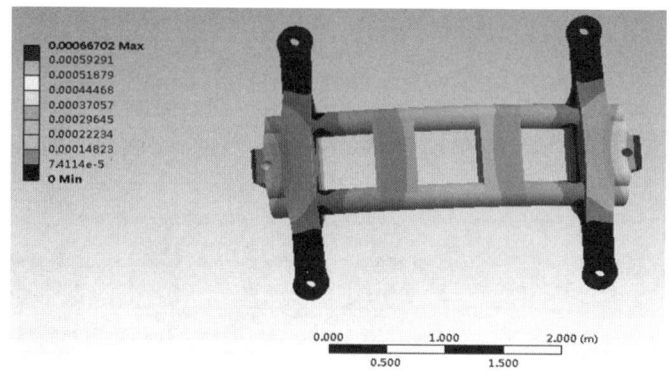

图 6-138 位移图

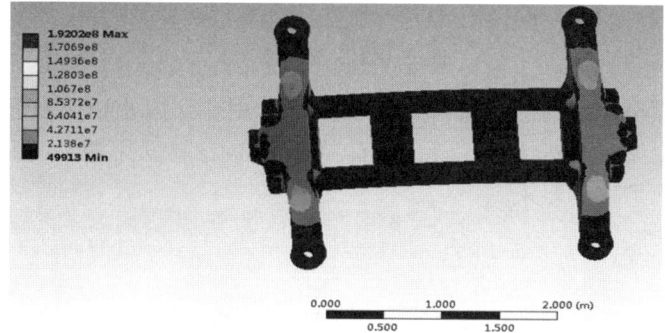

图 6-139 应力图

（5）结果分析。

当垂向载荷加载在构架上时，最大载荷位于固定横梁的端部，大小是 192 MPa，所以要对这个位置加以检验，而选用的钢的屈服极限是 304 MPa，因此与要求相匹配。

2. 横向静载荷

在构架上施加横向静载荷，构架在横向静载荷的作用下，得到如图 6-140 所示的位移图，应力云图如图 6-141 所示。

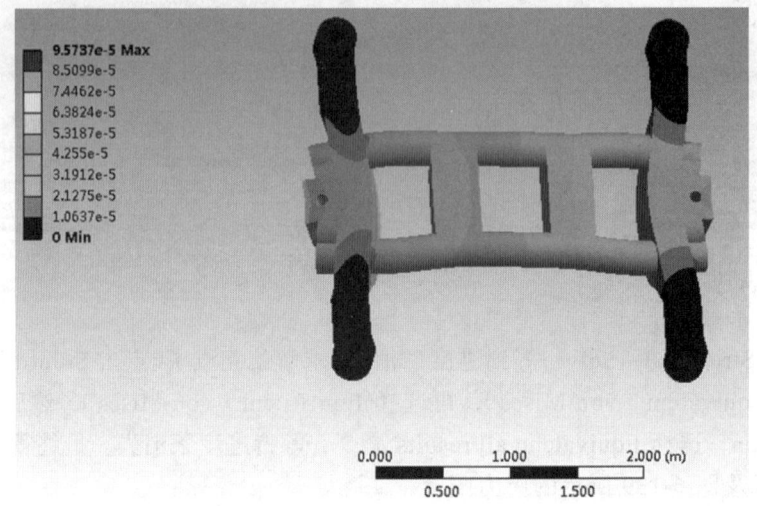

图 6-140 位移图

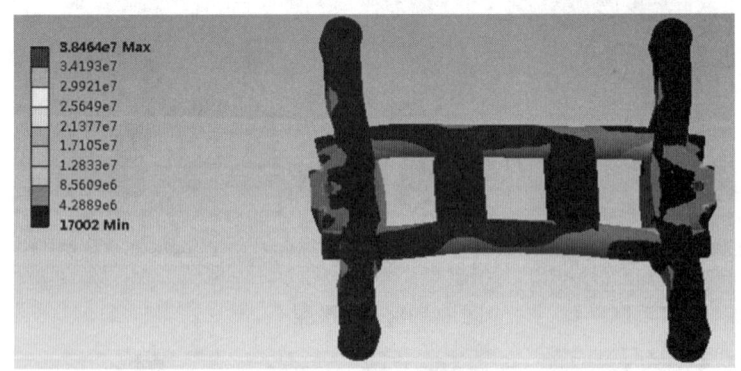

图 6-141 应力图

当在构架上施加横向载荷时，大部分的载荷都作用在横向止档以及悬挂装置上，最大载荷发生在侧梁与支撑座的连接处，最大载荷是 38 MPa，比采用的钢的屈服极限 304 MPa 低，因此强度能够满足现实要求。

3. 纵向牵引载荷

在构架上施加纵向牵引载荷，构架在纵向牵引载荷的作用下，得到如图 6-142 所示的位移图，应力云图如图 6-143 所示。纵向牵引载荷作用在构架上，通过中央牵引装置传递到车体上，在横梁与连接梁处达到最大载荷 4.05 MPa，比所用钢结构的屈服极限 304 MPa 低，因此满足列车运行强度的要求。

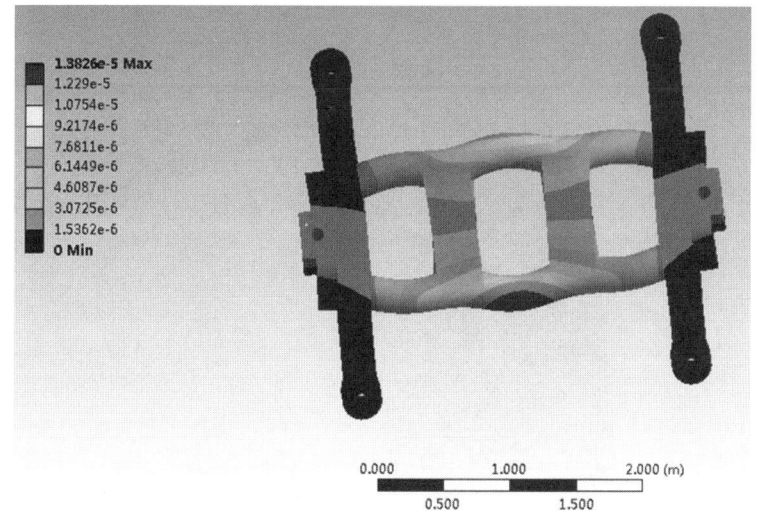

图 6-142 位移图

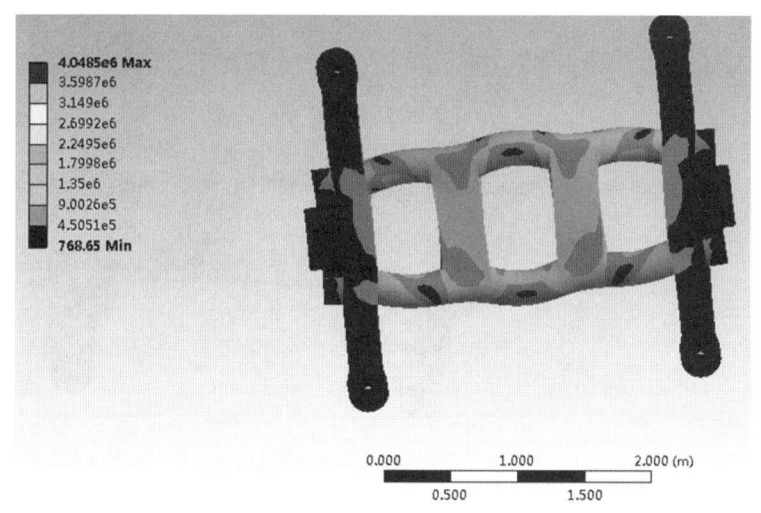

图 6-143 应力图

4. 静强度评价与优化

构架加载载荷后，竖直方向的载荷约等于 127 kN，这个力全部作用在两边弹簧支撑面上，总面积为 0.077 m^2，划分到每个面上为 164 kN。通过有限元分析，最小应力为 0.50 MPa，最大应力为 192 MPa，平均应力为 96.25 MPa，最大应力发生地方位于侧梁固定面的端部，且比选用的材料屈服极限低。然后，将力施加在装配模型外表面，承受载荷的面积非常小，可以用其他的方法加以改进。如图 6-144 所示，可以清楚地看出最大应力在横梁的固定端与横梁连接的交界处，因此在这个地方需要加强强度和刚度，本课程设计选择的方法是增加侧梁的厚度。优化过后最大应力依旧发生在这个位置，但较之前来说已经得到明显的改善，应力云图如图 6-145 所示。从图中也可以明显看出来，如果在受力最大的地方发生断裂，后果将不堪设想。

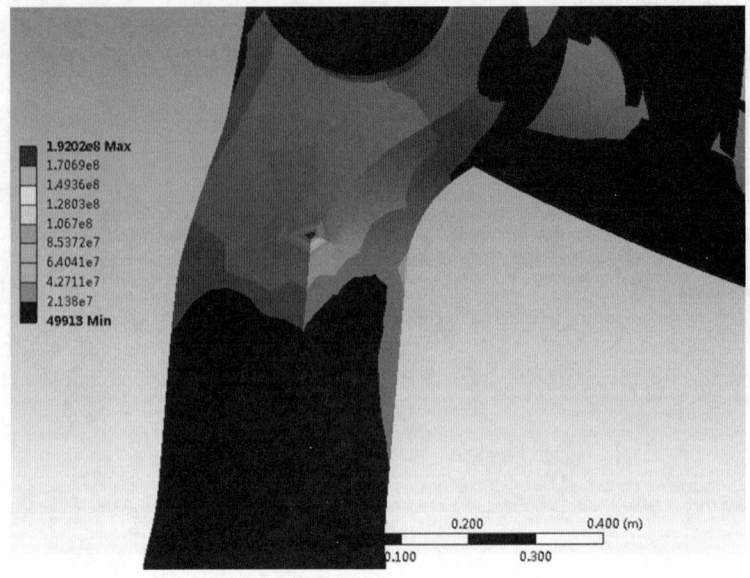

图 6-144　最大应力图

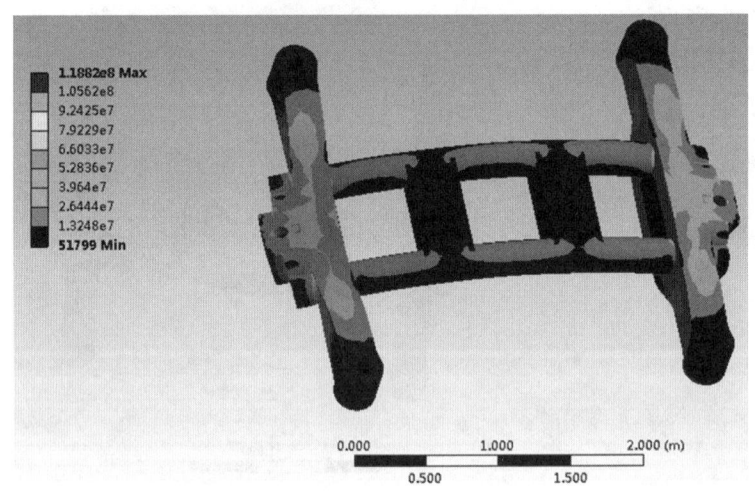

图 6-145　优化过后应力图

5. 结　论

对于铁路车辆构架结构课程设计而言，构架在运行的过程中，受力情况复杂，侧梁以及横梁之间的距离最为重要，对尺寸参数的选择也比较严格。本设计依据现有文献以及实验室模型，选择所需要的构架结构，通过计算最终确定构架所有的参数，方便建立模型。本章以前面的章节获得的参数作为基准，对构架建模，选用方式是把构架拆分，将构架分成侧梁、横梁、连接梁和空气弹簧支撑座 4 个部件分别绘制，然后通过装配的方法将模型拼装起来，完成对装配模型的建模。最后将构建的三维立体模型导入有限元分析软件中，对构架实施受力分析，得到应力分布图以及位移图，并根据应力图来提出优化方案，对优化后的方案再次进行分析，并进行验证。

6.6 小　结

本章首先给出城市轨道车辆课程设计过程，即 CAD 方法建立城轨车辆零部件的三维模型，然后将几何模型导入有限元分析软件中建立了有限元模型，对车辆零部件结构进行了有限元分析，并根据有限元计算结果提出了优化方案。

附录1 基于频域功率谱的轨道不平顺数值模拟程序

```
v=100*1000/3600;
Delta=0.0001;
Nr=2^17;
Df=1/(Nr*Delta);
fu=v/0.5;
fl=v/50;
Nf=fix((fu-fl)/Df);
No=round(fl/Df);  %下截止频率以下点数
t=zeros(1,No);  %下截止频率以下点数置为零
m=zeros(1,Nr/2-Nf-No);  %上截止频率到Nf置为零
f=linspace(fl,fu,Nf);  %将上下截止频率之间等分Nf份
fc=82.45/(3.6*2*pi); S=0.25*0.0339*(fc)^2*100/3.6./(2*pi*f.^2.*(f.^2+(fc)^2));  %某轨道谱对应的谱密度函数公式
Sx=[t,S,m,0];  %补全采样点
k=Nr/2+1;
dfai=rand(1,k)*2*pi;  %角度在0~2pi间均匀分布
Y=exp(dfai*i);  %独立相位序列
Xk1=Nr*Y.*sqrt(Sx*df);  %频谱
Xk2=Xk1(2:k-1);
Xk3=rot90(real(Xk2),2)
Xk4=rot90(imag(Xk2),2);
Xk5=Xk3-i*Xk4;
Xk=[Xk1,Xk5];  %补全频谱
x=ifft(Xk,Nr);  %傅立叶逆变换求时域样本
figure
plot(0.0001*(1:64:Nr),x(1:64:Nr));
title('模拟的时间序列','fontsize',20)
xlabel('时间/s')
ylabel('方向不平顺幅值/cm')
Sxn=(abs(Xk)/Nr).^2/df;
```

```
Kn=No+1：No+Nf；
f=Kn*df；
figure；
loglog（f，Sxn（Kn），'b-.'）；%绘制由时域样本得到的功率谱线
hold on
f=linspace（fl，fu，Nf）；
fc=82.45/（3.6*2*pi）；
S=0.25*0.0339*（fc）^2*100/3.6./（2*pi*f.^2.*（f.^2+（fc）^2））；
loglog（f，S）；%绘制解析谱线
grid on
title（'方向不平顺解析值与模拟值的比较'，'fontsize'，20）；
xlabel（'Frequency（Hz）'）；
ylabel（'方向不平顺功率谱（cm^2/Hz）'）；
legend（'模拟值'，'解析值'）；
```

附录2 平稳性指标程序

准备工作要清空屏幕，清空参数，然后读振动加速度数据文件并设定其采样频率参数。首先对横向振动加速度进行分组，分别求出每组加速度对应频率的平稳性指标W_z值，然后求出该组总的W_{tot}值，最后得出平均的W_{tot}值。总程序如下。

```
clc;
clear;
load lll.txt %振动加速度数据，单位为 m/s²
fs=1000.0; %设定采样频率

%-------------------主程序-----------------------

acc = lll                %加速度单位 g
N1= length（acc）         %数组长度（即行数或列数中的较大值）
DPOINT=4096              %每段数据点数
SECT=floor（N1/DPOINT）; %分段数 向下取整

for ii=1：1：SECT
    j1=（ii-1）*4096+1
    j2=j1+4096
    acc1=acc（j1：j2）
    y = fft（acc1）
    N = length（y）
    mag=abs（y）/N*2.0; %求幅值
    f=（0：N-1）*fs/N; %进行对应的频率转换
    plot（f，mag）; %做频谱图
    axis（[0，5，0，0.25]）; xlabel（'频率（Hz）'）; ylabel（'幅值'）; grid;

    Wtot=0.0
    Wz=0.0
    Ff=0.0
        for i=2：1：N
            if（f（i）<5.4&f（i）>=0.5）
                Ff=0.8*f（i）^2;
```

```
            elseif ( f ( i ) >=5.4&f ( i ) <26 )
                Ff=650.0/ ( f ( i ) ^2 );
             elseif ( f ( i ) <40.0&f ( i ) >=26 )
               Ff=1.0;
            end
                Wz ( i ) =7.08* ((( mag ( i ) ^3 ) /f ( i ) *Ff) ^ ( 1/10 ));
                Wtot = Wz ( i ) ^10 + Wtot;
        end
    Wtot=Wtot^ ( 1/10 )
    WSP ( ii ) =Wtot
end
YMAX=max ( abs ( acc ));
SPERLING=mean ( WSP ( 1: SECT ));
```

附录3 抗侧滚扭杆柔性系数 S 公式中参数含义

符号	物理意义	单位符号
γ	车辆断面中心线与线路横断面垂直于轨顶平面中心线之间的夹角	rad
δ	轨道超高度，（$\delta=h/l$）	rad
G_1	转向架弹簧上部质量	kg
G_2	车体弹簧上部质量	kg
C_1	列车一侧一系悬挂弹簧垂直刚度	N/m
C_2	列车二侧二系悬挂弹簧垂直刚度	N/m
h_1	转向架上部重心距车轴中心线高度	m
h_2	车体弹簧上部重心距车轴中心线高度	m
h_3	二系弹簧的支撑面的中心距车轴中心的高度	m
b_1	一系弹簧中心线横向距离之半	m
b_2	二系弹簧中心线横向距离之半	m
C_v	车辆二系悬挂横向刚度	N/m
F	车体通过曲线的离心力，$F=m_c \times V^2 / R$	N
m_c	车体质量	kg
L	摇动台杆长度	
K_α	二系中央弹簧侧滚角刚度	Nm/rad
K_β	一系侧滚角刚度	Nm/rad
R	轨道曲率半径	m
V	车辆运行速度	m/s

参考文献

[1] 王伯铭. 城市轨道交通车辆工程[M]. 成都：西南交通大学出版社，2009.
[2] 方宇. 城市轨道交通车辆概论[M]. 北京：中国铁道出版社，2011.
[3] 连苏宁. 城市轨道交通车辆构造[M]. 北京：机械工业出版社，2010.
[4] 严隽耄，傅茂海. 车辆工程[M]. 北京：中国铁道出版社，2009.
[5] 上海申通地铁集团有限公司轨道交通培训中心. 城市轨道交通概论[M]. 北京：中国铁道出版社，2014.
[6] 吕刚. 城市轨道交通车辆概论[M]. 北京：北京交通大学出版社出版，2011.
[7] 李宁洲，卫晓娟. 轨道交通机车车辆概论[M]. 北京：机械工程出版社，2016.
[8] 史富强. 城市轨道交通车辆构造[M]. 重庆：重庆大学出版社，2013.
[9] 翟婉明. 车辆-轨道耦合动力学（上册）[M]. 4版. 北京：科学出版社，2014.
[10] 任尊松. 车辆动力学基础[M]. 北京：中国铁道出版社，2009.
[11] 张进军. 有限元分析 ANSYS Workbench 工程应用[M]. 西安：西北工业大学出版社，2018.